室町時代古鈔本『論語集解』の研究

高橋智著

汲古書院

Study of "Lunyu Jijie" (論語集解) manuscript in "Muromachi" (室町) era

by Satoshi TAKAHASHI

2008. Tokyo

序

本書の著者、高橋智氏は阿部隆一先生最晩年の門下生である。阿部先生は周知の如く、慶應義塾大学附属研究所である斯道文庫を今日在るかたちに整え上げた功労者であり、また日本の書誌学研究の先導者であった。先生は一九六〇年の文庫設立当初から「日本に現存する漢籍古鈔本」を文庫の調査研究の柱に立て、その研究課題に関わる論考を次々と発表された。しかし、その中心に据えられるべき『論語』古鈔本の体系的研究はついに著されることはなかった。一九八三年、志半ばにして急逝されたからである。享年六十五歳。先生の御葬儀には、当時大学院の学生だった高橋氏も私も手伝いに馳せ参じたが、その場を蔽う重苦しい雰囲気を今も忘れることはできない。

本書はまさに阿部先生の遺志を継ぐものであり、随所に阿部書誌学の神髄を見てとることができる。第一に調査の網羅性である。『論語』の伝本研究に関心を寄せる研究者は少なくないが、しかし自ら進んでこれに従事しようとする者は殆どいない。伝本があまりにも多いからである。本書で高橋氏が取り上げた伝本の数は国内外併せて九十四本に上る。これを周到に調査し、綿密に分析しているのである。原本調査を極めて精力的に行なうことで定評のあった阿部先生の面影をここに窺うことができる。第二に文化史の視点が導入されていることである。書誌解題とは書籍の形態を列挙するに止まりやすく、ややもすれば無味乾燥な記述に陥りがちなものである。本書はそれとは一線を画する、まるで一篇の日本漢学史を思わせるような豊富な話題が盛り込まれている。高尚な内容を実にわかりやすく洒脱な文章で綴り、常に読者を魅了せずにはおかなかった阿部先生の解題を見る思いがする。

阿部先生が亡くなられてから数年後、高橋氏は中国・復旦大学に留学した。中国書誌学界の泰斗、顧廷龍先生に就いて学ぶためである（その仲介の労をとって下さったのは章培恒先生である）。高橋氏を知る人ならば、誰しも彼の中国国内に張り巡らされた人脈の豊かさに驚かされるが、これは顧先生の薫陶を受けたことに因るものだろう。この人脈によって高橋氏は学問の幅をさらに拡げることができたのではないかと思う。高橋氏のそのような面を目の当たりにするとき、私は阿部先生の言葉を思い出す。「これからの書誌学者は中国語ができなければダメだ」。これは先生が晩年、学部の授業中に繰り返し口にされていた言葉である。たしかに先生は中国語に通じていなかった。その事から来るマイナス面を、先生は中国や台湾に於ける調査を通して痛感されていたに相違ない。高橋氏はこの遺訓の意味するところをよく理解し、書誌学者の道を邁進したと言えるだろう。

本書は本年五月に慶應義塾大学より博士（文学）の学位を授与されたものである。主査を務めたことで、この序文を書くことになったが、私の書誌学の知識は高橋氏の足もとにも及ばないほど乏しく、序者として相応しいとも思われない。ただ本書の最初の読者として、また高橋氏の学問に多大な関心を寄せる者として、読後に脳裏に浮かんだことを少しばかり記した次第である。

二〇〇八年七月十七日

佐藤道生

前言

わが国に於ける『論語』伝本の研究は、幾つかの局面に分かれて行われる必要がある。それを逐一ここに挙げるならば、一は南北朝時代以前の古鈔・古刊本についての研究、二は室町時代の古鈔・古刊本についての研究、三は慶長時代の刊本（所謂古活字版とその周辺）についての研究、四は江戸時代以降の刊本についての研究、五は室町時代以前の邦人注釈書についての研究、六は江戸時代以降の邦人による解釈史についての研究、ということになる。これによって、ほぼわが文化史上に於ける『論語』流伝の意義は明らかになると思われる。一については、『正平版論語集解攷』（武内義雄・長田富作・今井貫一、大阪府立図書館・昭和八年）、『正平版論語解題』（安井小太郎・斯文会・大正十一年）、『正平版論語攷』（川瀬一馬・『日本書誌学之研究』講談社・昭和十八年、所収）などに明らかである。三については、拙論『慶長刊論語集解の研究』（『斯道文庫論集』三十・三十一輯、平成八・九年―以下拙論慶長刊本の研究と略称）に論攷した。五については、阿部隆一『室町以前邦人撰述論語孟子注釈書』（『斯道文庫論集』二・三輯、昭和三十八・三十九年―以下阿部論文室町以前注釈書研究と略称）によって明らかとなった。一についてはなお、鎌倉から南北朝にかけてと思われる、室町時代とは明らかに風格を異にする伝本の幾つかについて未攷のものがある。江戸時代以降については、伝本の夥しい量から、今暫く書誌学調査の蓄積を必要とする。却って、伝本の系統が複雑で、最も調査分析が困難なのは、室町時代の古鈔・古刊本であると思われる。正平版・天文版という二つの版本、また、特に中国に亡んで日本に遺った『論語義疏』の古鈔本などが囲繞する状況下、『論語』講読は学問の根底たるものとの意識が定着する時代であったからである。

そもそも鈔本を中心とした室町時代は、全て、講読のために鈔本を作り、訓点を加えるのであって、テキストの成立には諸本の校合が加わる為に、複雑な様相を呈するのであって、未完成なデッサンを見るが如く、その全体の姿を見極めることは非常に難しい。そのデッサンがスマートに洗練され、輪郭も整えられた姿が、慶長刊本の実態なのであった。したがって、我々は、先ず、慶長刊本の、実態有る姿を確認して、しかる後にその深奥に迫る方法を採らねばならなかったのである。一般に、室町時代の古鈔本の成立の複雑なことは、拙論『五山版趙注孟子校記』（『斯道文庫論集』二十九輯、平成六年）に述べた如く、宋版・五山版・諸鈔本それぞれが幾重にも絡み合うのであるから、文字通り一筋縄では行かないわけである。『集解』においても、それは例外ではなく、宋版、正平版『論語』、天文版『論語』、『論語義疏』、更には、『論語注疏』などが仁王立ちしていて、それを縫うように、京都、足利、山口（周防）等の学問の地に於いて鈔本が形成されるのである。しかし、逆に言えば、これらの周辺のテキストが成立乃至輸入される以前とそれ以後とに於いては、鈔本の性格が異なることも、当然の理であって、ここに、南北朝以前に成立した鈔本『論語集解』を、室町時代鈔本とは一線を画するものとして区別した理由がある。その『論語』の伝承は、専ら魏の何晏の集解本が中心であり、『義疏』本はそれを囲繞するように影響を与えてきた。集解本の伝承は、十三世紀を上限とし、それ以上遡る古鈔本は遺らない。そして、南北朝期に幾つかを存し、また、室町時代の前期にはほぼその間の鈔本と思われるものは皆無に等しい。却って、室町時代中期から特に後期には、吹き出すようにその古鈔本の伝存が多くなる。従って、南北朝以前の古い古鈔本の研究もさることながら、室町時代の古鈔本の性格と意義を整理する試みも、また、中世史研究の重要な一側面をなすものと考えられるのである。即ち、本論はこうした意味合いから、資料分析に取り組んだ調査研究であり、最も明らかにすることが困難な、しかしながら、中世期の漢学にとって、最も中心を為していた室町時代『論語集解』の学術動向の一端を解明することを企図したものである。

なお、本研究は、斯道文庫が慶應義塾に附属研究所として創設された昭和三十五年以来、研究事業計画の一環として継続されてきた「日本現存漢籍古鈔本の総合的研究」の研究成果の一部である。もとより、古鈔本の分析は様々な難点を抱えている。原本の実査こそが最大の拠り所である。貴重本である古鈔本の調査に快くご理解賜った関係諸機関には深甚なる謝意を表したい。

目 次

第二編　特殊な蒐集文庫による伝本研究

図表一覧

『室町時代古鈔本論語集解』所在表（日本）・類型別伝本表一覧

室町時代古鈔本『論語集解』の研究

前論

第一章　古鈔本の定義と時代的意義——趙岐注『孟子』の伝来を例に——

古鈔本とは写本の時代であった日本の室町時代以前に、博士家、緇流、武家等の手によって講読のために書写された外典（仏典以外）を特に指していう日本の書誌学用語である。中国でいえば元・明時代（十三～十六世紀）に相当し、宋・元以来の善本を留学や貿易を通じて盛んに輸入した時代である。そして、それら中国の刊本を写し校訂し訓読したのである。従って、古鈔本は中国からいえば、既に亡逸した宋・元時代の版本の姿を見ることができるという価値を有し、日本からいえば、中世期の漢文訓読の様子を考究できるわけで、古鈔本は文献学史上特異な位置を占めているのである。これを『論語』でいえば、中国の、より古い何晏の『論語集解』の姿を追い求め、日本の中世期、『論語』訓読に際する、清原博士家と寺院学僧の講読や足利学校の読習の実態を実証することができるのである。こうした古鈔本研究の意義を、先ず初めに『論語』と同じ運命を持つ『孟子』を例に、結論的に概略してみよう。

『孟子』の場合にもその日本に於ける流伝にとって、古鈔本の存在意義は不可欠であり、古注・新注の歴史、刊本と鈔本の関係、清原博士家の受容と寺院系の受容など、総合的に『四書集注』に達して行くまでの経緯について、『論語』と表裏一体であると考えることができる。その意味で日本に於ける『孟子』テキストの実態は、室町時代古鈔本『論語』の把握の一助となるのである。

中国にあって、『孟子』は無論、諸子儒家の思想書であるが、南宋の時代に陳振孫（一一八三～一二六一？）が編纂した『直斎書録解題』に至り、儒家経典経部の書として取り上げられ、また南宋の中・後期に『孟子注疏解経』が開板され、爾来、経典の注疏合刻である叢書『十三経注疏』の一に加えられ、経書の地位を確立した。そして、この頃までに淘汰されて遺ったテキストは、後漢の趙岐（?〜二〇一）の注本であり、注疏本はその趙岐注に宋の孫奭の名を仮託した士人の手になる「正義」を加えたものであった。そして、注疏本の成立流布後は、趙岐注の単行本が失われ、趙岐注の原型は伝わらなくなってしまったのである。宋学の儒者も『孟子』に注解を施す者少なしとせず、朱熹の『孟子集注』が新注として流行して後は、いよいよ古注たる趙岐注の面目は人の目の容易に届かぬものとなってしまったのである。それは恰も、何晏注『論語』が辿った運命を見るかのようである。その何晏注『論語』単行本は現在、宋版に、北京大学所蔵の『監本纂図重言重意互注論語』を存するに止まり、趙岐注『孟子』に於いても『四部叢刊』に影印された宋蜀刻大字本『孟子』を最古のものとして、宋版は他に遺らない。従って、何晏注にしても、趙岐注にしても、日本に於けるその流伝は、中国のその古注流伝の空白を埋める歴史的意義があるといっても過言ではない。室町時代における異常なまでの古鈔本による古注講読の発展は、書物文化のみならず、日本の儒教文化を形成する特筆するべき受容形態といえるのである。

さて、日本に於ける趙注『孟子』の流伝については、鎌倉期以前の鈔本を伝えず、南北朝から室町時代の初期の書写と思われる古鈔本（斯道文庫蔵・三冊・広隆寺旧蔵・図1を参照）を鈔本の最古として、そのほかに十四本の現存をみる。これについては、拙論『旧鈔本趙注孟子校記』（『斯道文庫論集』二十四・二十六輯、平成一・三年）に詳述した。また、宋版を南北朝時代に日本で覆刻した『音注孟子』（五山版、宮内庁書陵部所蔵本ほか諸機関に五部を存する・図2を参照）を刊本の最古とし、この五山版が古鈔本に相当な影響を及ぼして展開する。これについては、同じく拙論『五山版趙注孟子校記』（『斯道文庫論集』二十九輯、平成六年）に詳述した。そして『論語』と同様、古鈔本に寺院系と清原博士家系とを伝え、中世末期、『論語』は、寺院系が過去のものとなってゆくなか、『孟子』にあっては、寺院系・清家系本はそれぞれ、慶長の古活字版によって着実に近世へと伝承してゆくのである。拙論『古活字版趙注孟子校記』（『斯道文庫論集』二十八輯、平成五年）にその実態を詳述した。しかしながら、行き着くところは同じく、事態は『大魁四書集注』と林羅山（一五八三〜一六五七）の点本『四書集注』の出現によってこれらの趙注『孟子』は世に現れなくなってゆくのである。博士家の家本による講義は勿論江戸の後期まで続くが、それは慢性化した縉紳の伝統儀礼という性格のものであった。

従って、これを大まかにいえば、宋版の輸入があって、その宋版が清家と寺院系の両派に吸収され、宋版と古鈔本が融合した形で慶長刊本に繋がってゆく流れととらえることができよう。

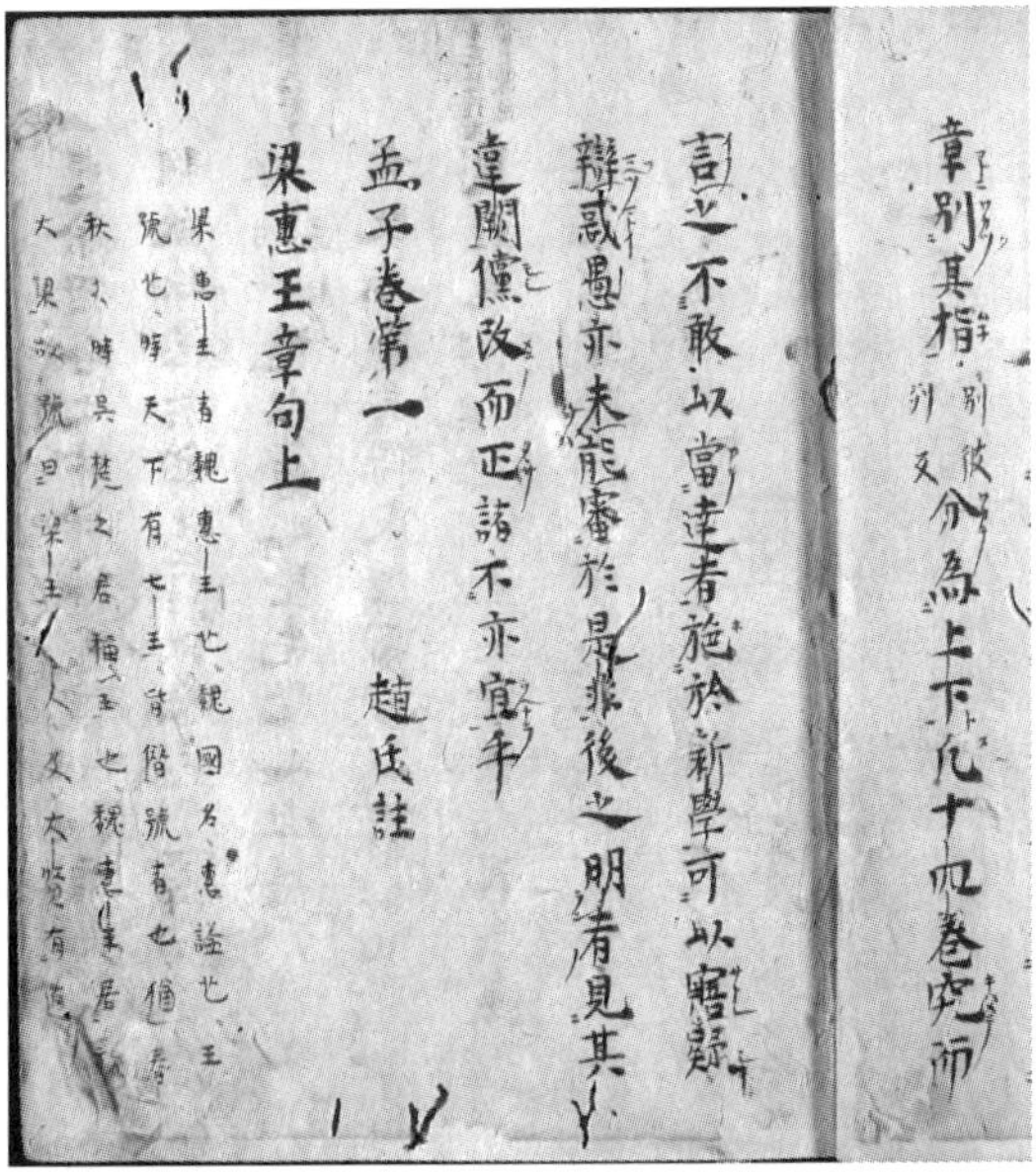

図1
広隆寺本『趙注孟子』室町時代初期頃鈔本
斯道文庫蔵（092—18）５冊

本文６頁参照。『孟子』古鈔本中最古のもの。字様・墨痕ともに古く、テキスト成立上の様々な問題を具現する古鈔本である。狩谷棭斎の旧蔵本。

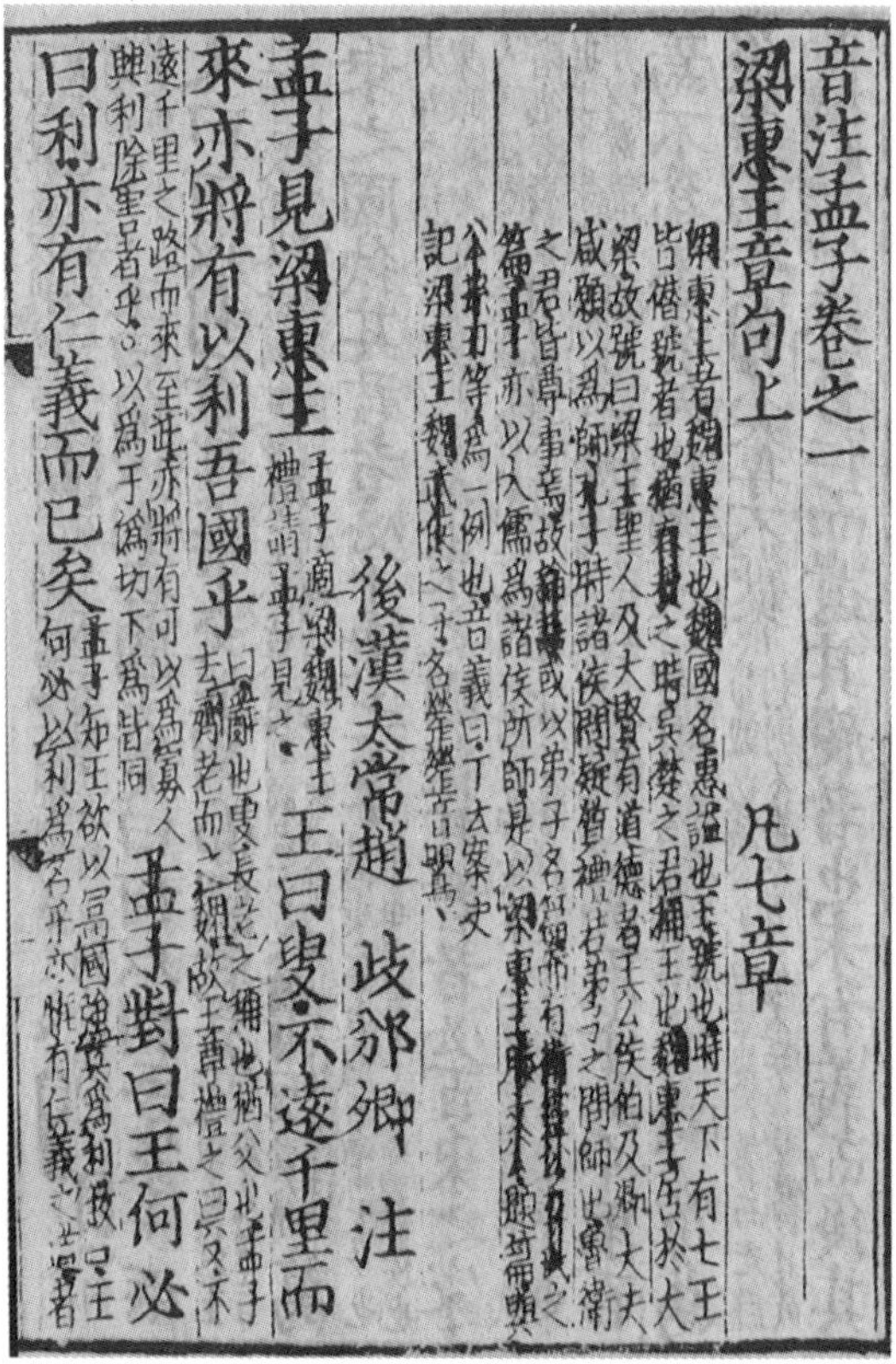
音注孟子巻之一
梁惠王章句上　凡七章
後漢太常趙　岐邠卿　注
孟子見梁惠王　王曰叟不遠千里而來亦將有以利吾國乎　孟子對曰王何必曰利亦有仁義而已矣

図2
五山版『音注孟子』日本南北朝頃刊本（覆刻宋版）
内藤湖南旧蔵本（武田科学振興財団杏雨書屋現蔵）を民国の羅振玉が『吉石盦叢書』に影印したもの

本文6頁参照。宋版の覆刻であるが、古鈔本に及ぼした影響は大きい。

少しく具体的にみると、中国に蜀刻大字本のような宋版があった。その類が日本に伝わっていたかどうかは定かではない。しかし、清原宣賢（一四七五～一五五〇）のテキストはそれに近い優れたものであった。そして、宣賢のテキスト（京都大学附属図書館蔵）に関連した伝鈔本に天理図書館蔵本や東洋文庫蔵・釈聖信本などがあった。この、清家本の伝来を見る限り、日本に於ける『孟子』は古い鈔本系のものではなく、宋版系のものであったといえる。そして、宋版も国子監系の監本から発展した福建の坊刻本系に、五山版の『音注孟子』のもととなった音注系宋本と、重言重意本宋本、図を付した纂図互注系の宋本が存在し、それが日本に伝わって、音注系の古鈔本としてお茶の水図書館成簀堂文庫蔵本や龍谷大学蔵本を生んだ。更に、宋版に拠って、なお、この音注本系の影響を受けた、広隆寺本や東洋文庫蔵・釈元良本が出現した。纂図互注本は大東急記念文庫蔵本（清家本と伝える）を生み、重言重意本は台北故宮博物院蔵・曲直瀬《まなせ》養安院旧蔵本を生んだ。こうして流通した古鈔本は福建坊刻本系の寺院講読本と監本系の清家本に大別され、中世末期の古活字版時代を迎えると、慶長古活字七行本は清家本に拠って、その八行本は広隆寺本系に拠って、それぞれ世の多くの読者を得、古鈔本は、有終の美を飾ったのであった。

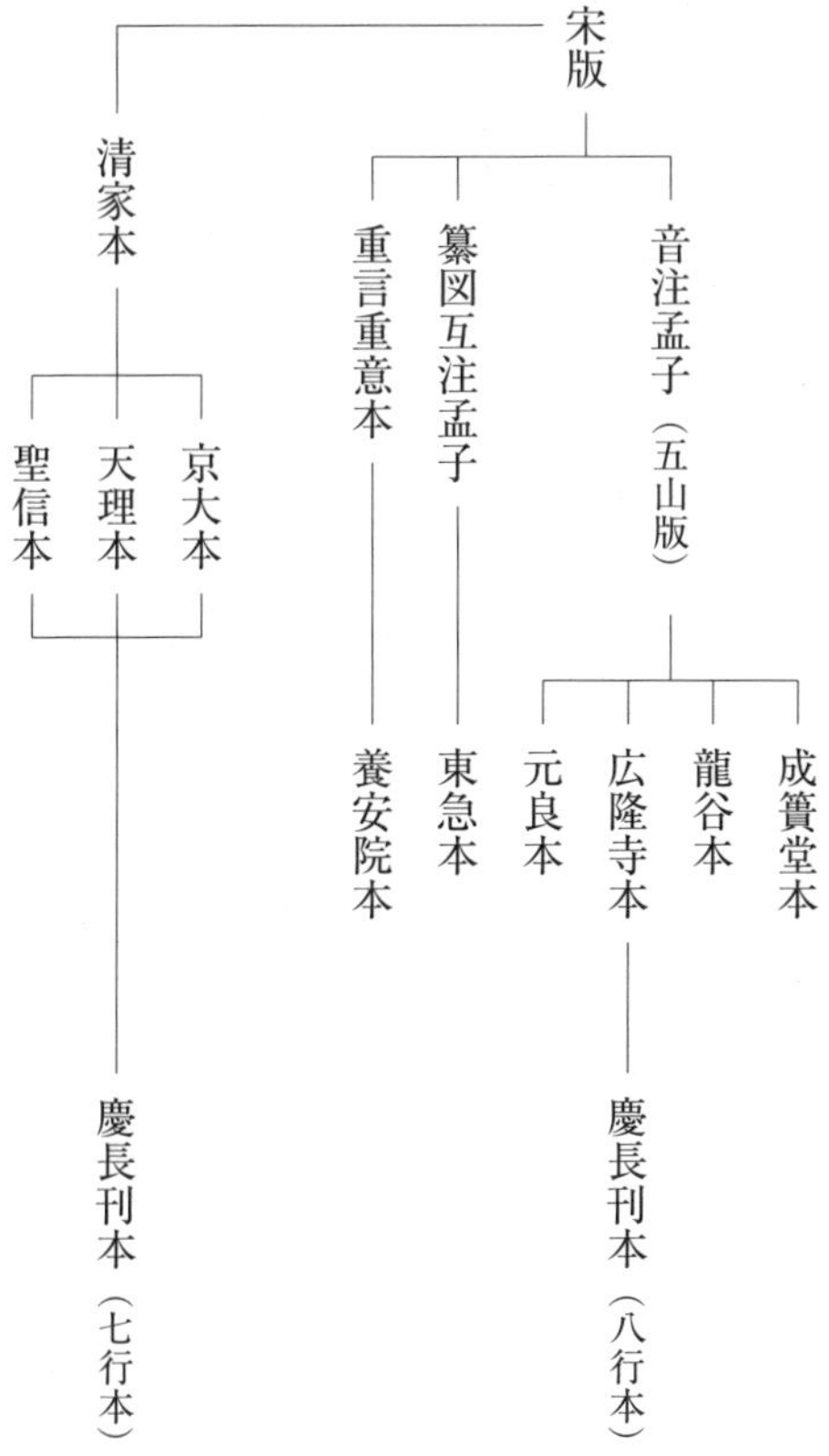

こうした流れをとらえる時、一つには古鈔本の成り立ちの一筋縄ではいかぬこと、一つには室町時代の旺盛な『孟子』受容は博士家・学僧の二階層によって支えられてきたこと、そして古鈔本が慶長刊本へと受け継ぐ連続性を示し

ていることなど、いくつかの重要な意義をもって古鈔本『孟子』が存在していると理解されるのである。そして、この認識こそが、室町時代の古鈔本『論語』を考証する有力な手がかりとなるのである。

第二章　日本に於ける古刊・古鈔本『論語』の概略

『論語』の中国・日本に於ける受容一般については、林泰輔博士『論語年譜』（大倉書店・大正五年）に詳しく述べられているが、応神天皇の十六年、西暦二八五年に百済の王仁が『論語』十巻『千字文』一巻を日本に伝えたという記事が、『古事記』また『日本書紀』に見られ、これより日本での『論語』講習が始まったとされている。現存する『論語』のテキストは、漢の馬融（七九〜一六六）・鄭玄（一二七〜二〇〇）等の注するもの、魏の何晏（一九〇〜二四九）がまとめた『論語集解』、梁の皇侃（四八八〜五四五）の注する『論語義疏』、宋の邢昺（九三二〜一〇〇三）が集解本を敷衍した『論語注疏』、が主たるものであったが、南宋の朱熹（一一三〇〜一二〇〇）の『集注』本が出現して以来は、『四書集注』本としての『論語集注』が集解本を凌駕することとなった。従って、日本に於いては、上古より中世までは集解本と義疏本が読まれ、近世以降は主として集注本が読まれたという大まかな区別が常識とされるが、遡って、王仁の『論語』が如何なるテキストであったのかは、定かなところではない。その後、平安時代の状況も遺物なく知れるところではない。鎌倉時代になってはじめて、明経博士、中原家・清原家が用いていた古鈔本の現存が確認され、集解本の古い読習を伺うことができる。中原家本は、醍醐寺・東洋文庫・高山寺等に存し、清原家本は宮内庁書陵部・東洋文庫・大東急記念文庫などに存する。研究は武内義雄博士『論語之研究』（岩波書店・昭和十四年）の「本邦旧鈔本論語の二系統」（『正平版論語源流攷』（大阪府立図書館・昭和八年）からの抜粋）に詳しい。南北朝時代は、確たる博士家のものは却って現存せず、博士家の証本と断定はできない古鈔本が幾つかを存し、論語読習の流布の一端を示している。その後、古鈔本は十五世紀頃にあって伝本を幾つか見るに止め、やや降って室町時代十六世紀になると清原家の中興も相俟って、古鈔本の現存は俄然多くなる。その間、正平十九年（一三六四）には堺で『論語集解』が出版、現存するだけでも双跋本二種・単跋本・明応覆刻版と四種の版が確認され、最古の『論語』古版、正平版『論語』として一世を風靡した。昭和八年大阪府立図書館が同館所蔵の初刻本を影印した際に附した長田富作等の解説にその価値が詳述される。降って、天文二年（一五三三）、清原宣賢の監修で阿佐井野氏が注を省いた単経集解本（天文版『論語』）を出版した。こうして古鈔本と二種の版本が学僧・縉紳に享受されて室町時代を終える頃、朝鮮の活字印刷文化の影響を受けて、木活字印刷による、所謂古活字版『論語集解』の出版が続いた。活字版が三種、それに準じた整版が二種、隆盛を極めたといわねばならない。

江戸時代の後期に俄に勃興した考証学は、これらの古刊古鈔論語の再検討を促し、市野迷庵（一七六五～一八二六）が文化年間正平版『論語』の校勘記を作製、吉田篁墩（一七四五～九八）が寛政年間に『論語集解考異』を著した。また、狩谷棭斎（一七七四～一八三五）等の書物鑑定会が編纂した『経籍訪古志』はその書誌学上の成果であった。

翻って、『論語義疏』は室町時代の中期以降に比較的多くの古鈔本を存し、室町時代にあって、『論語集解』本に相当な影響を及ぼしていたと見られる。足利学校に存する古鈔『義疏』を寛延年間（一七四八～五〇）に根本武夷が翻刻し、清朝の『四庫全書』に収載されたことは周知の事実で、近代になって、大正十三年武内義雄博士が校勘記を作製し、懐徳堂からこれを出版した。

このように、日本に於ける『論語』古刊古鈔本の研究は、より時代の古いものについては、ほぼその成果を尽くし、その一定の意義を明かにしているといえる。しかし、読修の課本として一般に流布していた室町時代の古鈔本は、中世儒学史研究の大きなテーマの一つであるが、その多さと多様な鈔本形態を持つ故に、未だ十全な分析と整理が加えられていない恨みがある。書写の実態を比較調査するために必要な、諸本を一堂に会する機会が得難いことが、その最大の原因である。この点に留意尽力した後述の旧安田文庫の蒐集は、まさに文献学にとっての救世主であったといえよう。

以上述べた総合的『論語』の文献史概説は、『漢文大系』の『四書解題』（服部宇之吉）、博文館漢文叢書『論語』（大正一年）の久保天随の解説、明治書院『論語解義』（大正五年）の簡野道明の解題、藤塚鄰『論語総説』（国書刊行会・昭和二十四年）があり、図版解説は前述『論語年譜』が便利である。

第三章　古鈔本『論語』の現状

一部残存する唐鈔本等は別にして、日本に現存する『論語集解』古鈔本の数は、『本邦現存漢籍古写本類所在略目録』（阿部隆一編・同著作集・汲古書院・昭和六十年）によれば九十点に及ぶ。加えて、清の楊守敬（一八三九〜一九一五）が持ち帰ったもの（現在台北故宮博物院所蔵）を併せると百点にも達する。勿論この数は近世以降の版本現存の数に比すれば寥々たるものではあるが、経部から集部までの四部現存古鈔本のなかでは、他書よりもその多さは抜きんでている。前述の通り、その一割が南北朝時代以前の写本で、九割は室町時代、しかも中期以降のものである。中心となるのは清原宣賢が永正年間（一五〇四〜二〇）に施した訓点である。故に、清家点と称するのは事実上、宣賢点を指していう。従って、訓点から見れば、この宣賢点本から派生した写本とそれ以外（寺院等による緇流の系統）のものとに大別される。更に、本文系統から見れば、正平版『論語』をそのまま影写したものやその系統を踏むもの、また、当時、同時に読まれていた『論語義疏』が一部混入している系統のものも少なくなく、これを義疏竄入本として分類する。正平版系や義疏竄入系は清家伝来のもの以外、寺院系に多いようである。総じて、中世期の『論語』講読は、博士家の密室的秘伝が時代とともに開放流布に向かい、さほど厳格ではない鈔写訓読が流行し、煩雑な『論語義疏』をも適宜導入し、融合的な独自の写本文化を形成するものであった。それはまた、『論語抄』等の所謂抄物講説の流行をも生み出す原点でもあった。即ち、

清家点本――宣賢点本――伝鈔本
　　　　　　　　　└天文版論語
└正平版論語
　　　　└影鈔本・伝鈔本
寺院系諸本（義疏竄入本）

以上のように概観されよう。

第四章　近世初頭に於ける慶長刊本の意義

そして、このように、受容の発展を遂げた室町時代の古鈔本『論語集解』は、非公開性故に地味な、しかし受容層の間では十二分に繁栄して頂点に達し、中世という時代の終わりとともに姿を消して行く。とはいえ、その受容の本

質は、前述のような朝鮮活字の影響を受けた古活字版並びにそれと同列の整版本『論語集解』に吸収されていくのであって、全く消え去るわけではなかった。真の意味で、古鈔本が終焉を迎えるのは、如竹（一五七〇～一六五五）が寛永の初めに刊行した、宋の朱熹の新しい注釈書『大魁四書集注』が夥しく流行した事実をもって、その時期を推測することができるであろう。如竹は俗姓を泊といった。薩摩屋久島の人で、京都本能寺に修行、一時伊勢の藤堂氏に仕えるが、後、島津氏の侍読となる。京都南禅寺惟肖の、宋儒新注の学統を受け継ぐ周防の人・桂庵玄樹（一四二七～一五〇八）に学んで宋学（朱子学）を修めた日向飫肥の人、文之玄昌（一五五五～一六二〇）の弟子に当たり、桂庵の

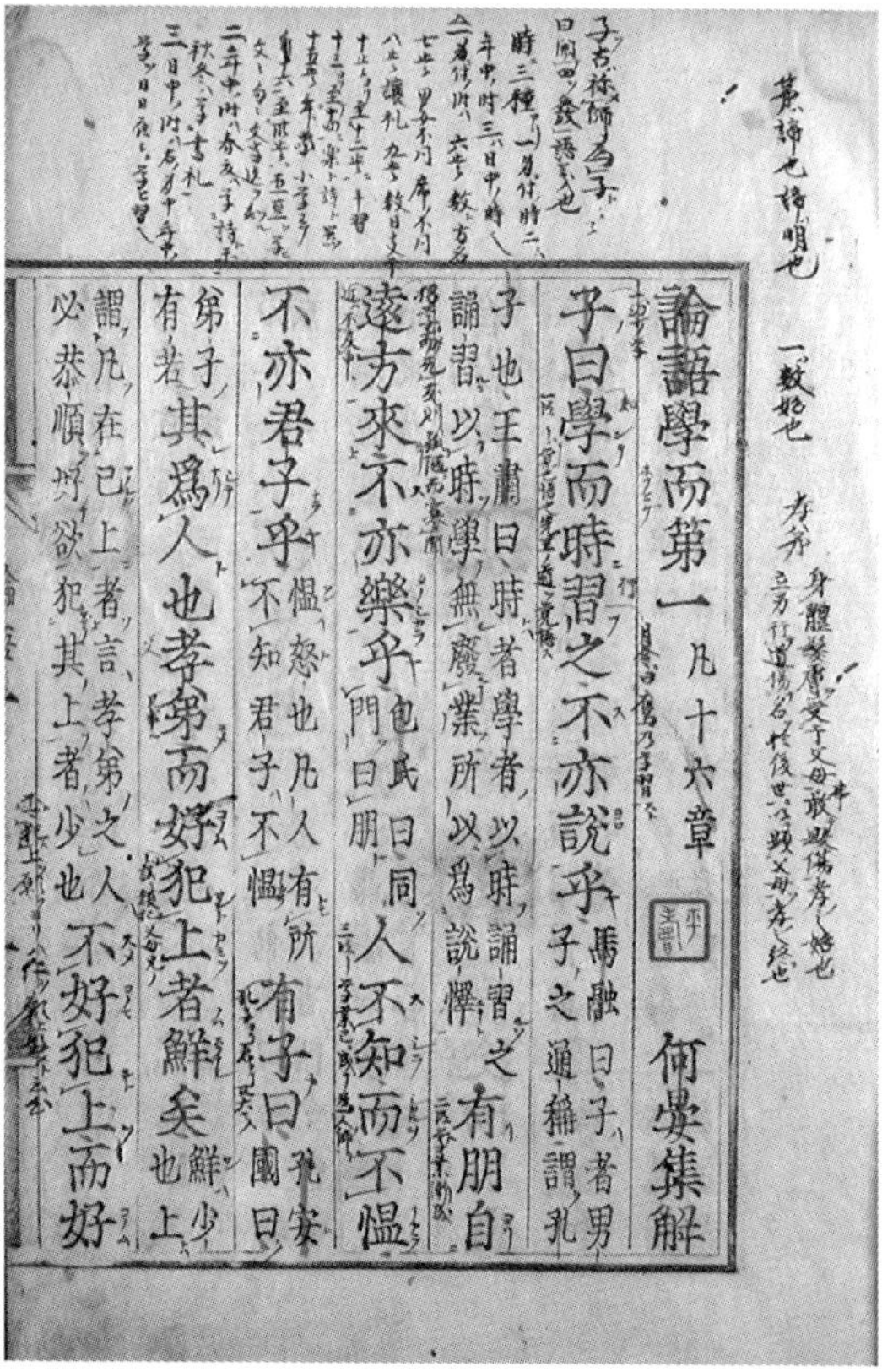

論語學而第一 凡十六章 何晏集解

子曰學而時習之不亦說乎 馬融曰子者男子之通稱謂孔子也王肅曰時者學者以時誦習之誦習以時學無廢業所以為說懌 有朋自遠方來不亦樂乎 包氏曰同門曰朋 人不知而不慍不亦君子乎 慍怒也凡人有所不知君子不慍 有子曰 孔安國曰弟子有若 其為人也孝弟而好犯上者鮮矣 鮮少也上謂凡在己上者言孝弟之人必恭順好欲犯其上者少也 不好犯上而好

図3

慶長刊本（古活字版）『論語集解』

慶長14年（1609）刊本・斯道文庫蔵（092―53）２冊

本文15頁参照。整版甲種（要法寺版）に基づいて組み版されたもの。慶長刊本の代表で、清家本の流れを汲む優れたテキスト。書き入れの附訓も完成された清家点というべきもの。

『家法倭点』、文之の『南浦文集』などを刊刻した人である。この頃の学術動向は、西村天囚『日本宋学史』(杉本梁江堂・明治四十二年)、大江文城『本邦四書訓点並に注解の史的研究』(關書院・昭和十年)に詳細である。

(不二岐陽……惟肖)……桂庵玄樹……(月渚……一翁)……文之玄昌……如竹

その大魁本『四書集注』は、よって文之点といわれる所以であるが、こうした宋の性理学による『論語』解釈が新鮮で哲学的で分かりやすく、江戸初期の知識階層に歓迎され、更に出版による書物の流布も相まって、もはや、古鈔本の転写が繰り返されることはなくなったのであった。後述する関東の足利学校は、室町時代に既に宋学を入れて盛んに学んでいたが、学徒の、テキストを書写生産する行為もまた出版文化に押されて版本への書き入れという形に変化していったものである。そして、文之点(図4・5を参照)以降、林羅山の訓点による道春点『論語』が一世を風靡し、遂に古鈔本は活性化を取り戻すことなく、過去の遺物となって、その訓法のみが版本への書き入れとして残存していくこととなるのである。

つまり、慶長時代に隆盛を誇った古活字版やそれに関連する整版本は、中世の古鈔本の到達点であると同時に、江戸時代の和訓本と古鈔本、即ち中世と近世を繋ぐ橋梁であったと総括され、それ故に時代性を鑑みた慶長刊本の呼称をこれに付与することとしたのである。その版種・本文校勘・出版の背景・書き入れ訓読の実態などは、拙論慶長刊本の研究に詳述したが、古活字版に無刊記本が二種、慶長十四年刊本(図3を参照)、そして整版に甲乙二種があって、その他の慶長時代古活字版系刊本漢籍のなかでは少なくない伝本の種類を見る。その伝本の出版史上の意義については、一般に、古活字版が現れてその覆刻版として整版本が流布するという通念にあって、整版の所謂要法寺版(拙論の分類による整版甲種)は、古活字版無刊記本(慶長八年以前刊本)に拠って覆刻されたものの、ある程度の校訂を加えていること、そしてその整版甲種から更に活字版の慶長十四年刊本が生み出されたことなど、この頃のテキスト成立の複雑さと文字校勘精密度の高さの一端を伺う事実を観得せしめるのである。

また、本文上の意義に関しては、清家本に忠実なものであるというのが最大の結論である。題式、また学而篇冒頭「不亦説乎」と「説」に作るなど、室町中後期、清原宣賢以後の清家本（これについては後述）の模本であることが明らかで、その清家本の特徴である、「論語学而第一　凡十六章　何晏集解」との題し方、即ち篇題・何晏の間に章数を置く方式、これが全篇に共通していることはその証である。更に、同じく学而篇冒頭「其為人也孝弟」と「弟」

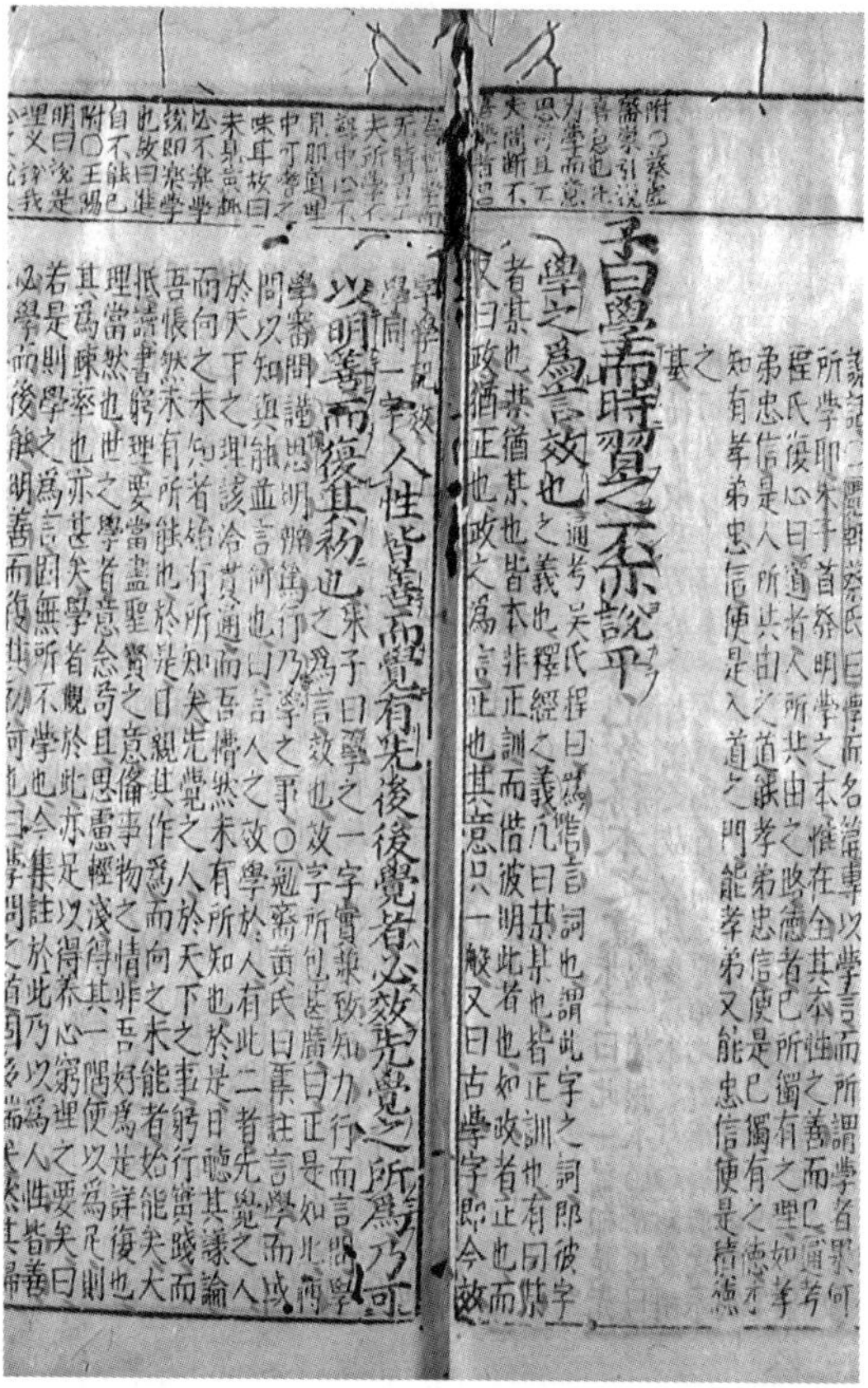

図4

明版『四書大全』『論語』冒頭部分

斯道文庫蔵（091―193）10冊

墨による訓点書き入れは文之玄昌の点と伝える

本文15頁参照。

に作るのは宣賢本が「悌」に作るのと異なり、宣賢のテキストを二次的に継承する孫の清原枝賢（一五二〇～九〇）系清家本（これについては後述）と同じで、枝賢本が、学而篇に「凡十六章」の章数を欠き、為政篇以降には章数を欠かない体例が、古活字版の第一版と目される慶長八年以前刊本と奇しくも同じ体例であることなどの事例を取ってみても、慶長刊本が清家本に拠り、なかんずく時代の近い枝賢卿のテキストを世に出したものであろうことは、ほぼ疑いの無いところである。

もう一つの意義は、慶長刊本に施された書き入れ訓点で、白文で大字の見やすいテキストに読習者が墨書で加えた

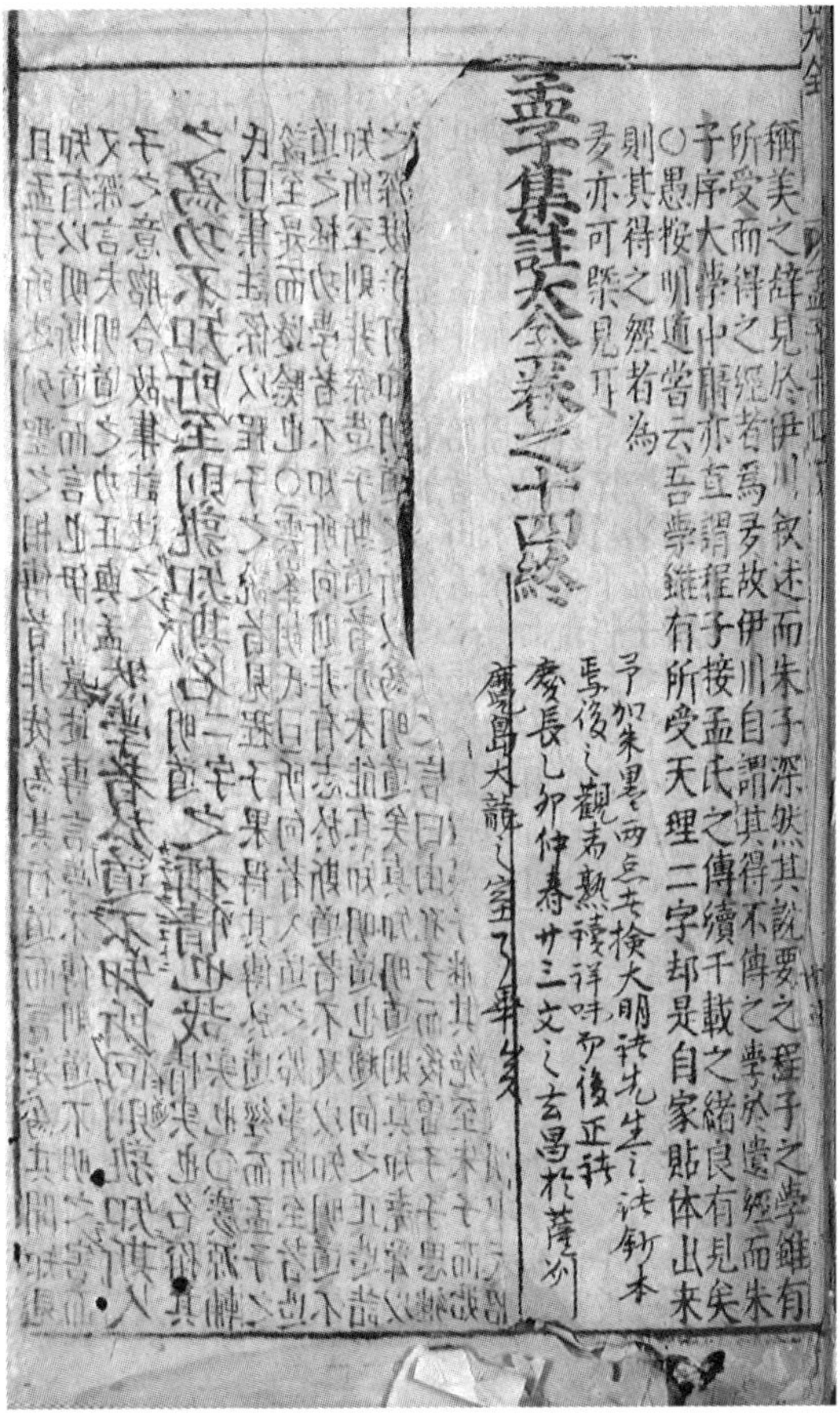

図５

明版『四書大全』斯道文庫蔵（091―193）10冊

『孟子大全』の末　慶長20年(元和1年1615)の文之玄昌の加点識語がある

本文15頁参照。

訓点（返点・送仮名・縦点・附訓）や朱のヲコト点は、一様に江戸時代前期以前に為されたもので、その内容が宣賢点のそれをほぼ踏襲しているものばかりであるということである。約四十点に及ぶ現存本について調査すると、開板後間もない時代に相当する書き入れが殆どで、一部、静嘉堂文庫本の慶長八年（一六〇三）、斯道文庫本の元和十年（一六二四）など書き入れ年次の明らかなものもあるが、訓の内容たるやほぼ清家のものを移点しているのである。このことの持つ意味は、江戸時代の朱子学による林羅山の新しい訓点が流行するまでの間、古鈔本から受け継がれた清家本の訓がそのまま生き続けたということであって、本体は鈔本から刊本へと変化したものの、読習の形は寺院系を横目に博士家系が温存していったのであり、武士層の歓迎を受けた慶長刊本によって、暫くその主流の立場を挽回し、博士家が中世最後の花道を飾ったという経緯であろう。やがて来る羅山点の根底はむしろ、中世の寺院系の訓法に近い様相を感じ取ることができるのである。

中世		近世
清家本…………慶長刊本		
寺院系本…………大魁四書集注……		林羅山点本

その意味では、中世から近世への『論語』受容の転換を、漢唐の古注による何晏の集解本から、宋学による朱熹の集注本への移行ととらえるよりは、受容の主体であった、清家本から林家本への移行ととらえるのが、より、わが国の経学史の本質をついているように思われるのである。清家から林家へ、この動きは中世をより近しいものとして理解する大きな文柱となるのである。

第一部　序論——室町時代古鈔本『論語集解』の背景と環境——

さて、本論に入る前に附言しておかねばならないのは、『集解』を取り巻く周辺資料についての概要である。その第一に挙げるべきものは、正平版『論語』である。そして、第二に挙げるべき周辺資料は、既に早くから中国では滅んで伝わらなかった、梁の皇侃撰『論語義疏』である。

第一章　古鈔本『論語集解』に影響を及ぼした正平版の存在

正平版『論語』は、正平十九年（一三六四）に堺で出版された集解本で、日本で初めての『論語』の刊本である。正平十九年は北朝の貞治三年、中国では元の至正二十四年に相当する。この初刻本（初刻双跋本）は大阪府立中之島図書館に一本と、宮内庁書陵部に取り合わせ本の一部として現存するに止め、その後、初刻本の本文と「堺浦道祐居士重新命工鏤／正平甲辰五月吉日謹誌」「学古神徳揩法日下逸人貫書」という二種の跋語をもそのまま覆刻した版（覆刻双跋本）、更にその「学古……」を省いて覆刻した版（覆刻単跋本）、また、覆刻単跋本から跋語のみを削って印刷した無跋本（図6参照）、明応八年（一四九九）の覆刻本、と計四種の版がおこされたのであった。この刊刻の順序については、種々な説が説かれたが、昭和六年九月『斯文』に発表された川瀬一馬『正平版論語攷』には、初刻本・単跋本・覆刻双跋本の順に説かれ、昭和八年に大阪府立図書館が初刻本を影印した際に附した長田富作の『正平版論語之研究梗概』に論じられているのは、単跋本が後出であるという前述の説である。しかしながら、結局、それらが

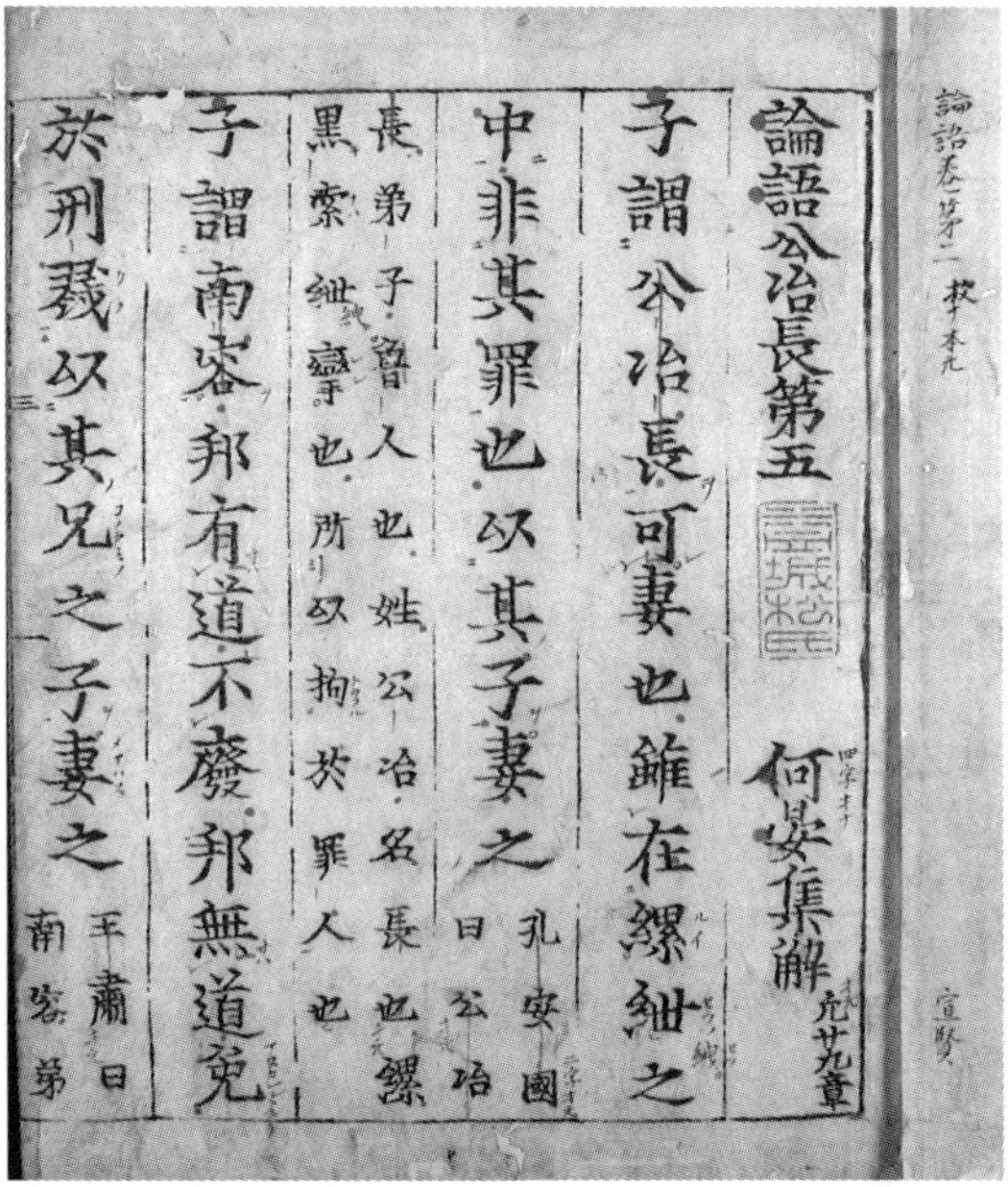
論語公冶長第五　何晏集解　凡廿九章
子謂公冶長可妻也雖在縲紲之中非其罪也以其子妻之　孔安國曰公冶長弟子魯人也姓公冶名長縲黒索紲攣也所以拘罪人也
子謂南容邦有道不廢邦無道免於刑戮以其兄之子妻之　王肅曰南容弟

図6
正平版『論語』無跋本
斯道文庫蔵（ハ09c—5—9）存巻3・4・7〜10　3冊
松崎慊堂手沢本

本文21頁参照。

覆刻されたのは具体的に何時頃のことであるのか、という時代推定をおこなうには十分な資料が遺されてはいないのが実情である。ただ、東洋文庫には、覆刻双跋本・単跋本・無跋本が一堂に会しているので、その比較をすることによって、覆刻本の版はいつ頃おこされたのかについてのおおよその推測が可能なのである。

そこで、東洋文庫所蔵の三種について見てみよう。覆刻双跋本は（二c・a2）五冊本で、屋代弘賢（一七五八〜一八四一）・徳島藩蜂須賀斉昌侯阿波国文庫の旧蔵。江戸時代初期の丹表紙を有し、墨筆による返点・送仮名などの訓点、また、朱筆によるヲコト点や合点を書き入れている。一部に薄墨の附訓がみられるが、他は全て同一手によるもので、その書き手を示す奥書が巻一～六の末に記される。即ち左の如し。

巻一末　建武四年三月四日以家説授申飯尾三郎金吾了　清原頼元

予寛正五年庚申六月十九日於肥州廳而考正之但左方朱点清家点也

巻二末　前明経博士清原頼元飯如一之巻末

巻三末　前明経博士清頼元

巻四末　清家頼元点了

巻五末　清家頼元点了

巻六末　前明経博士頼元点

これらの奥書は全て訓点書き入れと同筆で、寛正五年（一四六四）に記されたものと見られ、建武四年（一三三七）の清原頼元の訓点を写し取ったものと考えられる。建武四年点本の原本は、大東急記念文庫に所蔵される巻子改装の十二帖、鎌倉時代鈔本で、現在、重要文化財に指定されている。頼元は、清原良枝（一二五三～一三三一）の二男で、家伝の訓を飯尾三郎に伝授したのである。いずれにせよ、本版は、一四六四年以前の刊刻に係ることが、この奥書によって証明されるのである。

次に単跋本について見てみよう。本版は（二c・a3）三冊本で、三條西実隆（一四五五～一五三七）の自筆点本と伝えられる。また、本版は大正十一年、安井小太郎の解説を以て斯文会から影印出版されている。訓点書き入れは、朱・墨二種あり、ともに同筆。朱はヲコト点、墨は返り点・送りがな・附訓等であり、欄外の補注も加えられる。巻三と巻十末に墨筆による本文書き入れと同筆の奥書が記される。

長享第三暦林鍾十八日自／儲皇竹園賜之可秘々々／亜相拾遺郎（花押）〈巻十は「自」字無し〉

此一部訪大外記師富朝臣之訓説／幷見合清家之本写朱墨点加／随分之琢磨者也後昆可秘々々

即ち、長享三年（一四八九）亜相拾遺（三條西実隆）が儲皇（後柏原天皇）より賜ったと。博士家中原氏の訓を継ぐ中原（押小路）師富（一四三四〜一五〇八）の訓説に清原氏の点を加味したという。更に、巻三末、巻六末にはヲコト点と同筆の朱筆による奥書が記される。

巻三末　明応甲寅孟冬初三日如形加朱墨点畢（花押）

巻六末　明応甲寅孟冬初九手自加朱墨点畢（花押）

明応甲寅は一四九四年、これも前記の奥書と同筆で、三條西実隆の筆と考えられる。即ち、それぞれ実隆三十五歳、四十歳の加点に係るわけである。これによって、本版は、一四八九年以前の刊刻に係ることが知られるのである。

続いて無跋本。これは、前述の如く、単跋本の跋文のみを削去して刷ったものであるから、上梓の時代は一四八九年以前であるわけだが、修刻を加えて流行したのがおおよそいつ頃であるのか、を考えて見よう。本版は東洋文庫（二一c・a4）五冊本で、近代、向山黄村（一八二六〜九七）・寺田望南の旧蔵に係る。香色の古表紙に丹の古題簽を附し「魯論」と墨書する。版面は単跋本の後印であるからして、単跋本の晴朗には比すべくもない。本版への書き入れは、後期清原家の大儒、清原枝賢（一五二〇〜九〇）の訓点で、朱のヲコト点、墨の返り点・送りがな・附訓等が全て一筆、枝賢の手で加えられている。巻一から巻九の各巻末に「加朱墨点了」（枝賢の印）と記し、巻十末に左の如く記す。

右魯論者人倫之大用也時習／可也玩索而覚気味深長者乎／于爰不干翁専仏教余志儒術／求累家秘点不及猶豫拭渋眼染禿筆加朱墨為他人勿令容易而／已／元亀第二歳舎辛未春二月初八／宮内卿清原朝臣（花押）（枝賢の印）

即ち、元亀二年（一五七一）に五十二歳の枝賢が加えた書き入れであると。従って本冊の刷りは一五七一年以前であることが確定するのである。

以上三本を同時に並べて比較し得ることは、古鈔本の研究一般にとっても甚だしく利益をもたらしてくれたのである。紙質はともに厚手の楮紙で正平版『論語』に特有のものである。覆刻双跋本から無跋本と時代が降るほど、料紙は黄味を帯び、双跋本は極めて上質の白紙を用いている。恐らくは、覆刻双跋本は南北朝の末から室町時代初期、即ち応永年間（一三九四～一四二七）頃を中心とした時期に、単跋本は中期、応仁文明年間（一四六七～八六）を中心とした時期に、開板され、無跋本は後期、天文年間（一五三二～五四）頃に盛んに刷られたのではなかろうか、と推測する。そもそもこうしたテキストの開板は縉紳の需要を満たすのが目的であり、彼らは博士家の訓点をそこに書き入れることに意義を見いだしていたのであって、開板と書き入れとはかなりの一体観をもって解釈するべきではないか、と考えられるからである。また、このことは、室町時代を通じて正平版『論語』が縉紳の間で重んじられていた事実をも物語るのであって、古鈔本の成立に正平版が多大な影響を及ぼしていたであろうことも、容易に想像できるのである。

応仁の乱（一四六七）を境として、地方に波及した学問は、周防山口の大内氏にあっては特殊な発展を遂げ、所謂、大内版の異称を持つ開板事業が続いた。『五山版の研究』（川瀬一馬・ABSJ・昭和四十五年）の「室町初期に於ける開板」の項に詳細であるが、『論語』にあっても、明応八年（一四九九）、大内氏の家臣・杉武道が正平版『論語』を覆刻出版している（宮内庁書陵部蔵）事実があり、正平版の存在が室町時代の『論語』受容を知る鍵であることは、疑うべくもない。

さて、その正平版のテキストが如何なる源流に帰するものであるか。中国で初めてこれを目にしたと思われる清初の蔵書家・銭曾（一六二九～一七〇一）は、その著『読書敏求記』の巻一「何晏論語集解十巻」に正平版が六朝唐初の字体に似、「已」「矣」などの助字が頗る多く文末に加えられていることが、『史記』『漢書』に引用された『論語』の文章に一致することを挙げ、古い『論語』の姿を伝えたテキストであると評価した。

童年読『史記』孔子世家、引子貢曰「夫子之文章、可得聞也、夫子之言天道与性命、弗可得聞也已」又読『漢書』列伝四十五巻賛、引子貢云「夫子之言性与天道、不可得而聞已矣」窃疑古文『論語』与今本少異、然亦无従辨究也。後得高麗鈔本『何晏論語集解』、検閲此句、与『史』『漢』適合。因思子貢当日寓嗟嘆意於「不可得聞」中。同顔子之「如有所立卓爾」、故以「已矣」伝言外微旨、若脱此二字、便作了語、殊无低徊未忍已之情矣。他如「与朋友交言而不信乎」等句、倶応従高麗本為是。

「夫子之文章」の句は公冶長篇第五の第十三章、「如有所」の句は子罕篇第九の第十一章である。この句も「末由也已」と感嘆の助字が使われていることを指摘する。文中、高麗鈔本とするのが、正平版を指す。何故「鈔本」なのかは、第三部第一編第二章に述べる。そして、銭曾の評価は今の中国にあっても一般的である。日本では、武内義雄『正平版論語源流攷』（大阪府立図書館・昭和八年）に論じられる通り、鎌倉時代以前の『論語』受容の実態から、清原家・中原家両家のテキストを比較し、清原家本に近いものであることが結論付けられている。しかし、更に、その清原家本の源流を辿る考証は、最早、材料を十全としない。

このような性格を持ちながら、正平版は、室町時代以降、中原家の『論語』学を見るべき遺物は皆無に等しいことからも察することができるように、清原家学が主流となるのに相まって、正平版はますます清原家と関係を深くし、また密接な関係をもって論じられることが多くなってゆくのである。とはいえ、正平版の開板にあっては、清原家との関係を示す明証は見あたらず、清原家の監修を経て開板される『論語』は、天文二年（一五三三）に清原宣賢（一四七五～一五五〇）の跋文を附して刊行された所謂天文版『論語』を待たねばならなかった。その跋によれば、泉南堺の阿佐井野氏が、応仁の乱によって滅んだ『論語』の版を再興したいと願い出て、宣賢所用のテキストを版におこしたというのである。川瀬一馬博士は、この滅んだ版こそが、正平版の覆刻双跋本であるとし、覆刻双跋本の伝本が少ないのはその為である、と指摘する。実際、覆刻双跋本は、東洋文庫・宮内庁書陵部・東京大学東洋文化研究所（安田文庫旧蔵）・静嘉堂文庫（零本・松井本）を挙げるのみである。

この天文版は、正平版と同じ堺で開板されていることは興味深いが、版木は細川幽斎によって堺の南宗寺に寄進されたといわれ、その後、大正時代まで刷られたが、戦禍に遇い焼失した。天文版は注を省いた正文だけのテキストであるが、京都大学附属図書館所蔵に宣賢手沢の『論語』正文だけの写本が伝わり、本版の祖本を思わせる。

かくして、鎌倉時代以来、秘伝と称して、家に伝わるテキストや訓点を未公開としてきた習慣は、講義や開板によって大衆に広げて行く風潮へと変化するに至ったのであるが、この文化の流れには正平版が大きな役割を果たしていたと考えられる。つまり、正平版の流行こそが、こうした風潮を作り出して行ったと、むしろ考えるべきなのかも知れない。更にいうなれば、室町時代の清原家は、正平版を睨みながら、それに対抗するかのように、独自のテキストを形成しようとしていたのではなかろうか。

第二章　古鈔本『論語集解』に影響を及ぼした『論語義疏』の存在

次に中国では早く亡んで日本にのみ遺った佚存書である『論語義疏』について見てみよう。本書は、先行の魏・何晏の『論語集解』本を底本にして、更にそれを補う注釈を加えたもので、それ故に『論語集解義疏』と称されることもある。皇侃の生卒は四八八～五四五年で、集解本の著者、魏の何晏（一九〇～二四九）から二百年以上も離れた時代の人であるから、皇侃が用いた何晏のテキストは、何晏の原本とある程度の距離があっても不思議ではない。まして、更に千年も時を経た日本の中世・室町時代に書写された『論語義疏』は、唐時代の注釈書、邢昺の『論語注疏解経』も混入しているのであって、皇侃の原本にすら遙かに遠いものであり、その写本に含まれる『論語集解』の本文を、単行の『集解』本文に比することは、危険な試みといわざるを得ない。

しかしながら、室町時代の読書人の、権威ある層の人達によって、巧みにこの二書『集解』と『義疏』が融合された跡を、我々は見過ごすことができないという事実がある。何時、何のために、誰によって、為されたものなのかは、わからない。しかしまた、それが複数の人達によって、めいめいが都合の良いように吸収していった、という性格のものではない。ある時、融合された形が、変わることなく連綿と受け継がれて行くのである。そしてまた、正平版『論語』の受容のように、転写などの単純な形ではなく、複雑な形をもって融合されてゆくのである。日本に於ける、室町時代に於ける、限られた地域と時代に於ける、『論語集解』と『論語義疏』の閉鎖的な特殊な兄弟関係、これを把握するには、実は、『論語鈔』の存在など、当時の学僧の営みを総体的に見渡すことが必要であるが、今、『論語集解』古鈔本の整理という課題を研究するに際しては、当面の関連資料から、慎重に推論を展開して、その解答を導き出すことが先決であろう。

日本で書写された『論語義疏』（図7参照）は、現在、数十種を降らないほどもあり、けして少なくはない。むしろ、これだけ写された遺物から当時を思い想像すると、この流行は異常ともいえるのではなかろうか。

斯道文庫所蔵の文明十九年（一四八七）鈔本を例に取れば、その形態は、次のようになっている。

「論語義疏第一　梁国子助教呉郡皇侃撰」と題し、「論語通曰論語者是孔子没後七十弟子之門徒共所撰録也……」で始まる皇侃の序文を巻首に附す。次に、

「論語序　　何晏集解」と題し、「叙曰漢中塁」と魏の何晏の序文を挙げ、その文の下に小字双行にて「東西南北四人有将軍耳北方之夷官也……」と皇侃の注釈を附す。そして、本文の巻頭が続く。

「論語義疏巻第一　　何晏集解　皇侃疏」と題するが、巻二は、「論語義疏巻第二　　何晏集解　皇侃疏」とあって、「第二」の下に小字双行で「八佾／里仁」と篇名を加え、巻三以降も巻二に同様の首題となっている。但し、「何晏集解」の四字を存しない巻もある。また、巻九・十のみは、「皇侃疏」の下に「凡幾章」という章数を附加する。続いて改行し、

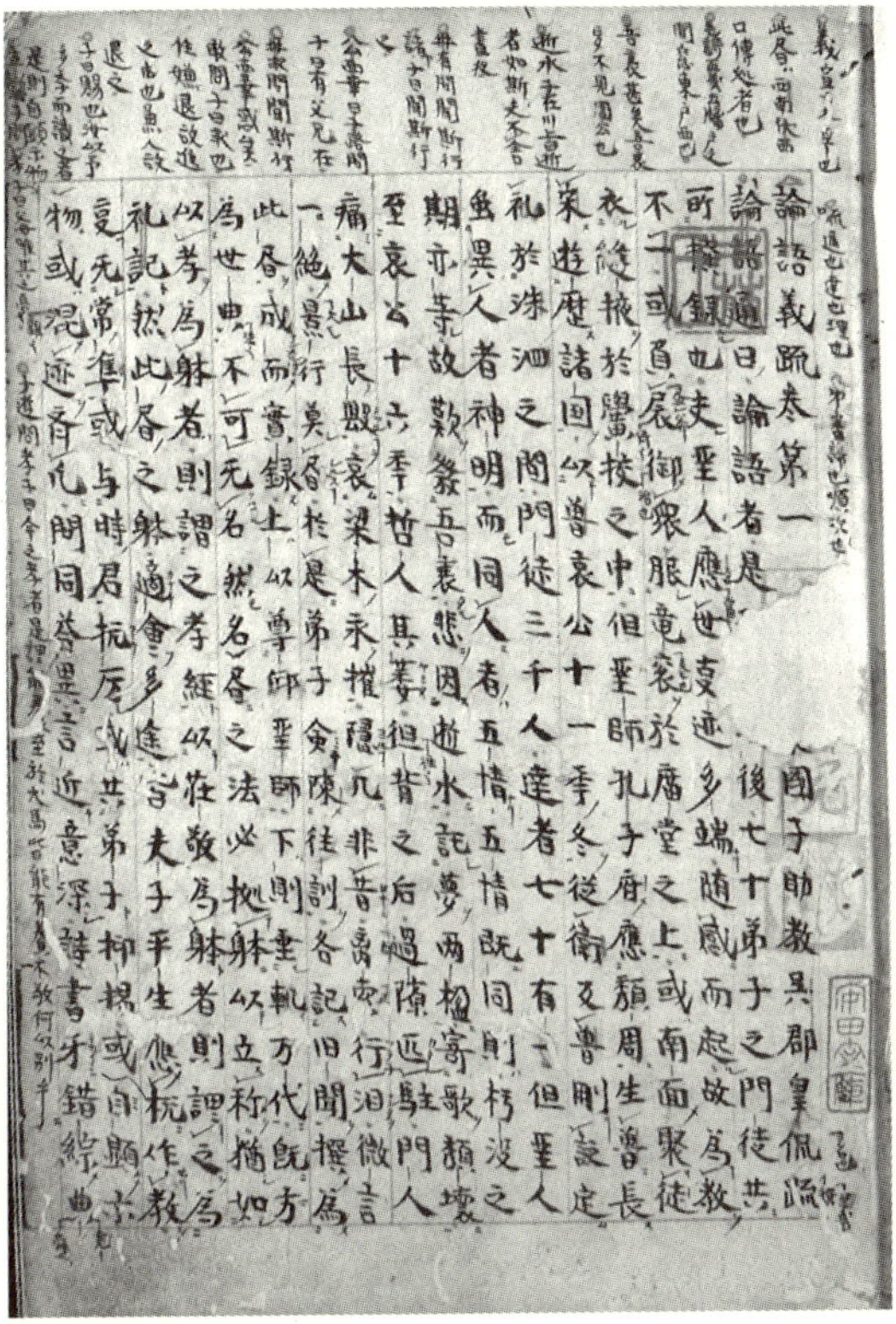

図7
『論語義疏』室町時代中後期写　東福寺宝勝院旧蔵
斯道文庫蔵（091―13）10冊

本文28・75頁参照。『義疏』本の題式にも数種ある。これは巻題に疏文が続く形式であるが、既に後発の『正義』が挿入され、皇侃の時の旧本ではない。本書の書写も足利学校との関わりが想起される。

「学而第一　疏」とあり、以下小字双行にて「論語是此書總名学而為第一第篇別目……故曰学而第一也」と「学而」篇の意義と総括を示す一文を加えている。また同じく小字双行で、「昺云自此至堯曰是魯論語二十篇之名及第次也……言此篇於次当一也」と宋の邢昺の「正義」の篇名総括文をそのまま加える。この形式は「堯曰第二十」まで同様に貫かれている。こうした各篇の首に解説を加える形は、邢昺の「正義」と全く同じ形で、これは、或いは古くからの「疏」の伝統的な形式なのであろうか。これらを終えて、本文に入る。

「子曰」その下に小字双行で疏を加える。「子者指於孔子也……」、「学而時習之」その下に小字双行で「此以下孔子言也……」という具合で追い込む。何晏の注は一格を下げて、「馬融曰子者男子通称也」その下に小字双行で疏を「凡有徳者皆得称子……」などと加える。テキストによっては何晏の注を一格下げないものもある。

しかも、『義疏』の現存本を見る限り、この形態は乱れずに踏襲されているもので、如何に、転写に転写を重ねて来たかが伺える。そこで、古鈔本『論語義疏』と古鈔本『論語集解』が、形態上如何なる関係にあるかを考察してみると、『義疏』の写本には既に『集解』が含まれているのであるから、『義疏』のテキストから「疏」を削除すれば『集解』が残るわけで、煩雑な「疏」を省いて簡略な『集解』単行本を生み出すことは難しいことではない。しかし、一方で考えられるのは、そもそも存在した『集解』本に適宜、『義疏』の有益な疏文を借りて、附加挿入していく過程も存在するかもしれないということである。即ち、融合の形には『義疏』を主とするか、『集解』を主とするか、のいずれかの姿勢が考えられるのである。

本文や注の字句の異同にどれだけ相互の影響が見られるかを判断することは困難を極めるが、主要な形式を以て融合の姿を俯瞰すれば、融合されたテキストには、前述の、『義疏』中の、各篇の意義と総括を示す一文が、『集解』単行本の、全ての篇にそのまま挿入されているというのが最も目立った融合の姿である。図8を参照。

図8のテキストは、『集解』本の一種であるが、形式から見て「学而巻第一」題の下に見える小字の注釈は、まさに、『義疏』の疏文そのものであることに気がつく。この形式をみれば、やはり融合の主体は『集解』にあり、『集解』が『義疏』の長所を吸収していったものとみるのが自然ではなかろうか。

早く、鎌倉時代の正和四年（一三一五）写本の清家本『論語集解』（東洋文庫蔵本）に施された正慶二年（一三三三）の書き入れとされる欄外の補注に、「疏曰」として、右にいう各篇の意義と総括を示す『義疏』の一文を加えていることは、勿論、南北朝の初頭になお『義疏』の伝本が存在したことを示すばかりではなく、『集解』を中心とした

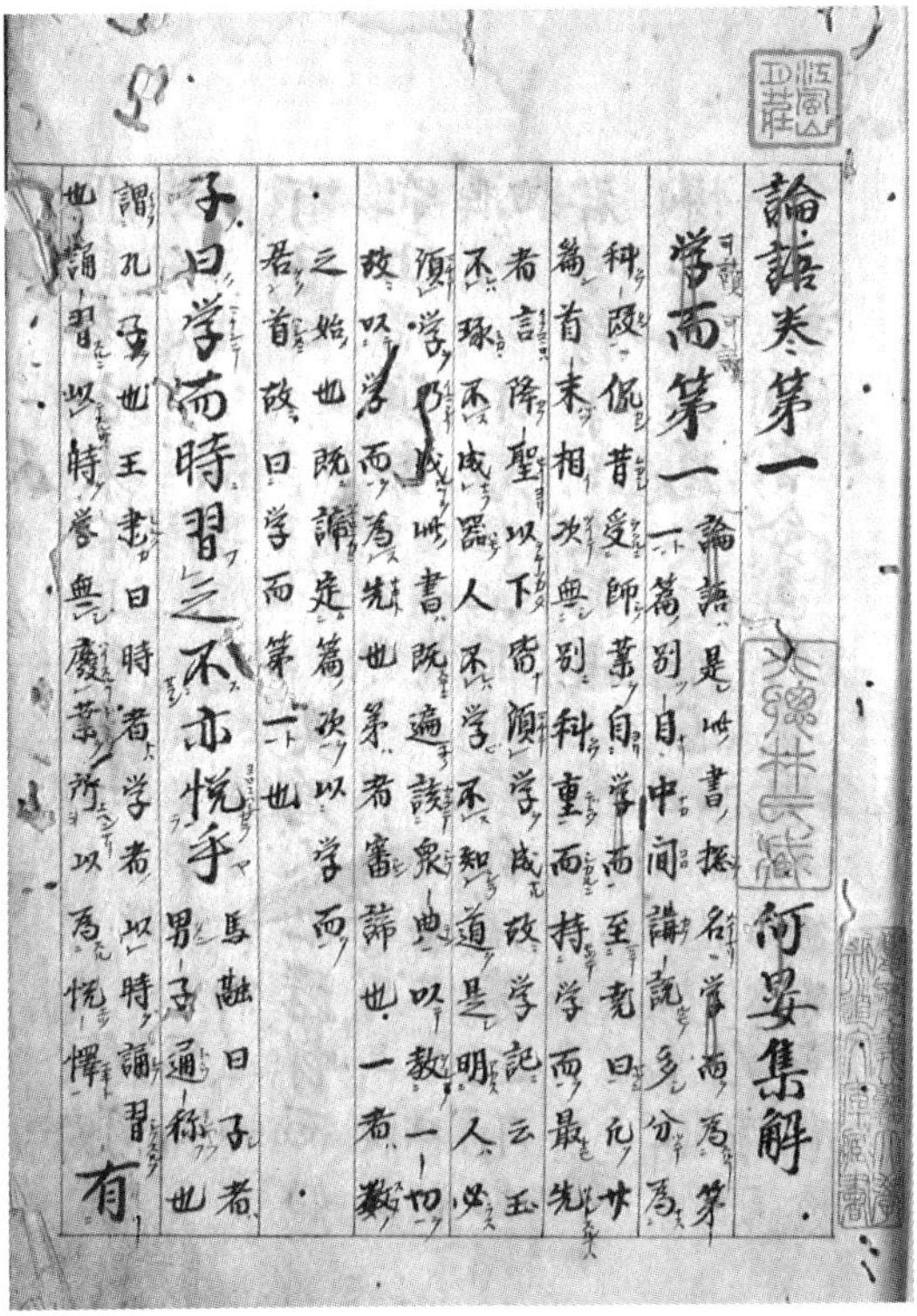
論語巻第一　何晏集解
学而第一　論語是此書揔名学而為第一篇別目中間講説多分為
科段侃昔受師業自学而至尭曰凡廿
篇首末相次無別科重而持学而最先
者言降聖以下皆須学成故学記云玉
不琢不成器人不学不知道是明人必
須学乃成此書既遍該衆典以教一切
故以学而為先也第者審諦也一者数
之始也既諦定篇次以学而
君首故曰学而第一也
子曰学而時習之不亦悦乎　馬融曰子者男子通称也
謂孔子也王粛曰時者学者以時誦習
也誦習以時学無廢業所以為悦懌　有

図8
義疏竄入本『論語集解』
斯道文庫蔵（091—6）５冊　欠序

本文30頁参照。毎章の趣旨をまとめた『義疏』の一文を章題の下に附添した『集解』本が室町時代に流行した。そのテキストには何晏の『序』を欠くものが少なくない。

『義疏』の吸収を示す証であろうし、更にまた、この疏文の抽出が、『論語』講説の早期に流行していたことを物語っているのではなかろうか。

しかしながら、何れにもせよ、『義疏』の写本が鎌倉時代以前に遡るものが存在せず、しかも、室町時代に全く同じ形の『義疏』写本がこれだけ存在している現況を鑑みるとき、室町時代にはとりわけ、『義疏』形式の注解が相当に必要であったことが容易に推測されるわけである。この点に関して、前掲、阿部論文、室町以前注釈書研究には次のように述べられている。「室町時代に入って、義疏を欄外等に書入れた集解本の鈔本が多くなり、義疏が急激に流行したのは、論語の講筵の開かれることが多くなり、講説の為には、集解では簡に過ぎ、さらに詳細な注解が広く要求されるに至ったからである。（中略）即ち皇侃義疏はその性格上、六朝時代に於ける、言わば仮名鈔に該当する。此が室町時代の仮名鈔盛行期の趣向に合致したことは当然である」。

まさに、『義疏』は、学僧・縉紳の講義に便を与える、至れり尽くせりの細かい注釈で、仮名鈔に見られるような室町時代特有の邦人注釈と共通する性格を持つところから、転写が繰り返されていったのであろうとする見方が、正鵠を射ているといえるのであろう。

しかし、結局のところ、『義疏』は、その注釈の量の多さから、大量の複本は望み得ず、量の妥当な『集解』本が世の需要に答え、そこに、『義疏』の枢要である各篇の意義と総括を示す一文のみが、『義疏』講読の名残として止められたものではなかろうか。つまり、『義疏』『集解』二書の中世における融合は、その主体が『集解』にあったと推測したいのである。

実際、『義疏』の現存本を見ると、書写年代は、一部の影写本を除けば、大同小異、室町時代の限られた時期に集中し、それ以後はパッタリと姿を見せない。遡って、『日本国見在書目録』に『義疏十巻』を著録するから、『義疏』

は、平安時代には既に将来されていたと推測されるが、その後、忽然と姿を消し、中世期に、再び、邦人の改編を経て現れ、それが時流に乗って流行し、やがて宋学などの新しい学問に押されて、再び姿を消して行く。これが、『義疏』の我が国における生き様ではなかったか。

とするならば、この『義疏』を夥しく生んだ「中世」とは如何なる意味を持っているのであろうか。私は、そこに、中世の学問を主導した、関東の学校、つまり、足利学校との関わりを強く感じるのであるが、このことはまた、後述することとする。

総じて、『義疏』が室町時代の『集解』古鈔本に影響を与えるに際しては、正平版『論語』が転写などの形で単純に影響を及ぼしていったのとは違い、時勢の変化を背景に、やや複雑な、捻りよるような影響を及ぼしていったといえるのではなかろうか。

そして、更に、正平版と『義疏』とが絡み合って、『集解』本の校訂に関わってくるならば、最早、テキストの成立の由来をはっきりと同定することはできない。

現存本からいえば、はっきりと『義疏』の竄入が認められる伝本は『論語集解』古鈔本全体の約三分の一を占め、更に正平版などと共に影響しあっていると考えられる『集解』テキストは全体の約四分の一を占める。従って、総体としてみれば、約半数は純粋な『集解』のテキストを離れ、中世的な諸本混在の性格を有するものであった。そして、それはまた、伝統を持つ博士家のテキストと一線を画するもので、博士家本が宮中を中心とした講筵を基盤とするものであったのに対し、『義疏』竄入本は、寺院などを中心とした学僧の教養を基盤とするものであったことも、一つの特徴的な現象である。権威を背景とする博士家が、この動向に脅威を感じていたことは、想像に難くない。

第二部　総論——室町時代古鈔本『論語集解』の梗概と系統——

第一章　現存する室町時代古鈔本『論語集解』の梗概

そもそも室町時代の古鈔本に対して、その価値を本格的に見いだし始めたのは、江戸時代後期の考証学者達であった。『論語』について見るならば、市野迷庵や狩谷棭斎（求古楼）らの蒐書校勘活動が、端を開いたといっても過言ではない。最終的に渋江抽斎（一八〇四～五八）や森立之（一八〇六～八五）らによって纏められた『経籍訪古志』が書誌学的な意味で最も拠るべき原点であるといえるだろう。無論、遡れば、吉田篁墩の『論語集解考異』、更には、山井崑崙（一六八一～一七二八）の『七経孟子考文』にも古鈔本の存在は大きな位置を占めているわけで、山井の師、荻生徂徠（一六六六～一七二八）まで源流を辿ることができるであろう。これらについては拙論慶長刊本の研究を参照。もっとも、山井崑崙が用いた古鈔本『論語集解』は足利学校に現存するものであろうし、吉田篁墩が用いた大永四年（一五二四）、永禄六年（一五六三）の二つの鈔本は、現在、東洋文庫に所蔵されるものであるから、源流の同定は容易である。

しかし、『経籍訪古志』に至ると、現所在本との同定が困難な古鈔本が多く現れる。ここに、書誌学研究の原点が存する所以である。では、『訪古志』に見える室町時代古鈔本『論語集解』の著録を実際に検討してみよう。清末、光緒十一年（一八八五）の徐氏刊本をもとに列挙すると（文中、初稿本とは昭和十年日本書誌学会が影印した安田文庫旧蔵本、第二稿本は小嶋宝素らの書写本で同じく安田文庫旧蔵本）、

一、旧鈔単経本　足利学蔵

これは、『訪古志』初稿本・第二稿本に載せず。足利学校にも現存せず。

二、旧鈔単経本　京師錦小路家蔵
これは、『訪古志』初稿本・第二稿本に載せず。京師錦小路家も未詳。
三、天正四年鈔単経本　容安書院蔵
これは、『訪古志』初稿本以来載せる。初稿本・第二稿本は柳原書屋蔵とする。清の楊守敬旧蔵、台湾故宮博物院の所蔵。
四、清氏点本
これは、『訪古志』初稿本以来載せる。初稿本に「清家訓点板本」とある。現所在未詳。
五、大永甲申鈔本　求古楼蔵
これは、『訪古志』初稿本以来載せる。藤原貞幹・狩谷棭斎・木村正辞旧蔵で、現在東洋文庫所蔵、吉田篁墩が考異に用いたもの。
六、旧鈔本　容安書院蔵
これは、『訪古志』初稿本・第二稿本に載せず。八行十五字。正平版と字句異同同じ。清の楊守敬旧蔵、台湾故宮博物院の所蔵。
七、天文二十一年鈔本　求古楼蔵
これは、『訪古志』初稿本以来載せる。八行十八字。宥鏡の署名。現所在不明。
八、旧鈔本　求古楼蔵
これは、『訪古志』初稿本以来載せる。清原枝賢の本によって、三十郎盛政が写したもの。斯道文庫現蔵。
九、旧鈔本　求古楼蔵

これは、『訪古志』初稿本以来載せる。十一行二十一字。宥俊の署名。現所在不明。

十、旧鈔本　求古楼蔵

これは、『訪古志』初稿本以来載せる。九行二十一字。俊仁の署名。現所在不明。

十一、旧鈔本　求古楼蔵

これは、『訪古志』初稿本以来載せる。八行不定字数。蜜厳院・有弁の署名。現所在不明。

十二、旧鈔本　求古楼蔵

これは、『訪古志』初稿本以来載せる。六行十三字。永享三年識語あり。元、安田文庫に所蔵されたが、現所在不明。

十三、旧鈔本　求古楼蔵

これは、『訪古志』初稿本以来載せる。九行二十字。恕通の墨印あり。現所在不明。

十四、旧鈔本　求古楼蔵

これは、『訪古志』初稿本以来載せる。八行十七字。源清房俊仁（初稿本は源を元に作る）の署名。現所在不明。

十五、旧鈔本　求古楼蔵

これは、『訪古志』初稿本以来載せる。八行十五字。一寸明珠と題記。現所在不明（或は国会図書館二冊本か）。

十六、『孟子趙注』『大学』『中庸』と併せた『四書』旧鈔本　容安書院蔵

これは、『訪古志』初稿本・第二稿本に載せず。永正十七年清原宣賢識語、大永三年林安盛識語あり。神宮文庫蔵大永三年林安盛移点宣賢点本と同種のもの。現所在は未詳。

これを以てしても、十六点著録のうち、僅かに四点のみの所在が知れるだけで、室町時代古鈔本の奥深さが感じられ

るのである。

ところで、こうした研究は、それ以後、継続的に行われなかったことにより、明治時代に散佚する結果を招いたのであるが、大正になって、林泰輔が『論語年譜』を著し、『論語』テキストの整理を行った。附録の図版に室町時代の古鈔本を三点掲載している。それは、寛正本（男爵野村素介蔵）・永禄本（同上）・大永本（木村正辞蔵）の三点で、ともに東洋文庫の現蔵となっている。そしてその次に行われたのが昭和の初期であった。昭和六年五月、大阪府立図書館で、『論語』展覧会が開催された。その際の陳列品が如何なるものであったか、定かではないが、七十点ほどを選んで図録にした『論語善本書影』が京都の貴重図書影本刊行会から出版された。ここに収載された室町時代古鈔本『論語』は二十一点であった。これだけの量が一堂に会するのは、『経籍訪古志』以来のできごとで、しかも、恐らくは、絶後のことであろう。煩を厭わず、ここに現所在を確認すると、

一、　永享三年（一四三一）鈔本　安田善次郎蔵（現所在不明）
二、　寛正元年（一四六〇）鈔本　岩崎文庫蔵（現、東洋文庫）
三、　永正十二年（一五一五）鈔本　岩崎文庫蔵（現、東洋文庫）
四、　大永四年（一五二四）鈔本　岩崎文庫蔵（現、東洋文庫）
五、　享禄四年（一五三一）鈔本　徳富蘇峰蔵（現、お茶の水図書館）
六、　天文九年（一五四〇）鈔本　岩崎文庫蔵（現、東洋文庫）
七、　永禄三年（一五六〇）鈔本　高木利太蔵（現、斯道文庫）
八、　永禄六年（一五六三）鈔本　岩崎文庫蔵（現、東洋文庫）
九、　建長七年（一二五五）元奥書鈔本　徳富蘇峰蔵（現、お茶の水図書館）

十、　室町初・中期鈔本　宮内省図書寮（現、宮内庁書陵部）
十一、狩谷棭斎旧蔵本　内野皎亭蔵（現所在不明）
十二、清見寺旧蔵本　徳富蘇峰蔵（現、お茶の水図書館）
十三、根本通明旧蔵本　秋田県立秋田図書館蔵（現、同所）
十四、林崎文庫旧蔵本　神宮文庫蔵（現、同所）
十五、古鈔論語集解　高木利太蔵（現、斯道文庫）
十六、三十郎盛政鈔本　安田善次郎蔵（現、斯道文庫）
十七、元亀二年（一五七一）釈梵舜鈔本　谷村一太郎蔵（現、京都大学附属図書館）
一八、青蓮院旧蔵本　安田善次郎蔵（現、斯道文庫）
一九、古鈔論語集解　龍谷大学図書館（現、同所）
二十、永正十七年宣賢元奥書鈔本　京都帝国大学図書館蔵（現、京都大学附属図書館）
二十一、釈梅仙鈔本　大阪府立図書館蔵（現、同所）

これをもって見れば、殆どが現在の所在に繋がるものばかりで、ただ、二点、永享三年鈔本と狩谷棭斎旧蔵本の所在が知れないのみである。狩谷棭斎旧蔵本は『経籍訪古志』の十三番目、恕通の墨印あるものがこれに相当するかも知れない。

因みに、これ以前、大正二年（一九一三）に湯島聖堂内の孔子祭典会が『論語書目』を作製しているが、これには、日本人の注釈書が集められていて、古鈔本の著録は無い。継いで、昭和の初期と思われるが、財団法人大橋図書館主催の論語展覧会が開かれ、目録が作製された。この展覧会も前代未聞の大展覧で、しかも書誌学的な水準が高い。

「古版本」「古鈔集解本」「古鈔義疏本」「古鈔仮名鈔」「仮名論語」「江戸時代著述」「其他」「追加」の項目に分けられ、ほぼ現在に引き継がれる『論語』テキスト研究の体系を類別したものと評価されよう。その中に著録された室町時代古鈔本は、三十二点、かなり、大阪府立図書館の展示目録と重なる。今は、稀少な目録であるから、これも、煩を厭わず掲出しよう。

一、　永享三年鈔本　　安田善次郎蔵（大阪目録の一）
二、　寛正元年鈔本　　岩崎文庫蔵（大阪目録の二）
三、　永正十二年鈔本　　岩崎文庫蔵（大阪目録の三）
四、　大永三年鈔本　　神宮文庫蔵（現、同所）
五、　大永四年鈔本　　岩崎文庫蔵（大阪目録の四）
六、　享禄四年鈔本　　徳富蘇峰蔵（大阪目録の五）
七、　天文九年鈔本　　岩崎文庫蔵（大阪目録の六）
八、　天文十八年（一五四九）鈔本　　富岡益太郎蔵（現、斯道文庫）
九、　永禄元年（一五五八）鈔本　　亀田次郎蔵（現、国会図書館）
十、　永禄三年鈔本　　高木利太蔵（大阪目録の七）
十一、永禄六年鈔本　　岩崎文庫蔵（大阪目録の八）
十二、元亀二年鈔本　　谷村一太郎蔵（大阪目録の十七）
十三、青蓮院旧蔵本　　安田善次郎蔵（大阪目録の十八）
十四、三十郎盛政鈔本　　安田善次郎蔵（大阪目録の十六）

十五、建長七年元奥書鈔本　徳富蘇峰蔵（大阪目録の九）
十六、徳治三年（一三〇八）元奥書鈔本　徳富蘇峰蔵（現、お茶の水図書館）
十七、清原宣條・宣光所持本　京都帝国大学図書館蔵（大阪目録の二十）
十八、賜蘆文庫旧蔵本　宮内省図書寮蔵（大阪目録の十）
十九、林崎文庫旧蔵本　神宮文庫蔵（大阪目録の十四）
二十、根本通明旧蔵本　秋田県立秋田図書館（大阪目録の十三）
二十一、狩谷棭斎旧蔵本　内野皎亭蔵（大阪目録の十一）
二十二、賀茂三手文庫旧蔵　帝国図書館蔵（現、国会図書館）
二十三、古鈔本、二冊　帝国図書館蔵（現、国会図書館）
二十四、釈梅仙写本　大阪府立図書館蔵（大阪目録二十一）
二十五、古鈔本、五冊　岩崎文庫蔵（現、東洋文庫）
二十六、古鈔本、二冊　高木利太蔵（大阪目録の十五）
二十七、清見寺旧蔵本　徳富蘇峰蔵（大阪目録の十二）
二十八、古鈔本、四冊　徳富蘇峰蔵（現、お茶の水図書館）
二十九、古鈔本、一冊（先進篇以下）　徳富蘇峰蔵（現、お茶の水図書館）
三十、古鈔本、一冊（先進篇以下）　徳富蘇峰蔵（現、お茶の水図書館）
三十一、古鈔本、一冊（巻五・六）　徳富蘇峰蔵（現、お茶の水図書館）
三十二、清家訓点古鈔本（先進篇以下）一冊　京都帝国大学図書館蔵（現、京都大学附属図書館）

となっている。大阪の展示目録に掲載のものは、龍谷大学図書館蔵本以外、全て重なっている。新たに、徳富蘇峰の蔵書が増えたのと、帝国図書館蔵本が加わったのが特徴といえる。

またこの頃、昭和三年に、斯文会の孔子祭典の後、東京高等師範学校で、論語展覧会が開かれた。『財団法人斯文会八十年史』（平成十年）によれば、国訳訓点資料、古写古版、注釈書に分かれる展示で、岡田正之による永禄六年写本の影鈔本があるのみで、室町時代論語集解の古鈔本原本は見あたらない。

以上がこれまでに、実際に原本の存在が確認できた著録であるが、戦後はこうした展示会も催されることがなく、所蔵の総体を把握する機会にも恵まれなかった。そして、昭和三十年代に至って、斯道文庫の阿部隆一教授が「漢籍古鈔本の研究」を立ち上げ、原本の蒐集・各機関所蔵本の複本作製・実査による書誌調査を精力的に行い、斯道文庫は一躍、『論語』古鈔本の最大の所蔵機関となった。それによって、旧高木文庫を吸収した旧安田文庫の蒐集は、ほぼ斯道文庫に帰した。他に、岡田真の岡田文庫、残花書屋の戸川浜男、林泰輔旧蔵本、南葵文庫旧蔵本、などが加わり、この豊富な蒐集によって、斯道文庫本だけでも、室町時代古鈔本の実態をほぼ推定できるまでになった。この成果の背景には、文部科学省の数々の助成金を始めとして、斯道文庫賛助委員会の協力があった。研究プロジェクト開始より、既に半世紀を経て、ようやくいま成果報告に踏み出すことができる態勢が整ったのである。

先ず、現在調査が可能でかつ所在が明らかとなっている室町時代古鈔本『論語集解』を所蔵者別に概観してみよう。

一、室町時代古鈔本『論語集解』所在表（日本）

（新蔵）は主として近代以降の新しい所蔵者を指す

	所蔵	巻数	存欠	冊数	函番	新蔵	時代	旧蔵	解説頁
1	秋田県立秋田図書館	集解十巻		2	特/263	根本通明	後期		174

2	斯道文庫	集解十巻	欠序	5	091/6	稲田福堂・林泰輔	後期		230
3	斯道文庫	集解十巻	存巻四～六	1	091/9	尾崎雅嘉・大島雅太郎	後期		232
4	斯道文庫	集解十巻		2	091/10	安田文庫	末期	狩谷棭斎・横山由清	136（270）
5	斯道文庫	集解十巻	欠序	5	091/11	島田氏・南葵文庫	後期		220
6	斯道文庫	集解十巻（単経）		1	091/12		天正十八（一五九〇）		176
7	斯道文庫	集解十巻		5	091/66	岡田真	末期	清原家（伏原印）	141
8	斯道文庫	集解十巻	存序・一・二	1	091/67		後期	永厳	178
9	斯道文庫	集解十巻（単経）		2	091/68	月明荘	中後期（文明頃）		202
10	斯道文庫	集解十巻	存先進～堯曰	1	091/220		後期		180
11	斯道文庫	集解十巻		5	092/1	高木文庫・安田文庫	永禄三（一五六〇）		182（281）
12	斯道文庫	集解十巻		5	092/2	安田文庫	中期	青蓮院	157（278）
13	斯道文庫	集解十巻		2	092/4	安田文庫	後期～末期	清原宣嘉（澤殿）	148（272）
14	斯道文庫	集解十巻	存巻一～四	1	092/5	安田文庫	応永三十三（一四二六）	主慶倍・承益・広橋家	157（274）
15	斯道文庫	集解十巻		2	092/8	富岡鉄斎・残花書屋・宝玲文庫	天文十八（一五四九）		183
16	斯道文庫	集解十巻	存巻六～十	1軸	092/9		後期	勝海舟	249
17	斯道文庫	集解十巻		2	092/16	高木文庫・安田文庫	後期		251（283）
18	斯道文庫	集解十巻		5	092/49	富岡鉄斎・残花書屋・岡田真	末期	戒光院	143
19	斯道文庫	集解十巻		5	092/50		後期	伝　楠河州	186
20	斯道文庫	集解十巻	欠序	3	091/51		中後期	舜政禅師	223
21	斯道文庫	集解十巻		5	092/52		慶長十五（一六一〇）		252
22	斯道文庫	集解二巻	存巻上（学而～郷党）	1	091/253		後期		81
23	慶應義塾図書館	集解十巻	存巻一～五	1	110X/67	大島雅太郎（青谿書屋）	後期	主沙門顕清と朱書あり	227

24	慶應義塾図書館	集解十巻		3	110X/249		応永六（一三九九）	箱に竹中重門旧蔵とあり	189
25	東洋文庫	集解十巻		5	1C41	和田雲邨	後期	松平楽翁（桑名文庫）・向山黄邨	122
26	東洋文庫	集解十巻	存巻一～五	1	1C42	和田雲邨	中後期（寄合）		191
27	東洋文庫	集解二巻		2	1C37	和田雲邨	後期	池田光政	234
28	東洋文庫	集解十巻	欠序・存巻一～五	1	1C39	和田雲邨	永禄六（一五六三）		237
29	東洋文庫	集解十巻		3	1C40	和田雲邨	後期影写正平本（巻一・二）大永四写（巻三～十）	藤原貞幹・木村正辞	166
30	東洋文庫	集解十巻		5	1C38	和田雲邨	後期		255
31	成簣堂文庫	集解十巻	欠序・巻三・四	4	1140072	大野洒竹・寺田望南・徳富蘇峰	後期		238
32	成簣堂文庫	集解十巻	存七子路～十堯曰	2	1140082	徳富蘇峰	末期		193
33	成簣堂文庫	集解十巻	欠巻一・二・七・八	3	1140080	徳富蘇峰	後期（享禄四＝一五三一）		225
34	成簣堂文庫	集解十巻	存先進～堯曰	1	1140117	徳富蘇峰	末近世初期	大林寺	147
35	成簣堂文庫	集解十巻	同	1	1140089	徳富蘇峰	末近世初期（寄合）	天祐・宗挙	194
36	成簣堂文庫	集解十巻		4		徳富蘇峰	後期	清見寺	240
37	宮内庁書陵部	集解十巻		3	457/207		後期		256
38	宮内庁書陵部	集解十巻		2	457/208		末期		148
39	宮内庁書陵部	集解十巻	欠序	5	555/131		中後期	新見正路（賜蘆文庫）	241
40	宮内庁書陵部	集解十巻	存公冶長第五残、雍也第六残	零葉（1軸）	日40		室町	海龍王寺伝来と表紙に	81
41	国会図書館	集解十巻		1	WA16/19		後期（九華）		208
42	国会図書館	集解十巻		2	WA16/45		末期	鹿島神宮（櫻山文庫）	218
43	国会図書館	集解十巻		4	WA16/12		室町（巻一～五）、末近世初期（巻六～十）（源昌勝入道徳庵）	賀茂三手文庫	195
44	国会図書館	集解十巻	存巻一～五	1	123·83/rk	亀田次郎	永禄一（一五五八）奥書		169
45	国会図書館	集解十巻		5	せ83		後期（寄合）		170
46	静嘉堂文庫	集解十巻		5	1/42	陸心源	中期	銭曾・黄丕烈	158
47	静嘉堂文庫	集解十巻		1	101/20		天文十六（一五四七）		198
48	都立中央図書館	集解十巻	欠巻九・十	4	青42	渋沢栄一	中期		163

49	都立中央図書館	集解十巻	欠序・存巻一・二	2	特6353		後期		243
50	日光山輪王寺	集解十巻	存巻七～十	1	85/2/1467		文亀二（一五〇二）	天海蔵	199
51	日光山輪王寺	集解十巻		3	85/1/1466		後期（寄合）	天海蔵	244
52	日光山輪王寺	集解十巻		2	85/1/1464		後期	天海蔵	245
53	日光山輪王寺	集解十巻	欠巻一・二	4	85/1/1468		末期	天海蔵、豪舜之	259
54	日光山輪王寺	集解十巻（単経）	存巻一～六	1	90/1/1886		末期	天海蔵	246
55	日光山輪王寺	集解十巻		5	85/1/1465		末期	天海蔵	260
56	史跡足利学校	集解十巻	存巻一・二	1	505/1		後期（九華）	九華・三要	213
57	史跡足利学校	集解十巻		5	509/1		末近世初期（九華等寄合）		215
58	史跡足利学校	集解十巻	欠巻一～四	1	505/1	近藤重蔵（文化十三跋）	近世初期（寒松か）	睦子	217
59	六地蔵寺	集解十巻	存巻一～四	1	戊19		後期～末期		261
60	六地蔵寺	集解十巻		2	戊8		後期	六地蔵寺宥長	263
61	築島裕　氏	集解十巻	存巻五・六	1帖			永正十三（一五一六）		265
62	某家	集解十巻	存巻三・四・九・十	2			近世初期		200
63	筑波大学附属図書館	集解十巻		5	ロ860/12	林泰輔	中期	円融蔵（梶井宮盛胤法親王）	164
64	蓬左文庫	集解十巻		5	110/18		末期		80
65	大国魂神社	集解十巻		5			中後期	穂積真年	112
66	大阪府立図書館	集解十巻		5	甲和153	徳大寺家	永禄元亀頃	釈梅仙	99
67	阪本龍門文庫	集解十巻		4	230二の七		中後期	豪仙之	201
68	天理大学附属天理図書館	集解十巻		5	123・3/413	岡田真	末近世初期		133
69	天理大学附属天理図書館	集解十巻（単経）		2	123・3/415		後期		134
70	天理大学附属天理図書館	集解十巻		4	123・3/49		後期	秋葉義之	247
71	神宮文庫	集解十巻		3	515	掛川文庫・林崎文庫	後期	大永三年（一五二三）林安盛、本奥書	103
72	神宮文庫	集解十巻		5	488	秋月磯氏	江戸初期～前期	養鸛徹定	108
73	神宮文庫	集解十巻		2	516	林崎文庫	末期		228

74	陽明文庫	集解十巻		5	近ロ22		末近世初期		138
75	仁和寺	集解十巻（単経）		2	称58		永禄十三（一五七〇）		145
76	醍醐寺	集解十巻	存巻一～五	1			後期～末期		111
77	大和文華館	集解十巻（単経）		2	鈴鹿文庫	鈴鹿本	末期		137
78	龍谷大学大宮図書館	集解十巻（単経）		2	021/21/2		後期	写字台	150
79	京都大学附属図書館	集解十巻（単経）	存巻六～十	1	貴66ロ8		中後期、清原宣賢自筆訓	清家文庫	93
80	京都大学附属図書館	集解十巻		2	貴66ロ5		天文五（一五三六）枝賢令写、天文八（一五三九）良雄証明	清家文庫	116
81	京都大学附属図書館	集解十巻		2	貴66ロ6		末近世初期	清家文庫	94
82	京都大学附属図書館	集解不分巻（単経）		1	貴66ロ7		末近世初期	清家文庫	152
83	京都大学附属図書館	集解十巻		5	貴66ロ1	谷村一太郎	元亀二（一五七一）		129
84	大谷大学図書館	集解十巻	存巻一・二、五・六、九・十	3	外丙73		末近世初期		154

右の表をご覧いただけばお解りのように、室町時代に書写成立した『論語集解』の古鈔本で、現所在が明らかなものは、国内に八十四点（他に、台北に十点）を数える。斯道文庫二十一点、東洋文庫・成簣堂文庫（お茶の水図書館）・日光山輪王寺宝物殿がそれぞれ六点、国会図書館・京都大学附属図書館がそれぞれ五点、宮内庁書陵部・史跡足利学校・天理大学附属天理図書館・神宮文庫がそれぞれ三点、静嘉堂文庫・六地蔵寺・都立中央図書館・慶應義塾図書館がそれぞれ二点、そして、秋田県立秋田図書館・大国魂神社・簗島裕氏・某家・筑波大学附属図書館・名古屋市蓬左文庫・大阪府立図書館・阪本龍門文庫・陽明文庫・仁和寺・醍醐寺・大和文華館・龍谷大学大宮図書館・大谷大学図

書館がそれぞれ一点を所蔵している。所蔵・巻数・存欠・冊数・函番・より新しい旧蔵者（新蔵）・書写年代・より古い旧蔵者（旧蔵）の項目にわけてみた。これを概観すれば、『経籍訪古志』まで遡ることは不可能であるが、『論語善本書影』や『大橋図書館展観目録』所載のものはほぼ追いかけることができる。ただ、永享三年鈔本（安田文庫旧蔵）、狩谷棭斎旧蔵室町鈔本（内野皎亭旧蔵）は依然として何処に所蔵されているのかがわからない。付言すれば、もう一点、昭和三十五年京都本能寺新館で開催された京都古典会の入札目録に「享禄三年清受叟写　巻一・二」とある古鈔本も現所在が知れない。

ところで、室町時代に存在した漢籍の、古刊古鈔本、並びに中国から輸入した刊本の総体はどのくらいであったろうか、という具体的な考証は為されたことがないが、現存する漢籍の状況、とりわけ、古鈔本だけに限ってみても、現存、五（〜六）百点に達する漢籍古鈔本の数を鑑みるとき、『論語』古鈔本の所在はそのうち、最も多くを占めるものであり、極端に申せば、『論語』古鈔本の実態を知ることによって、室町時代の漢学の実態を捉えることができる、ともいえるのではなかろうか。

更に、『論語』古鈔本の現存本の数をもって推せば、すでに隠滅した古鈔本の数も相当数に登るものと想像され、室町時代の『論語』講読の隆盛を察することは容易であろう。書写時代から見れば、応永ころを中心とした室町時代前期から中期にかけてのものはやや少なきに居り、文亀・永正ころを中心とした中後期のころから近世初頭にかけての鈔本が圧倒的に多いことは、単に時代が今に近いという理由だけではなく、宮中公家博士家の禁秘の学問が次第に学僧や武士などの広い知識層へと広がって行ったことを『論語』講習の実態が如実に示すものであるともいえるであろう。とはいえ、室町時代後期までの清原博士家の充実した鈔本の流伝も特筆するべき事実ではある。

所蔵機関別にみても『論語』講習の特徴をよく伝えている。例えば、日光山の天海蔵や足利学校の蔵書は室町時代旧来の『論語』受容をそのまま伝えるもので、仁和寺や醍醐寺、龍谷大学図書館、また、徳富蘇峰が蒐集した各寺院の旧蔵書も、室町時代の学僧の動向を物語るものである。更に、六地蔵寺や大国魂神社所蔵のものも、寺院系の学問の地方への波及を物語るものとして、興味深い。一方、京都大学附属図書館の清家文庫を中心として、斯道文庫・東洋文庫・大阪府立図書館・天理図書館・大和文華館・陽明文庫・など各所蔵機関に散在する清原博士家系統の写本は、強大な勢力を及ぼした清原家『論語』が、如何に普及と浸透を成し遂げたものであるかを物語っていよう。

しかし、こうした古典籍の散乱を防ぎ、旧来の実態を復元しようと努力したのが民間の蔵書家で、資金の投入を厭わず集められたコレクションに拠って始めて研究が可能となったのであることを忘れてはならない。明治時代以来の漢学の開拓者であった、根本通明（一八二二～七三）・林泰輔（一八五四～一九二二）、島田篁邨（一八三八～九八）、蔵書家であった安田善次郎（一八七九～一九三六）、和田雲邨（一八五六～一九二〇）、徳富蘇峰（一八六三～一九五七）、岡田真、渋沢栄一（一八四〇～一九三一）、大島雅太郎（一八六八～一九四八）、谷村一太郎（一八七一～一九三六）などによってつけられた道であったといえよう。とりわけ、安田善次郎の安田文庫（第三部第二編第一章を参照）、和田雲邨の蒐集した岩崎文庫（『岩崎文庫貴重書解題Ⅰ』東洋文庫・平成二年）、徳富蘇峰の成簣堂文庫（『新修成簣堂文庫善本書目』川瀬一馬編・お茶の水図書館・平成四年）の果たした役割は大きい。また、根本通明は自蔵の古鈔本によって、『論語講義』（早稲田大学出版部・明治三十九年）を著し（『根本通明蔵書紀略』拙著・『斯道文庫論集』三十八・三十九輯・平成十六年を参照）、林泰輔は『論語年譜』（大倉書店・大正五年）を著した。いちいちの蔵書家については後述に譲るが、テキストの分類もさることながら、所蔵者による分類は更に大きな意味を持つことをここに強調しておきたい。

第二章　室町時代古鈔本『論語集解』テキスト類型化の試み

そもそも古鈔本の存在はそれ自体をそのままに捉えることが最も肝要で、それを類型化して分類することは、後学の恣意に属し、ややもすれば牽強附会によって、本来の古鈔本の価値を歪めることも生じてしまう危険があることは、前述の拙論『旧鈔本趙注孟子校記』の前言に述べた。しかしながら、これほど多く存在する室町の古鈔本『論語』を理解するには、それぞれが如何なる学術の源流を汲んで成立したものかを把握することが緊要であり、今、敢えて恣意の誹りを顧みず類型化を試みることとした。

そこで、『孟子』の場合と同じく、始めに清原家の清家本とそれ以外のものに分けることとした。『孟子』もそうであるが、やはり、清家伝来本とそれ以外とでは字句の異同において一線を画するものがある。更に、それ以外の伝本について見れば、序論で述べた正平版『論語』『論語義疏』の影響下にあると推測されるものが存在する。従って、現存本を、この何れの系統に属するかを推定分類し、各本の源流を総括してみたいと思う。

第一節　清原家伝来本

室町時代の清原博士家の経学は中興の祖・清原宣賢（文明七〜天文十九）によって大成され、それは、大陸から新渡来のテキストを積極的に導入して、鎌倉時代以来の家学を刷新し、新たな家本を校訂するものであった。室町時代にあって、宣賢以前に書写された清家本『論語』の面影を遺すものは発見されておらず、かろうじて、斯道文庫蔵本

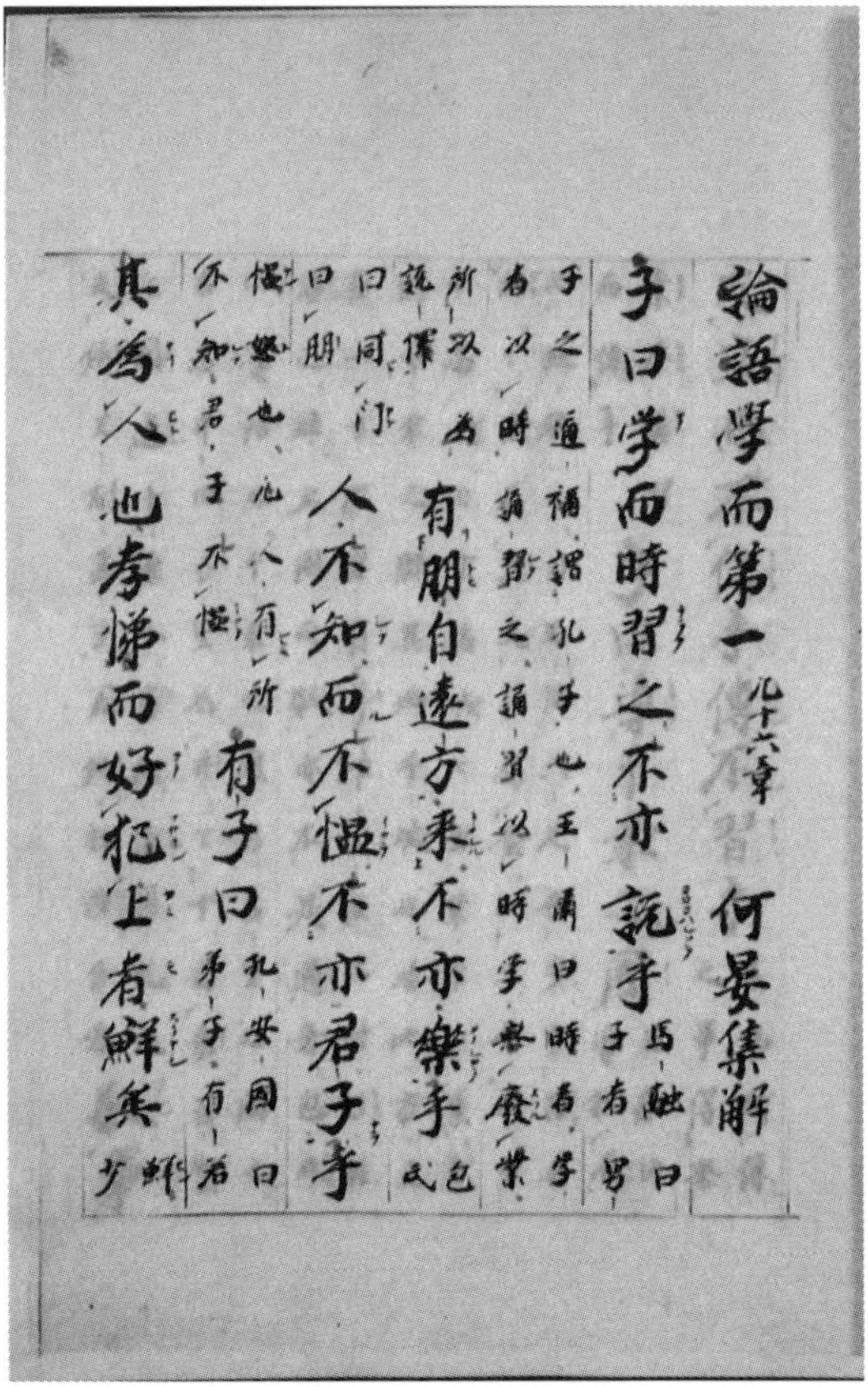
論語学而第一　九十六章　何晏集解
子曰学而時習之不亦説乎　馬融曰子者男子之通稱謂孔子也王粛曰時者学者以時誦習之誦習以時学無廃業所以為説懌
有朋自遠方来不亦楽乎　包氏曰同門曰朋
人不知而不慍不亦君子乎　慍怒也凡人有所不知君子不慍
有子曰　孔安国曰弟子有若
其為人也孝悌而好犯上者鮮矣

図９
清家本甲類の巻頭
大阪府立中之島図書館蔵（甲和153）永禄元亀頃　釈梅仙写　ヲコト点付　５冊

本文52・99頁参照。篇題と「何晏集解」の間に章数を加えるのは宣賢系テキストの典型。

(092―4）に、正長一・二年（一四二八）に清家本によって移点したとする本奥書を存する伝本があるが、その移点も清家本の実態を示すものかどうかは疑わしい。宣賢の『論語』学の定本は永正九年（一五一二）・十七年（一五二〇）の奥書を有するテキストで、九年は宣賢三十七歳である。宣賢の自筆鈔本は現存せず、近親の者に書写せしめ、自ら訓点を施した単経本が京都大学附属図書館に所蔵される（存巻六～十）（貴66ロ8）。永正九年のテキストは転写本が幾つか存し、同大学附属図書館蔵本（貴66ロ6）、神宮文庫蔵本に二部（大永八年＝一五二八、林宗二本奥書本・515、養鸕徹定旧蔵本・488）、大阪府立中之島図書館蔵本（釈梅仙旧蔵・甲和153、図９・10参照）、今、これらをまとめて甲類と名付けることとする。

次に、宣賢の学問を忠実に受け継いだ枝賢（一五二〇～九〇、永正十七～天正十八）、兼右（一五一六～七三、永正十三～元亀四）、釈梵舜（一五五三～一六三二、天文二十二～寛永九）による鈔本の一群である。だいたい天文年間～天正年間（一五三二～九一）ころの活動に属する。これに相当する現存本は、斯道文庫蔵本（枝賢の門、三十郎盛政鈔本・091—10、図11・12を参照）、東洋文庫蔵本（永正宣賢本奥書、天文二十年＝一五五一枝賢奥書本・1c41）、天理大学附属天理図書館蔵本二本（伝吉田兼右筆・123·3—イ13、同じく伝吉田兼右筆単経本・123·3—イ15）、京都大学付属図書館蔵本（天文五年＝一五三

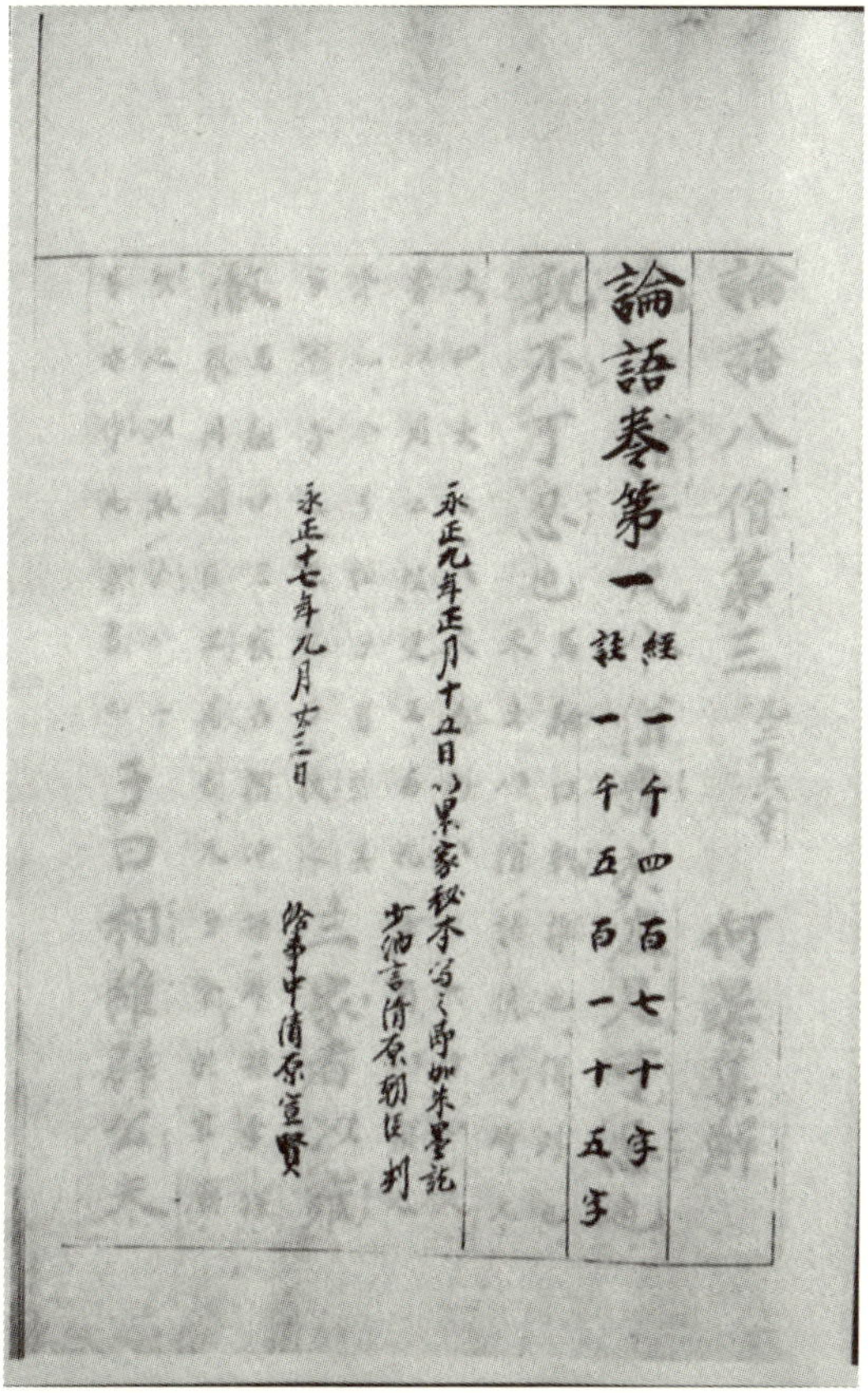

図10
清家本甲類　前掲本の末尾、宣賢の本奥書
大阪府立中之島図書館蔵

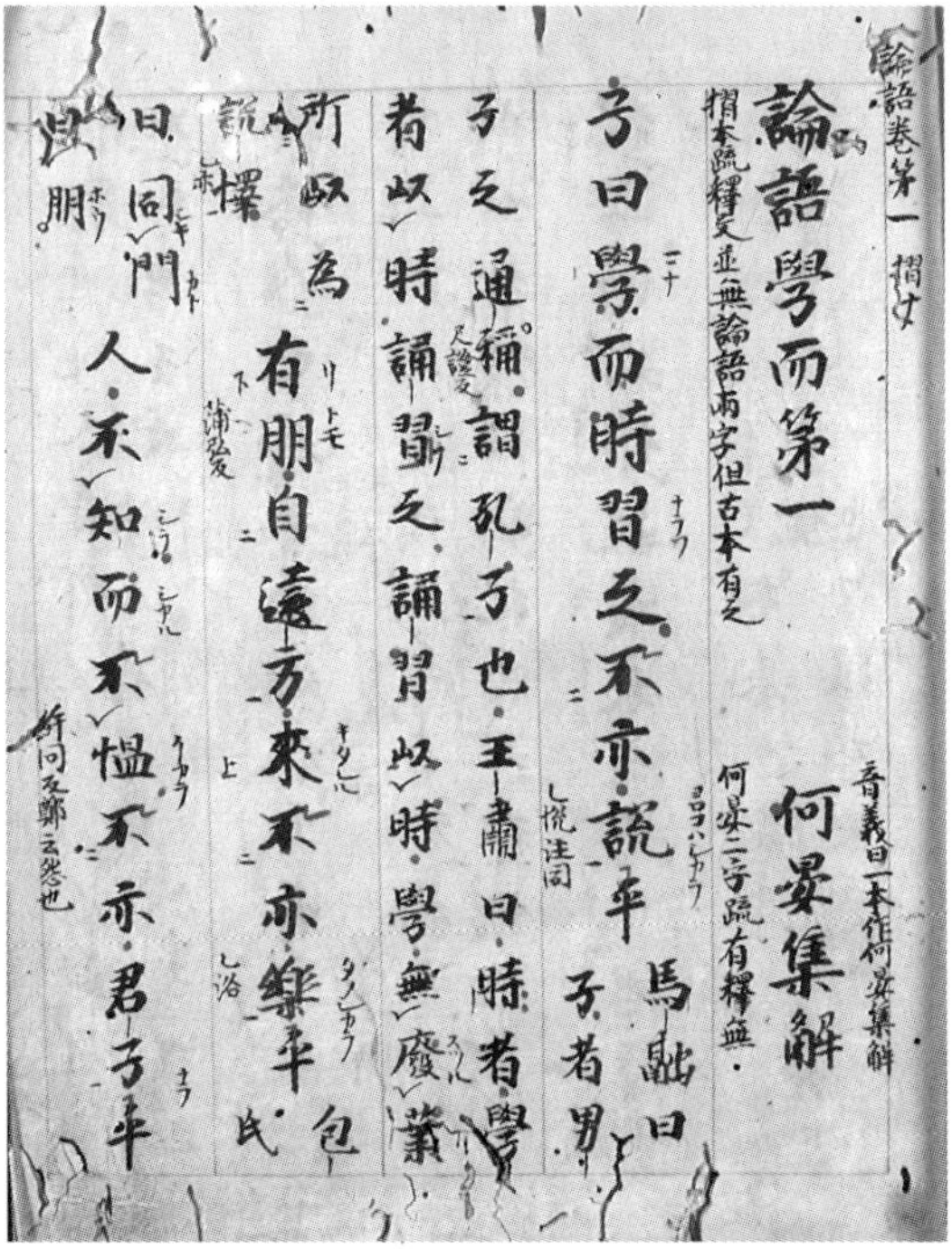

図11
清家本乙類の巻頭
三十郎本、斯道文庫蔵（091—10）２冊

本文53・136・270頁参照。他本との校合やヲコト点など枝賢のテキストの忠実な影写で、慶長の古活字版の底本とも思われる系統である。

六枝賢令写、天文八年＝一五三九良雄証明本・貴66ロ5）同大学附属図書館谷村文庫本（元亀二年＝一五七一釈梵舜写本・貴66ロ1）である。今、これらをまとめて乙類と命名することとする。

また、字様風格字句の面から、明確に断定はできないが、この枝賢・兼右鈔本の周辺に位置するものに、陽明文庫蔵本（近ロ21）、大和文華館蔵本（鈴鹿文庫旧蔵単経本）、斯道文庫蔵本（伏原家本・091—66）、斯道文庫蔵本（戒光院旧蔵本・092—49、図13を参照）、仁和寺蔵本（永禄十三年＝一五七〇鈔単経本）、斯道文庫蔵本（正長一年＝一四二八本奥書本・092/4、図14・15を参照）、京都大学附属図書館蔵本（宣光所持本・貴66ロ7）、龍谷大学大宮図書館蔵本（写字台単経本・021—21—2）

がある。これらは字句の異同や字様などからの判断である。

ここで、宣賢以後の室町時代学統の系譜を簡単にまとめておこう。宣賢は吉田神社の神官吉田兼倶（一四三五～一五一一、永亨七～永正八）の三男で清原宗賢（一四三一～一五〇四、永亨三～永正一）の養子である。宣賢の子に良雄（一四九九～一五六六、明応八～永禄九、始め業賢という）があり、次子兼右は吉田兼満の養子となった。良雄の子、枝賢は明経博士となり、兼右の子に釈梵舜と吉田兼見（一五三五～一六一〇、天文四～慶長十五）があった。つまり、枝賢と梵舜は従兄弟にあたり、枝賢と兼右は甥と叔父にあたる。年令的には枝賢・兼右が近く、宣賢家伝のテキストは、枝賢・

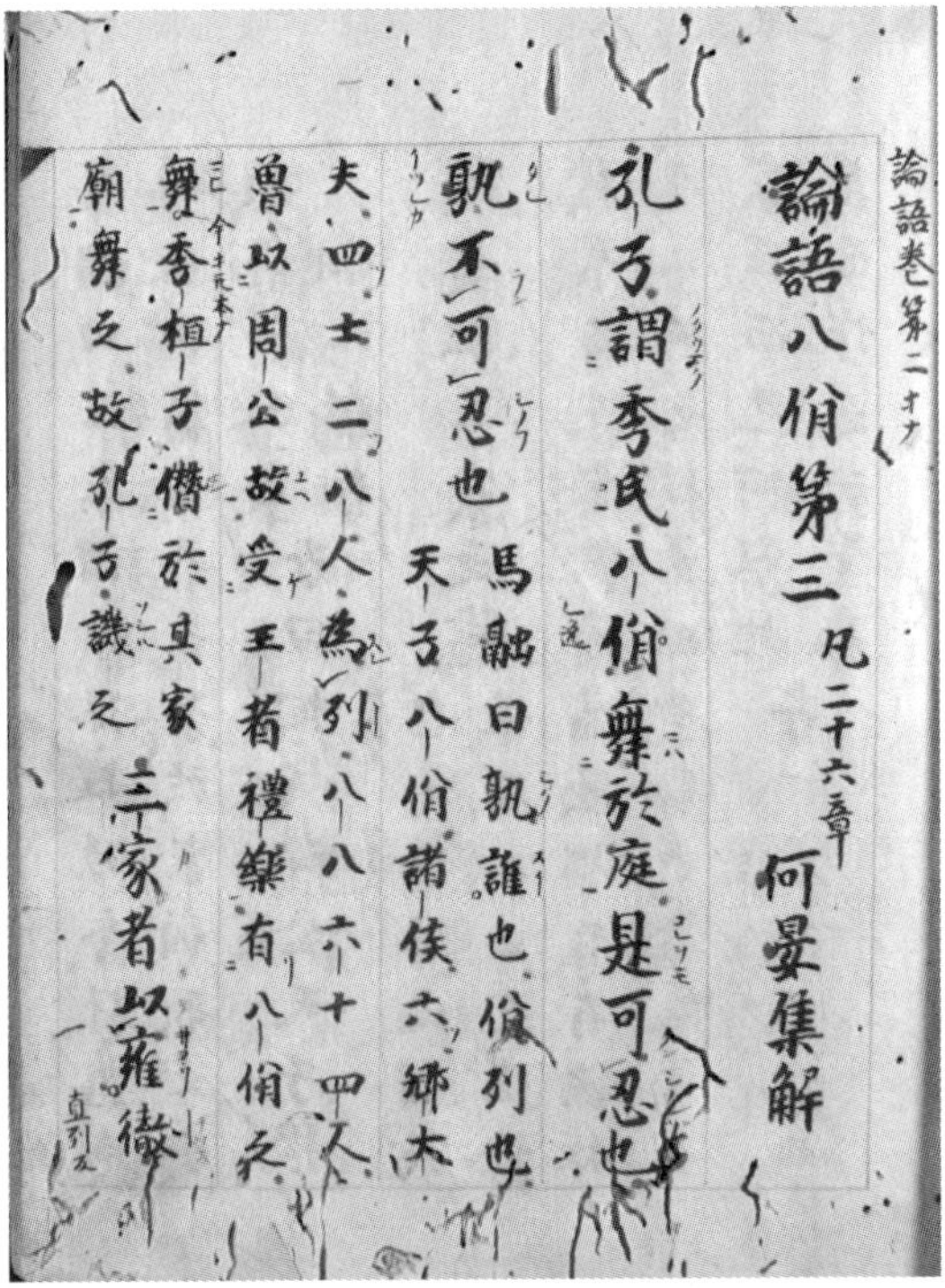
論語巻第二
論語八佾第三　凡二十六章　何晏集解
孔子謂季氏八佾舞於庭是可忍也孰不可忍也
馬融曰孰誰也佾列也天子八佾諸侯六卿大夫四士二八人為列八八六十四人魯以周公故受王者禮樂有八佾季桓子僭於其家廟舞之故孔子譏之
三家者以雍徹

図12
清家本乙類　前掲本の巻２八佾第３
三十郎本　斯道文庫蔵（091―10）２冊

学而第１は章数を欠くが、それ以後は室町清家本の特徴である篇第下の章数は附添される。

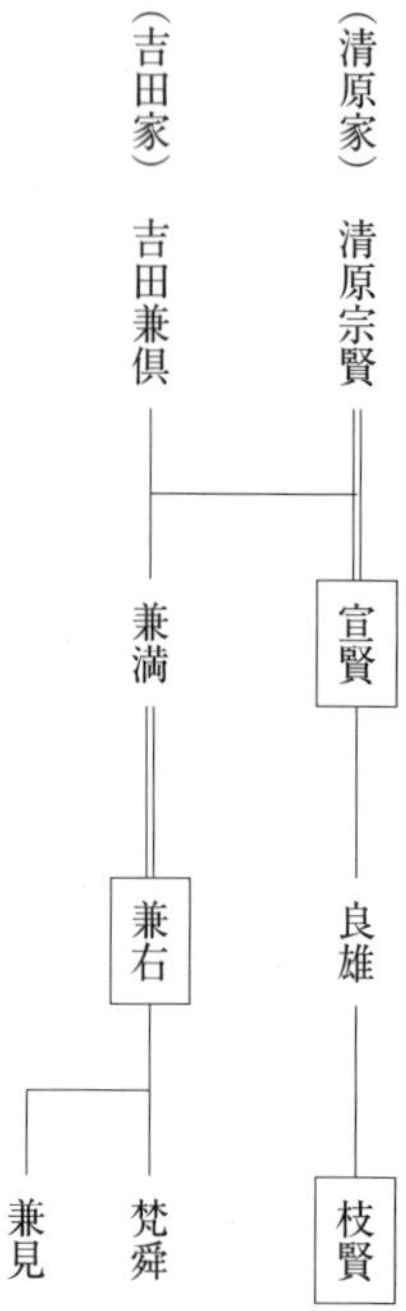

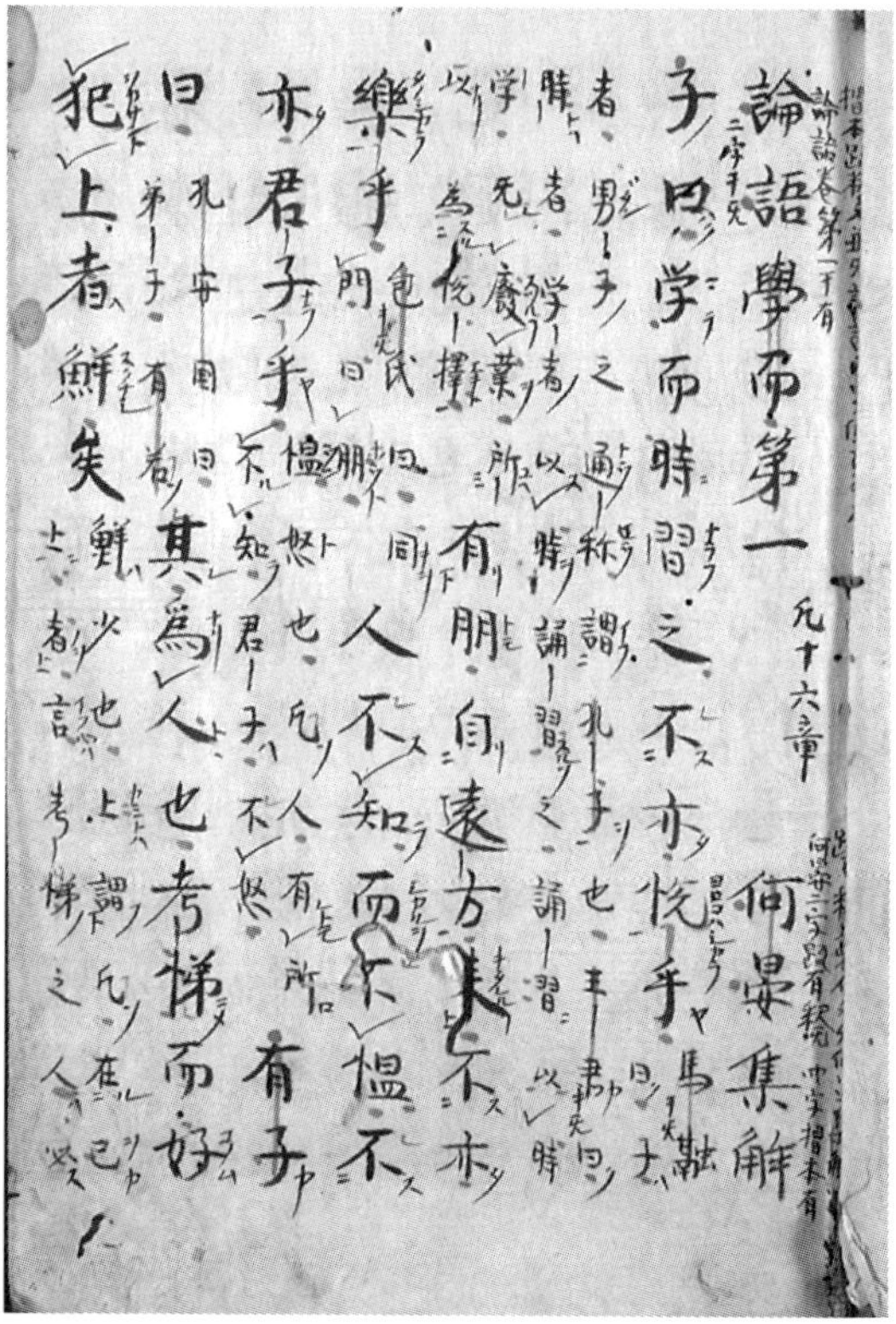

図13
清家本丙類の巻頭
戒光院本　斯道文庫蔵（092―49）5冊

本文54・143頁参照。題式や校合の書き入れなど清家本の移写であるが、劈頭「悦」に作るなど本文の変容が見られる。

兼右に主として受け継がれ、梵舜はそのいずれからも吸収し得た、と思われる。清原家・吉田家ともにこのころは類似した同系統のテキストを用いているのが特徴で、字様も頗る似通ったもので統一されている。室町時代清原家『論語』学の最後の黄金時代を築いた人々である。

ところで、漢籍における古鈔本の成り立ちは、底本を忠実に写すのが原則で、さまざまな校訂を経ながらも型を崩さない、ある種のエキスを遺しながら続いていくという本質を持つ。『論語』のテキスト間における最も大切なエキスである型は、その題・篇名の記し方にある。これは『論語』に限ったことではないが、単純な要素でありながら、

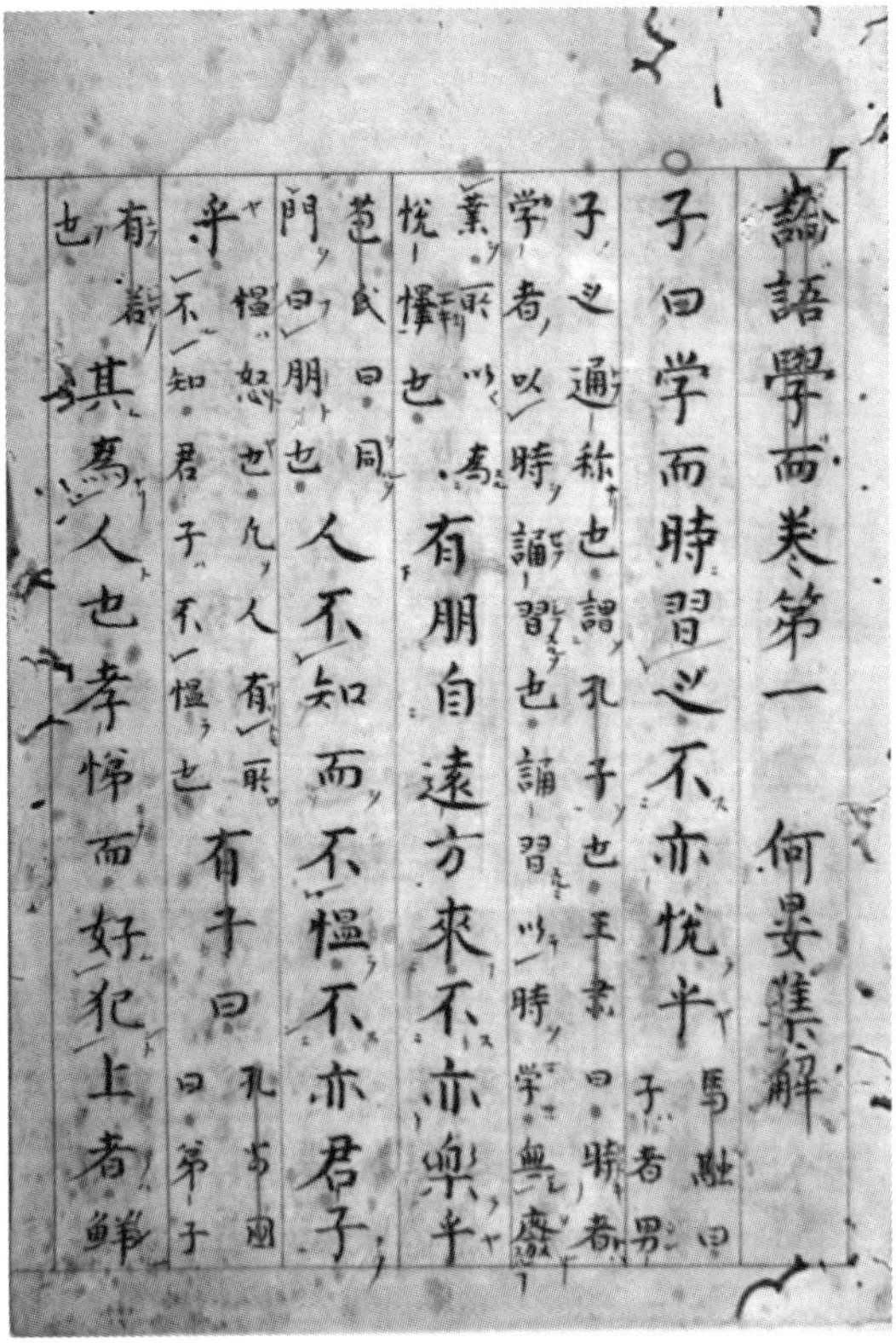
論語學而巻第一　何晏集解
子曰学而時習之不亦悦乎　馬融曰子者男
子之通称也謂孔子也王粛曰時者
学者以時誦習也誦習以時学無廢
業所以為悦懌也　有朋自遠方来不亦楽乎
苞氏曰同門曰朋也　人不知而不慍不亦君子
乎　慍怒也凡人有所不知君子不慍也　有子曰　孔安国曰弟子
有若　其為人也孝悌而好犯上者鮮
也

図14
清家本丁類の巻頭
正長本　斯道文庫蔵（092—4）２冊

本文54・148・272頁参照。題式や本文に変容を来たしているが清家本の流れである。

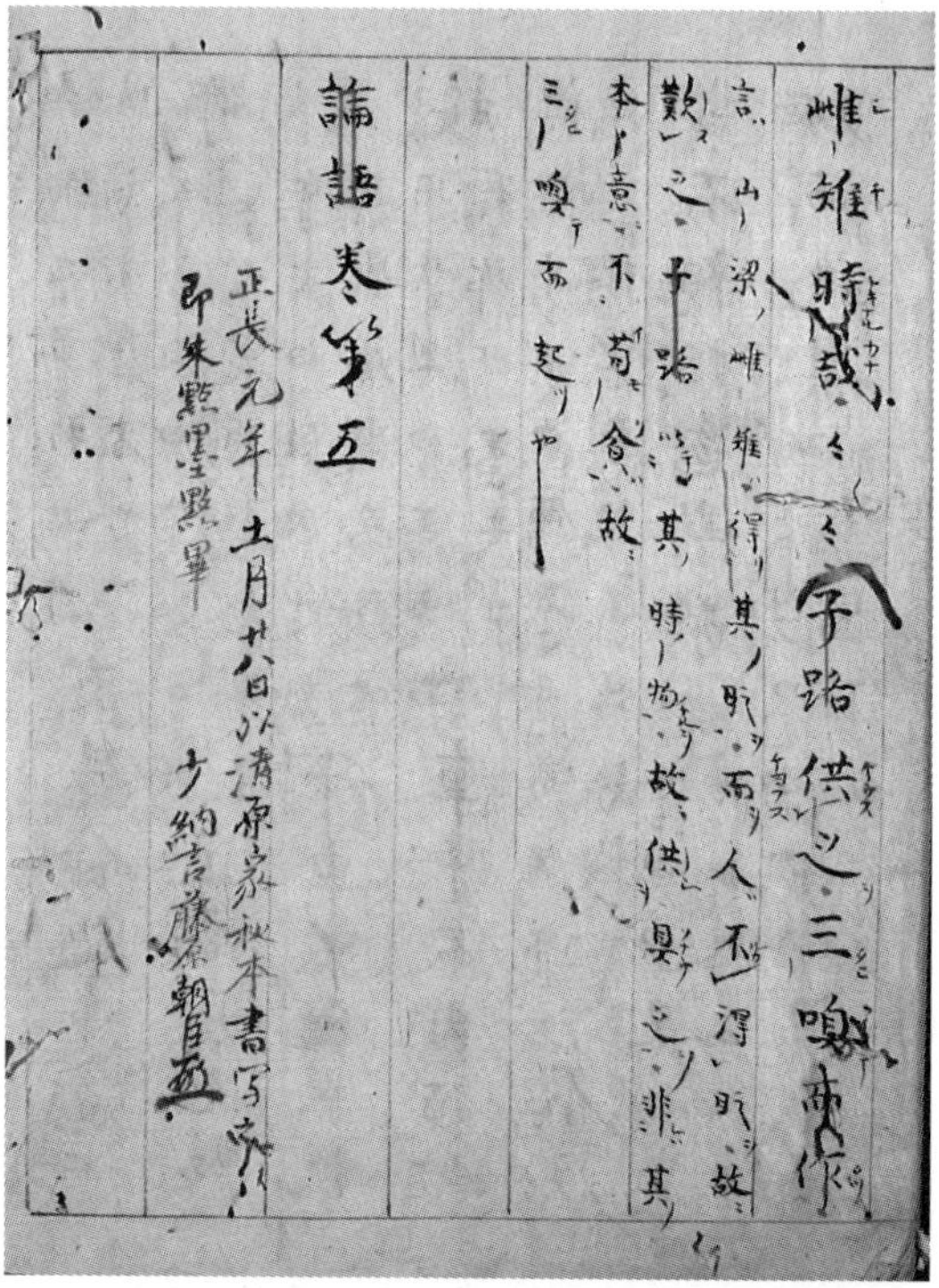

図15
清家本丁類　前掲本の本奥書
正長本　斯道文庫蔵（092—4）２冊

正長１年（1428）の奥書は本文とは別筆。また、この奥書を有するテキストは他に所在がない。

分類上重要な目安となる。即ち、清原家本の題し方は次のようになっている。

「論語学而第一　　凡十六章　　何晏集解」

つまり、篇名があり、撰者があり、その中間にやや小さい字で「凡幾章」という章数を組み入れるのである。これが全篇を通じて貫かれている。

勿論、枝賢等の鈔本である乙類もこの原則は守られるが、乙類は、不思議と、「学而第一」のみ章数を欠き、第二以降この原則が貫かれる。現存五本とも同様に作ることは、初期の底本の書き忘れなども忠実に遺した可能性があり、古鈔本の成立事情を良く物語る例であろう。

他に、一本、京都醍醐寺所蔵のテキスト、巻一から五の零本で、字句の系統は明らかに清家本系統に属するが、字様その他、甲・乙分かちがたいものが存する。室町後期の緇流でかなり高い地位に在った者か、博士家の『論語』を学んだ形跡を示している。こうした伝本の存在は、当年の『論語』受容を知る重要な資料であろう。

さて、乙類の周辺に位置するものはどうであろうか。これには甲類のように章数を撰者の上に記すもの《斯道文庫蔵本（伏原家本・091―66）、斯道文庫蔵本（戒光院旧蔵・092―49）、仁和寺蔵本（永禄十三年＝一五七〇鈔単経本）》と、《斯道文庫蔵本（正長二年＝一四二八本奥書本・092―4）、京都大学附属図書館蔵本（宣光所持本・貴66ロ7）、龍谷大学大宮図書館蔵本（写字台単経本・021―21―2）》のように、章数を削除して記さないものがある。ここに、前者を総称して丙類と名付け、後者を総称して丁類と名付ける。

こうして、正統な清家本とやや変化を取り入れた清家本と、甲から丁まで四種類に分かつことができるのであるが、本文の系統もやはり変化を来し、「学而第一」の「学而時習之、不亦説乎＝学んで時に習う、また、よろこばしからずや」の一文、「よろこぶ」を宣賢以降の清家本は「説」につくるが、丙・丁本は「悦」に作るのである。これは後述のように正平版や義疏本に見られる字句の変化であり、清家秘伝の家本が次第に流布本と交錯していく姿を垣間見るようである。

更に、はっきりとこれらの分類に分けることには躊躇するが、この流れを汲むのではなかろうか、と推測されるものに、大国魂神社蔵本の甲類、成簣堂文庫蔵本（大林寺本・1140117）の丙類が挙げられる。

以上の特徴を整理し、甲から乙までの現存本を表にすると、次のようになる（最後の項目の「字数」は尾題に附される経注大小字数の有無を示し参考までに加えた）。

二、甲類～丁類　類型別伝本表

No.は全体所蔵表と同じものを指す。

（種別）は学而劈頭の「説」「悦」の区別、章数（上）は「凡幾章」が「何晏集解」の上にあること、行字は毎半葉の行字数。

甲類

No.	所蔵	函番		種別	章数		行字	字数
66	大阪府立図書館	甲和153	清家本	「説」	有（上）	甲	7×14	有
71	神宮文庫	515	清家本	「説」	有（上）	甲	7×14	有
72	神宮文庫	488	清家本	「説」	一部有（上）	甲	7×14	有
79	京都大学附属図書館	貴66ロ8	清家本	「説」	なし	甲	7×15	
81	京都大学附属図書館	貴66ロ6	清家本	「説」	有（上）	甲	7×14	有
65	大国魂神社		清家系	「説」	巻1のみ有（上）	甲か	4×11	有
76	醍醐寺		清家系	「説」	有（上）	甲か乙か	7×17	有

乙類

No.	所蔵	函番		種別	章数		行字	字数
4	斯道文庫	091/10	清家本	「説」	有（上）、学而なし	乙	5×14	有
25	東洋文庫	1C41	清家本	「説」	有（上）、学而なし	乙	7×14	有
68	天理大学附属天理図書館	123・3/413	清家本	「説」	有（上）、学而なし	乙	7×14	有
69	天理大学附属天理図書館	123・3/415	清家本	「説」	有（上）、学而なし	乙	7×16	
74	陽明文庫	近ロ22	清家本	「説」	有（上）、学而なし	乙	7×14	有
77	大和文華館	鈴鹿文庫	清家本	「説」	なし	乙	7×14	
80	京都大学附属図書館	貴66ロ5	清家本（円珠）	「説」	有（上）、学而なし	乙	7×14	有
81	京都大学附属図書館	貴66ロ1	清家本（円珠）	「説」	有（上）、学而なし	乙	7×14	有
84	大谷大学図書館	外丙73	清家本	「説」	有（上）、学而なし	乙	7×14	有

丙類

No.	所蔵	函番		種別	章数		行字	字数
7	斯道文庫	091/66	清家本	「悦」	有（上）	丙	8×13	有
18	斯道文庫	092/49	清家本	「悦」	有（上）	丙	8×13	有
75	仁和寺	称58		「悦」	有（上）	丙（乙の一か）	8×14	
34	成簣堂文庫	1140117			有（上）	丙か	7×17	有

丁類

No.	所蔵	函番		種別	章数		行字	字数
13	斯道文庫	092/4	清家本	「悦」	なし	丁	7×14	なし
38	宮内庁書陵部	457/208	清家系（円珠）	「悦」	なし	丁	7×13	なし
77	龍谷大学大宮図書館	021/21/2	清家本	「悦」	有（下）	丁（乙の一か）	8×12	なし
81	京都大学附属図書館	貴66ロ7	清家本	「悦」	なし	丁（乙の一か）	8×16	

第二節　正平版『論語』の影響を蒙る古鈔本『論語』

正平版が正平十九年（一三六四）に日本で初めて出版された『論語』であることは前述した。しかし、その後、何度か覆刻を繰り返し、室町時代を通じて持て囃されたことも前述した。秘本が世に公開されたことは『論語』講読を願う学徒にとってこの上ない朗報であった。正平十九年（一三六四）、応永頃（十五世紀初頭・室町時代前期）、応仁文明頃（十五世紀後半・室町時代中期）、明応八年（一四九九）、天文年間（十六世紀半ば・室町時代後期）の各期間に重版・重印を繰り返していったことも前述した。従って、この機運が古写本の成立に影響を及ぼさぬ筈はなく、正平版を元にして影写や転写が重ねられていくことは当然のことであった。それは、版本が手に入らないから鈔本を作るというだけの単純な解釈では収まりがつかないのであって、そこには様々なテキストの要素が入り交じってくるという複雑な古鈔本成立事情を念頭におかねばならないことは何度も強調するところである。

先ず、ほぼ忠実に正平版を影写したテキストが存在する。静嘉堂文庫蔵本（陸心源旧蔵・1―42）、斯道文庫蔵本（青蓮王府旧蔵・092―2、図16・17を参照）同（応永三十三年鈔本・092―5）、都立中央図書館蔵本（渋沢栄一旧蔵・青42）、筑波大学附属図書館蔵本（梶井宮旧蔵・林泰輔旧蔵・ロ860―12）、東洋文庫蔵本（木村正辞旧蔵本の巻一〜二・1c40）、国会図書

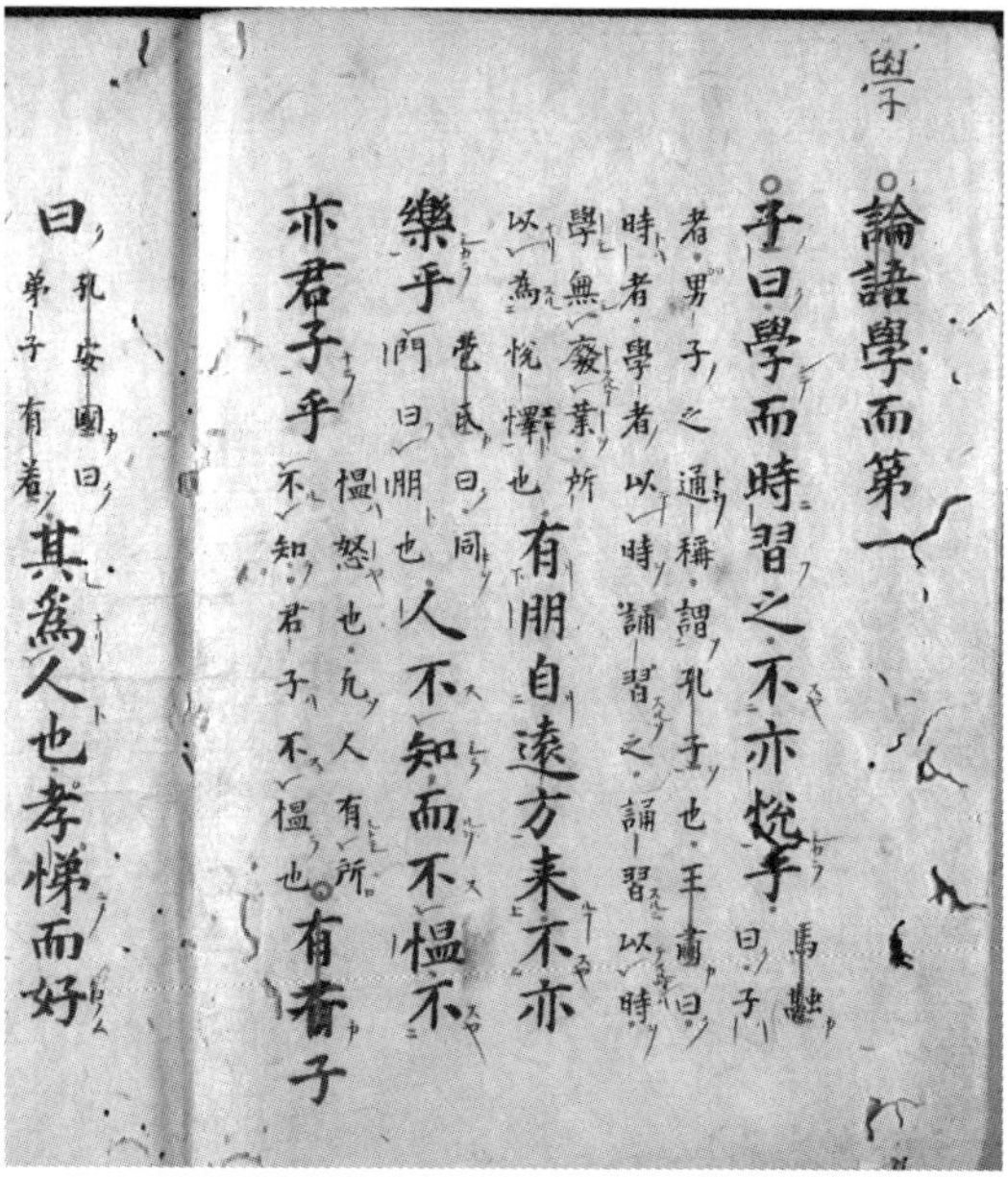
學
論語學而第一
子曰學而時習之不亦悦乎 馬融曰子
者男子之通稱謂孔子也王肅曰
時者學者以時誦習之誦習以時
學無廢業所以為悦懌也 有朋自遠方来不亦
樂乎 包氏曰同門曰朋也 人不知而不慍不
亦君子乎 慍怒也凡人有所不知君子不慍也 有子
曰 孔安國曰弟子有若 其為人也孝悌而好

図16
正平版系　戊類の巻頭
青蓮院本　斯道文庫蔵（092―5）５冊

本文61・157・278頁参照。戊類は正平版に字様まで似せた影写本で、書写年代も古い。

館蔵本（亀田文庫旧蔵・123·83rk）、同蔵本（寄合書・せ83）がこれに相当する。いずれも室町時代前期から中期と思われる頃の書写に係り、静嘉堂本は正平版の双跋本の二種の跋文を、また筑波大本は一種の跋文を移写しており、文明時代を中心とする室町時代中期の正平版隆盛に伴った影写（鈔）本と考えられる。また、例えば、斯道文庫蔵本の応永三十三年鈔本などは、周防の国で書写されたもので、大内氏の文化事業を担うものと想像され、字句も極めて正平版に類似し、訓点も厳格な清家点とはいえないことなど（第三部第二編第一章を参照）、正平版の影響が、博士家とは異なった場で、なお地方へも波及していったことを伺わせる伝本である。これらを今、分類して戊類と名付ける。

図16・17の青蓮院旧蔵本の例を以てしても明らかなように、影鈔正平版のテキストは、清家本と異なり、巻頭題の章数が撰者魏何晏集解の下に置くのが特徴で、

「論語里仁第四　　何晏集解　　凡二十六章　　」

なおかつ「学而第一」の「学而時習之、不亦説乎」、「説」の字を「悦」に作るのが特徴である。書式（行字数）も正平版に同じである。

さて、更にもう一つの類型が存在する。即ち、右の特徴を以て、現存の古鈔本を見るとき、非常に多くの伝本が、

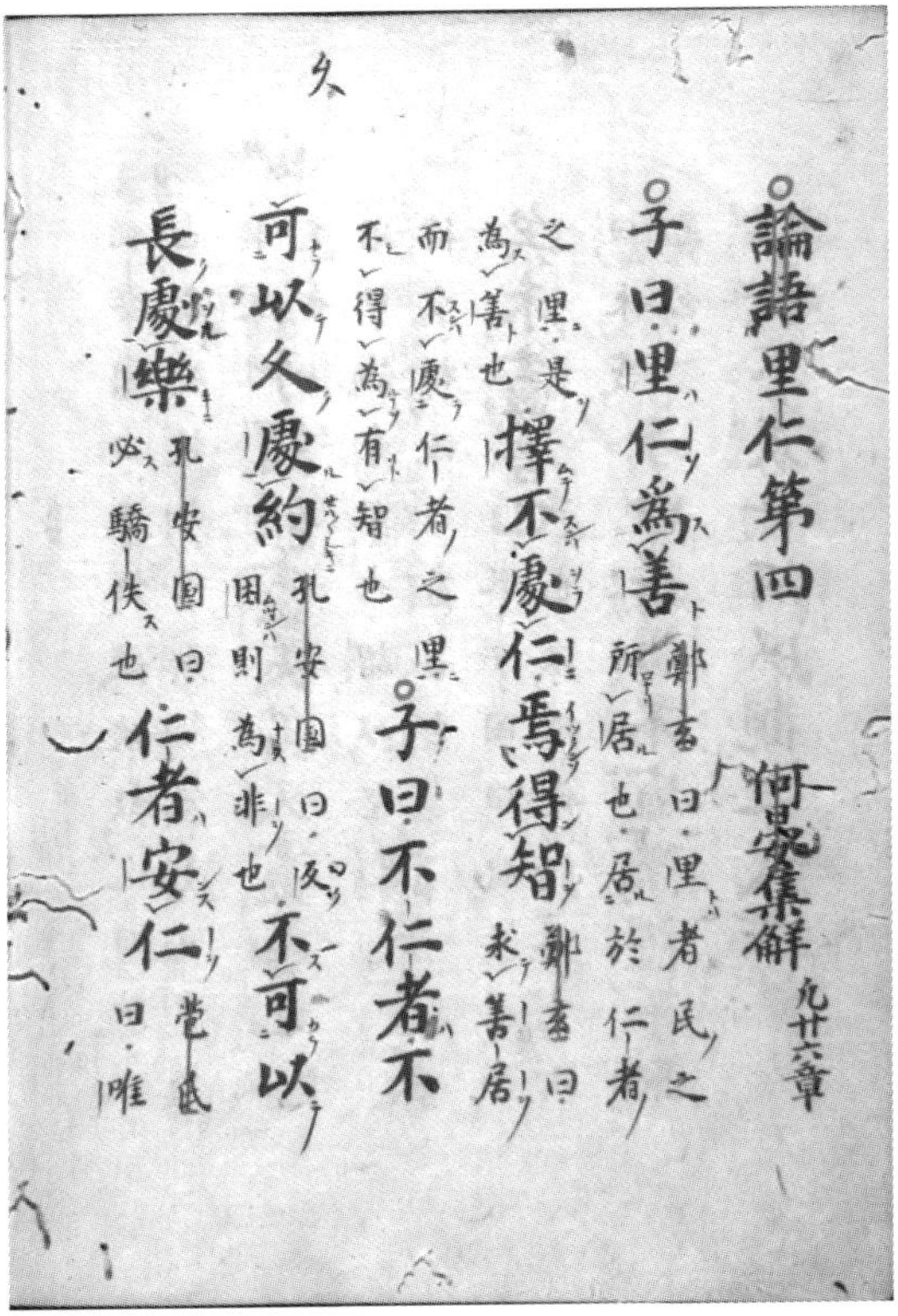
論語里仁第四　何晏集解　凡廿六章
子曰里仁爲善　鄭玄曰里者民之所居也居於仁者之里是爲善也　擇不處仁焉得智　鄭玄曰求善居而不處仁者之里不得爲有智也
子曰不仁者不可以久處約　孔安國曰久困則爲非也　不可以長處樂　孔安國曰必驕佚也　仁者安仁

図17
青蓮院本　前掲　里仁第四の首

学而第一は章数がないが、他の篇はこのように正平版と同様の題式である。

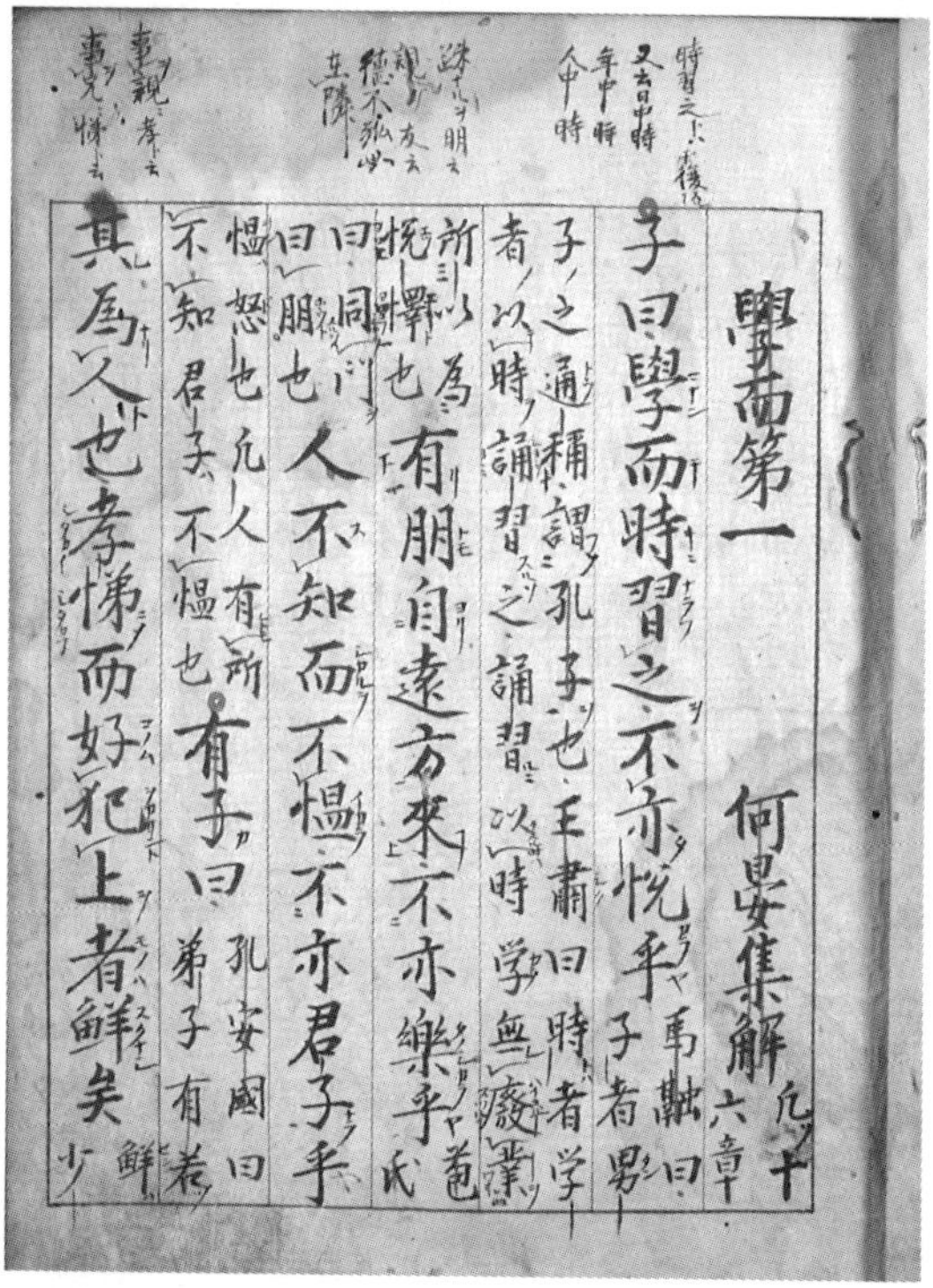
學而第一　何晏集解　凡十六章
子曰學而時習之不亦悦乎　馬融曰子者男子通稱謂孔子也王肅曰時者学者以時誦習之誦習以時学無廢業所以為悦懌也　有朋自遠方來不亦樂乎　苞氏曰同門曰朋也　人不知而不慍不亦君子乎　慍怒也凡人有所不知君子不慍也　有子曰　孔安國曰弟子有若　其為人也孝悌而好犯上者鮮矣　鮮少也

図18
正平版系　己類の巻頭
伝楠河州本　斯道文庫蔵（092—50）５冊

本文65・186頁参照。題式や本文から正平版系に分類される。本書は楠木正成手録本という伝説を持つので、便宜上「楠河州本」と命名する。

影鈔正平版とはいえない、つまり正平版の忠実な写しとはいえないが、この正平版の特徴をよく体している伝本が多いことに気がつくのである。実に十七点の伝本がこの型を踏襲する。しかしながら、これら一つ一つの伝本は、正平版とは字句の異同からも、戊類に属する伝本とは一線を画するものがある。また、書写年代も、影鈔正平版本よりも降った、文亀永正から後の、室町時代中期から後期にかけてのものが多いのも変化を含む伝本の特徴であろう。また、これら伝本それぞれの間にも字句の異同は存し、一類に纏めるのにはやや躊躇されるが、清家本とは全く違う系統を示し、これら一群の伝本は正平版の影響を強く蒙ったものである、と推訂する。ただし、後述の『論語義疏』の影響を蒙る伝本との関係も考えられるが、錯綜する伝本の成り立ちは簡単ではないということであろう。ここに、この伝本を総称して己類とする（図18を参照）。

己類は、秋田県立秋田図書館蔵本（根本通明旧蔵・特263）、斯道文庫蔵本（天正十八年単経本・091—12）、同（091—67）、同（091—220）、同（永禄三年鈔本・092—1）、同（天文十八年鈔本・092—8）、同（伝楠河州鈔本・092—50、図18を参照）、同（文明頃鈔・単経本・091—68）、慶應義塾図書館蔵本（応永六年鈔本・110X—249）、東洋文庫蔵本（永正十二年奥書本・1C42）、同（大永四年鈔本・1C40の巻三〜十）、成簣堂文庫所蔵本（1140082）、同（天祐旧蔵・1140089）、国会図書館蔵本（賀茂三手文庫旧蔵・WA16—12）、静嘉堂文庫蔵本、日光山輪王寺蔵本（文亀二年鈔本・85—2—1467）、某家蔵本、阪本龍門文庫蔵本（230 二の七）が挙げられる。

以上、戊類・己類の現存本を表にすると、以下のようになる。

三、戊類・己類　類型別伝本表

No.は全体所蔵表と同じものを指す。

戊類

No.	所蔵	函番		種別	章数		行字	字数
12	斯道文庫	092/2	影正平版	「悦」	有（下）、学而なし	戊	6×13	有
14	斯道文庫	092/5	影正平版		有（下）	戊	6×13	有
44	国会図書館	123·83/rk	正平系	「悦」	有（下）	戊	6×13	有
45	国会図書館	せ83	正平系	「悦」	有（下）	戊	6×13	有
46	静嘉堂文庫	1/42	影正平版	「悦」	有（下）	戊	6×13	有
48	都立中央図書館	青42	影正平版	「悦」	有（下）	戊	6×13	有（巻二・三なし）
63	筑波大学附属図書館	ロ860/12	影正平版	「悦」	有（下）	戊	6×13	有
29	東洋文庫	1C40	正平系	「悦」	有（下）	巻1・2戊、他己	6×13	有

己類

No.	所蔵	函番		種別	章数		行字	字数
1	秋田県立秋田図書館	特/263	正平系	「悦」	有(下)	己	8×17	有
6	斯道文庫	091/12	正平系	「悦」	有(下)	己	7×20	巻一のみ有
8	斯道文庫	091/67	正平系	「悦」	有(下)	己	6×16	有
9	斯道文庫	091/68	正平系	「悦」		己	9×不等	
10	斯道文庫	091/220	正平系	「悦」か	有(下)	己	8×20	有
11	斯道文庫	092/1	正平系	「悦」	有(下)	己	7×13	有
15	斯道文庫	092/8	正平系	「悦」	有(下)	己	7×不等	有
19	斯道文庫	092/50	正平系	「悦」	有(下)	己	7×14	有
24	慶應義塾図書館	110X/249	正平系	「悦」	有(下)	己	7×14	有
26	東洋文庫	1C42	正平系	「悦」	有(下)	己	7×20	有
32	成簣堂文庫	1140082	正平系		有(下)	己か	7×14	有
35	成簣堂文庫	1140089	正平系	「悦」か	有(下)	己か	7×14	有
43	国会図書館	WA16/12	正平系	「悦」	有(下)	己	9×16、7×15	有
47	静嘉堂文庫	101/20	正平系	「悦」	有(下)	己	8×17	有
50	日光山輪王寺	85/2/1467	正平系		有(下)	己	8×14	有
62	某家		正平系	「悦」	有(下)	己	7×15	有
67	阪本龍門文庫	230 二の七	影正平版か	「悦」	有(下)、学而は上	己か	7×13	有

第三節　『論語義疏』の影響を蒙る古鈔本『論語』

序論の第二章に述べた室町時代の『論語義疏』の存在は、正平版『論語』よりも露骨に『論語集解』に影響を及ぼした。即ち、前述のように、各篇の首題の下に『義疏』の疏文が添えられているテキストが多々存在し、それは例えば、「学而第一　疏」とあり、以下小字双行にて「論語是此書總名学而為第一第篇別目……故曰学而第一也」と学而篇の意義と総括を示す一文を篇題の下に加えているのである。要するに、『義疏』中の、各篇の意義と総括を示す一文が、『集解』単行本の、全ての篇にそのまま挿入されているわけである。しかしながら、このテキストは依然として本文が集解本で、しかもその注釈内には『義疏』の疏文が混入することは無い。従って、形から見れば、『論語義疏』から「疏文」のみを削除したテキストであるとの解釈も可能なのであるが、それは妥当な推測とはいえないふしが伺える。どちらかといえば、私は、やはり、『集解』本に「疏文」が付加されたと見るのが自然ではなかろうか、と思っている。後述の足利学校の活動や、『孟子』趙岐注のテキストに趙岐の章指がこの『義疏』の総括文のように挿入されている形式などを鑑みると、中世当年の一種、流行的な形式であるかのように思われるからなのである。

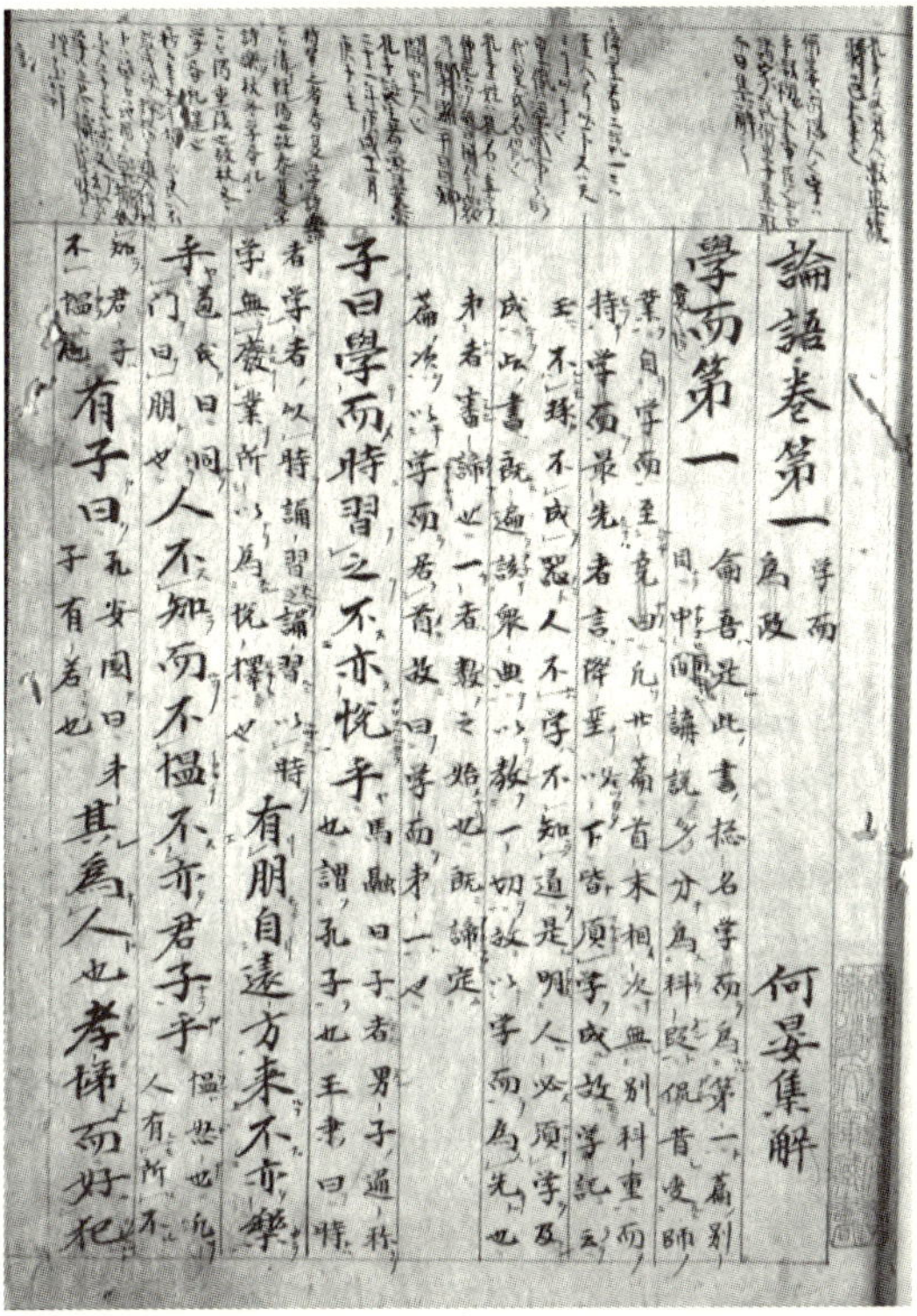
論語巻第一　何晏集解
學而第一
子曰學而時習之不亦悅乎　有朋自遠方来不亦樂乎
人不知而不慍不亦君子乎
有子曰其為人也孝悌而好犯

図19
庚類の巻頭
舜政禅師本　斯道文庫蔵（092—51）３冊

本文68・75・223頁参照。本文篇題に章数を加えず、各篇の首に『義疏』の一文を挿入する。上欄に書き入れる足利学校系統の書式を遺す。

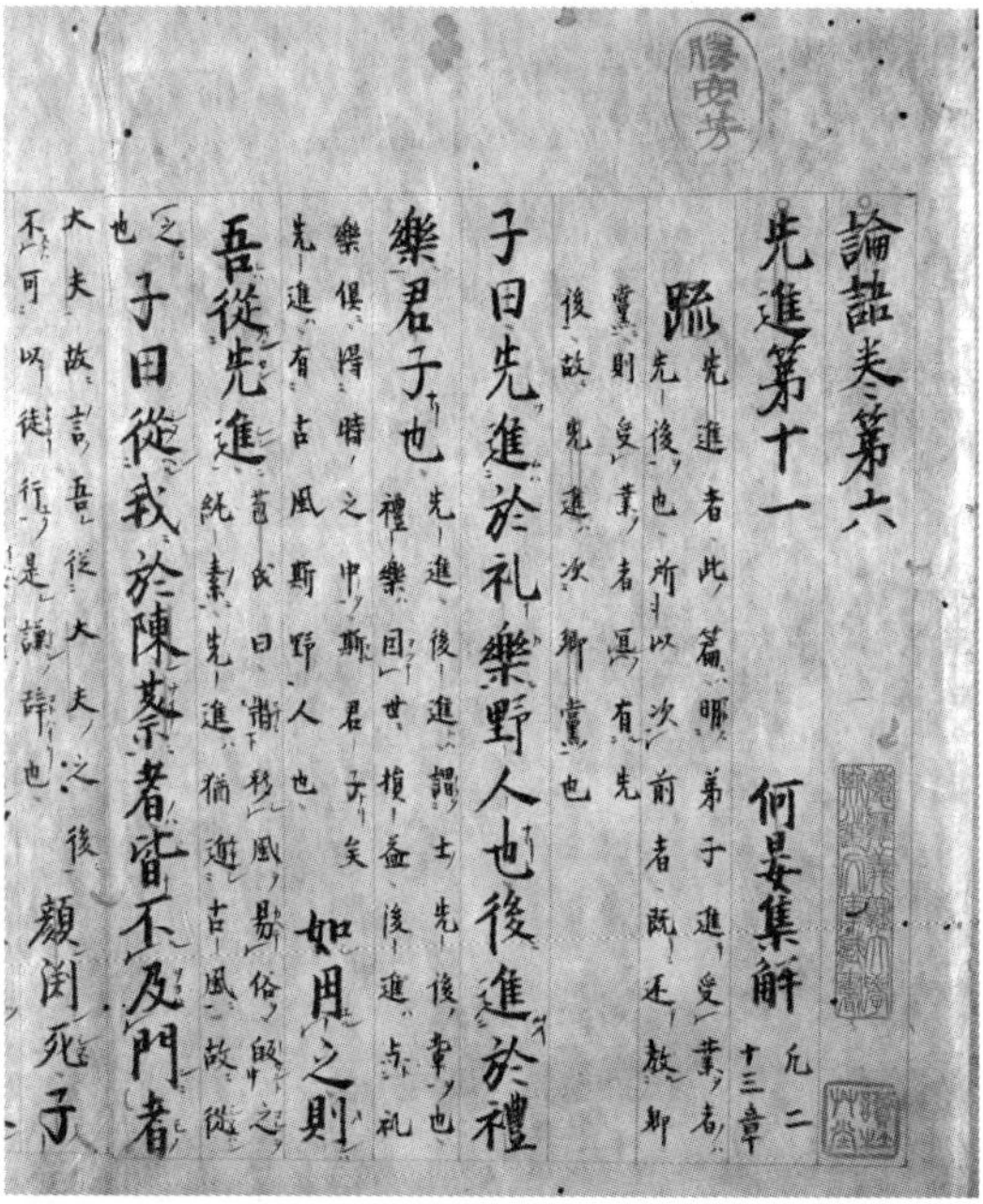
論語巻第六
先進第十一　何晏集解　凡二十三章
疏 先進者此篇明弟子進受業者先後也所以次前者既还教郷黨則受業者宜有先後故先進次郷黨也
子曰先進於礼樂野人也後進於禮樂君子也 先進後進謂士先後輩也禮樂因世損益後進与礼樂俱得時之中斯君子矣先進有古風斯野人也 如用之則吾從先進 苞氏曰將移風易俗歸之純素先進猶近古風故從之也
子曰從我於陳蔡者皆不及門者也
大夫故言吾從大夫之後
不可以徒行是謙辞也
顔淵死子

図20
辛類の巻頭
勝海舟旧蔵本　斯道文庫蔵（092―9）１軸

本文68・249頁参照。「何晏集解」の下に章数を加える形式。庚類と同様に『義疏』の一文を挿入する。

更に、このテキストは、篇題の型から見て、二種類に分かれるのである。それは、章の数を示す章数があるものと無いものとである。そこで、章数の無いものを庚類（図19参照）と名付け、章数の有るものを辛類（図20参照）と名付けることとする。こうした単純とも思える型による分類が何故これ程までに意味を持つものなのか。庚類は総じて何晏の「集解序」を欠く特徴があることも注意する必要があろう。

庚類に属するものは、斯道文庫蔵本（林泰輔旧蔵・091―6）、同（尾崎雅嘉旧蔵・091―9）、同（島田篁邨旧蔵・091―11）、同（舜政禅師鈔本・092―51、図19参照）、東洋文庫蔵本（池田光政旧蔵・1C37）、同（永禄六年鈔本・1C39）、成簣堂文庫蔵本（大野酒竹旧蔵・1140072）、同（享禄四年鈔本・1140080）、同（清見寺旧蔵）、宮内庁書陵部蔵本（賜蘆文庫旧蔵・555—131）、都立中央図書館蔵本（特6253）、日光山輪王寺蔵本（85—1—1466）、同（85—1—1464）、同（単経本・90—1—1886）、史跡足利学校蔵本（509—1）、同（寒松写か・505—1）、天理大学附属天理図書館蔵本（123・3—イ19）、神宮文庫蔵本（林崎文庫旧蔵・516）の十八伝本である。

また、一方、辛類に属するものは、斯道文庫蔵本（勝海舟旧蔵・092—9、図20参照）、同（092—16）、同（慶長十五年鈔本・092—52）、慶應義塾図書館蔵本（大島雅太郎旧蔵・110X—67）、東洋文庫蔵本（1C38）、宮内庁書陵部蔵本（457—207）、国会図書館蔵本（WA16—19）、同（櫻山文庫旧蔵・WA16—45）、日光山輪王寺蔵本（豪舜之本・85—1—1468）、同（85—1—1465）、史跡足利学校蔵本（九華写本・505—1）、六地蔵寺蔵本（戊19）、同（宥長旧蔵・戊8）、築島裕氏蔵本（永正十二年鈔本）の十四伝本である。

以上、庚辛類の現存本を表にすると以下のようである。

四、庚類・辛類　類型別伝本表

No.は全体所蔵表と同じものを指す。

庚類

No.	所蔵	函番		種別	章数		行字	字数
2	斯道文庫	091/6	外題円珠	疏竄入	なし	庚	8×16	有
3	斯道文庫	091/9		疏竄入	なし	庚	9×20	なし
5	斯道文庫	091/11	足利学校系	疏竄入	なし	庚	9×20	なし
20	斯道文庫	092/51	足利学校系	疏竄入	なし	庚	9×20	なし
27	東洋文庫	1C37		疏竄入	なし	庚	9×20	一部有
28	東洋文庫	1C39		疏竄入	なし	庚	8×13	なし
31	成簣堂文庫	1140072		疏竄入	なし	庚	8×16	有

No.	所蔵	函番	種別	章数		行字字数	
33	成簣堂文庫	1140080	足利学校系	義竄入	なし		庚 8×20	なし
36	成簣堂文庫			竄入	なし	巻九のみ有	庚 7×16	巻九のみ有
39	宮内庁書陵部	555/131	外題円珠	竄入	なし	有（下）	庚 8×16	なし
49	都立中央図書館	特6253		疏竄入	なし	一部有（下）	庚 8×16	なし
51	日光山輪王寺	85/1/1466		疏竄入	なし	有（下）	庚 9×20	巻十のみ有
52	日光山輪王寺	85/1/1464		疏竄入	なし	有（下）	庚 8×16	なし
54	日光山輪王寺	90/1/1886		疏竄入	「悦」	一部有（下）	庚 8×15	なし
57	史跡足利学校	509/1	足利学校本	疏竄入	なし	有（下）	庚 7×16	有
58	史跡足利学校（寒松）	505/1	足利学校本	疏竄入	なし	有（下）	庚 9×16	なし
70	天理大学附属天理図書館	123.3/19		疏竄入	なし	有	庚 9×16	なし
73	神宮文庫	516	足利学校系	疏竄入	なし		庚 8×16	なし

辛類

No.	所蔵	函番	種別	章数		行字字数	
16	斯道文庫	092/9		疏竄入	なし	有	辛 9×14	なし
17	斯道文庫	092/16		疏竄入	なし	有（下）	辛 8×20	有
21	斯道文庫	092/52		疏竄入	なし	有（下）	辛 9×20	一部有
23	慶應義塾図書館	110X/67	足利学校系	疏竄入	なし	有（下）	辛 8×14	一部有
30	東洋文庫	1C:38		疏竄入	なし	有	辛 9×15	有
37	宮内庁書陵部	457/207		疏竄入	なし	巻一のみ有	辛 6×12	巻二のみ有
41	国会図書館	WA16/19	足利学校本	疏竄入	なし	有（下）	辛 8×15	一部有
42	国会図書館	WA16/45	足利学校系	疏竄入	なし	有（下）	辛 9×20	有
53	日光山輪王寺	85/1/1468		疏竄入	なし	有（下）	辛 6×12	一部有
55	日光山輪王寺	85/1/1465		一部疏竄入、「悦」	なし	一部有（下）	辛 7×15	巻二のみ有
56	史跡足利学校（九華）	505/1	足利学校本	疏竄入	なし	一部有（下）	辛 8×16	なし
59	六地蔵寺	092/16		疏竄入	なし	有（下）	辛 7×17	一部有
60	六地蔵寺	戊8		疏竄入	なし	有（下）	辛 9×20	一部有
61	築島裕氏			一部疏竄入		一部有（下）	辛 7×16	なし

また、以上第三節まで述べた分類を、もう一度、簡略に図式化すると次のようになる。括弧内は図版に用いた伝本。

- 清家本
  - 宣賢本……………甲類（大阪府図梅仙本）
  - 枝賢系本…………乙類（三十郎本）
  - 章数有（上）……丙類（戒光院本）
  - 章数無……………丁類（正長本）
- 正平版系
  - 影写本……………戊類（青蓮院本）
  - 転写本……………己類（楠河州本）
- 義疏系
  - 章数無……………庚類（舜政本）
  - 章数有（下）……辛類（海舟本）

総じて見ると、第三節に記す『論語義疏』の影響を蒙ったテキストが数量的に最も多く伝存し、この事実は、清家本や正平版系の鈔本よりも、転写される機会が多く存在したことを示すものと考えられるであろう。また、その庚・辛類は、書写年代もほぼ室町時代後期に属し、あるいは、この伝存量の多さは、時代的な流行という要因を考慮に入れる必要があるのかもしれない。それは、つまり、中世後半期において、学術界に大きな影響力を持った、関東の足利学校の動向に注意する必要があるということである。

足利学校の学問については、川瀬一馬『増補新訂　足利学校の研究』（講談社・昭和四十九年）に詳しい。足利学校は創設が平安時代とも鎌倉時代ともいわれる関東における最古の教育機関で、主に儒学の伝導を中心に活動していたが、その明確な活動の実態が知れるのは室町時代中期、永享年間（一四二九～四〇）に上杉憲実が快元を庠主に迎え、同十一年（一四三九）に宋版の『書』『詩』『礼』『左伝』の四経と学田を寄進、また、同じ頃、上杉憲忠による宋版『易』の寄進などによる上杉氏の庇護に始まる。学校はこれによってその名を天下に知られる養成所となったのである。その教育理念は武家社会並びに、それと相表裏する学僧の知識要求に応えるべく、広く儒学一般の読書を経て応用性ある教養を身につけることにあったから、特に『易』や『六韜』など戦国の世に威力を発揮する学問に力が入っていた。川瀬博士の論攷によれば、室町時代の足利学校の学問をその蔵書をもって時代区分をすると、第一期が永享～応仁の頃（一四二九～六七）で庠主快元の時代、第二期が応仁～大永（一四六七～一五二七）、第三期が大永～天正頃（一五二一～九一）で庠主九華の時代に分かれるという。既に、多くの書物が流出していることから、学校の学問の復元はまだまだ研究が必要であるが、学校に現存する文献から推定するこうした学統は恐らくは事実を物語っていることと思われる。例えば、『論語集解』に関しては、九華自筆の零本が二部（存巻一～二と存巻五～十の二部）とその写しが一部遺るに過ぎない。しかし、この零残のなかに、充分、当年の足利学校の『論語』講習の本質が遺されていると考えられるのである。

学校に学ぶ者は先ず、講習の元となるテキストを写し、鈔本を作ることから始めねばならない。そして、そのテキストに師説を細かに書き入れる。時には、本文が見えなくなるほど行間に、上下の余白に注釈を書き込む。本文の匡郭の上部に数糎の空白を設け、更に天の上限に欄線を引き、上層を作るのである。これは学校系の鈔本の特徴で、この形式は全国に波及することになるのである。図21・22の『黄石公三略』に見るように、足利学校にて書写された鈔本は、書眉・行間・遊紙に所せましと講義録が加えられるのである。

学校は寄宿舎があるとはいえ、部屋に限りもあり、学習者は近隣の寺院や民家に滞在し、底本を借りて写し講義に参加したもので、この『三略』の写本の奥書はそのことを物語っている。

このように、むしろ、足利学校系の鈔本は、学校で学んで持ち帰る鈔本が多くを占める訳で、それが全国に散在しているのであるから、実態を把握するのは困難を極める。中世後半期は京都や鎌倉の五山にて禅林の漢籍読習が隆盛であったが、その読習の特徴であるテキストへの満紙書き入れの方法を併せ見るとき、都や地方を結んで往来する学僧・武士の求学の精神を理解することが、室町時代の書物文化を理解することであろうと思われるのである。

『論語集解』の古鈔本にあっても、書式や字様などから、学校系の鈔本と判断されるものも幾つかを存する。国会図書館蔵本の二本（WA16—19、WA16—45）は、いずれも奥書を存しないが、明らかに学校系のものである。特に、

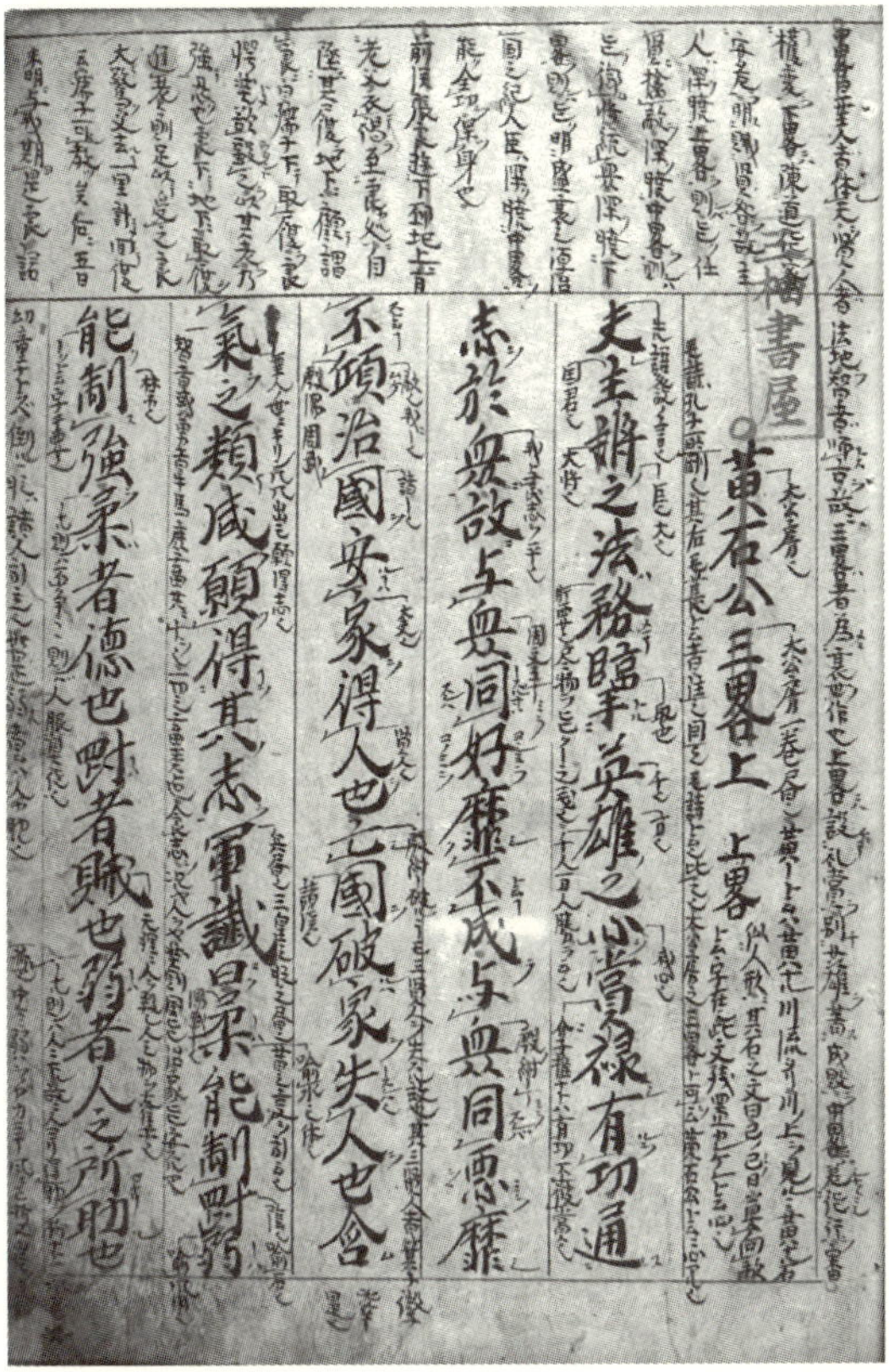

図21
黄石公三略　足利学校系鈔本　巻頭
斯道文庫蔵（091—80）１冊

本文72頁参照。足利学校は兵書や易学の講読に特色があるが、その際に満紙に周密な書き入れを行うのが習慣で、一見して足利系統と見分けられる。

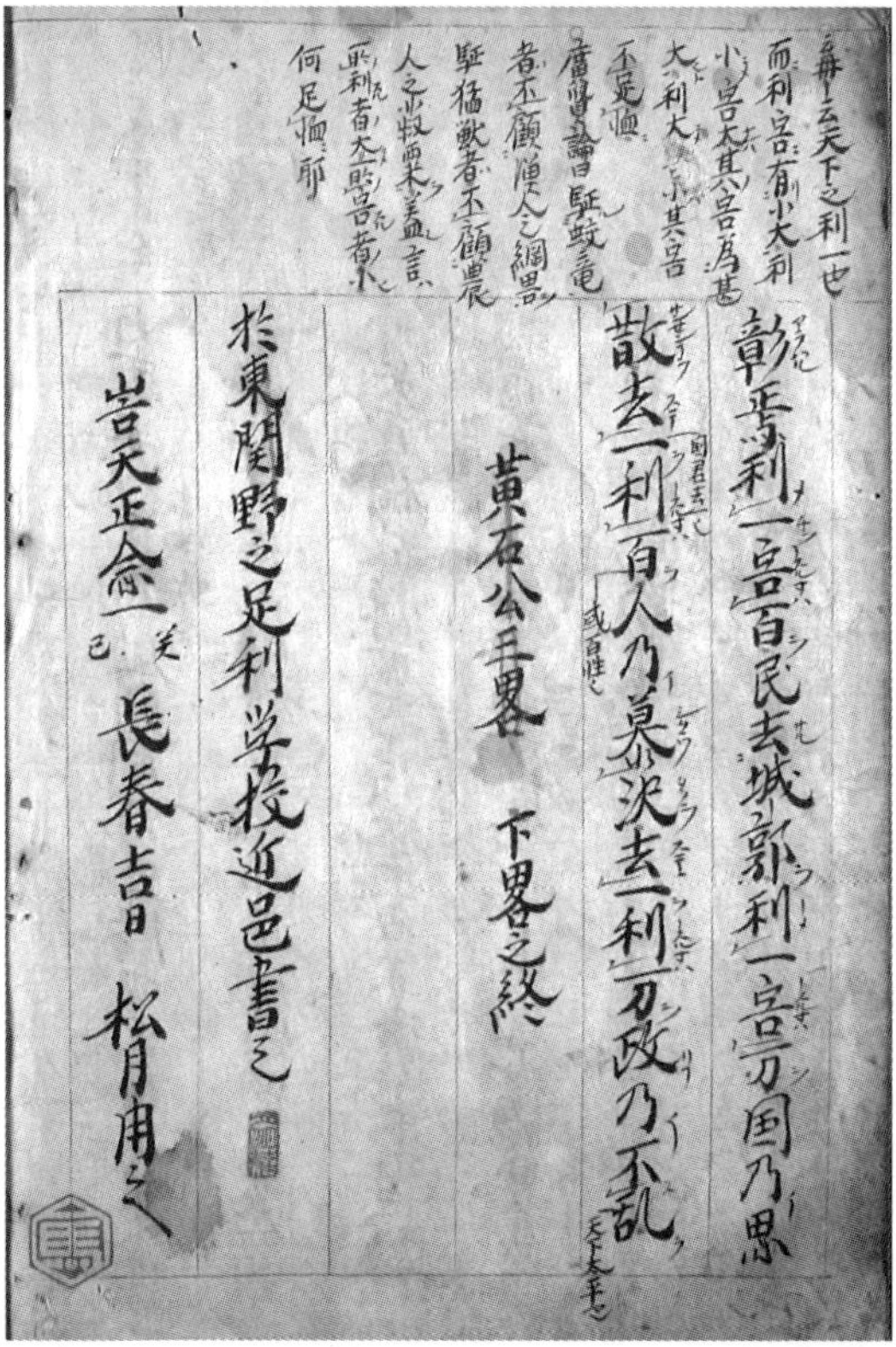

図22
黄石公三略　前掲書の末尾に加えられた足利学校に於ける書写奥書
斯道文庫蔵（091―80）１冊

前者（19）は書き入れに朱点で学校系特有の記号を含み、「昺曰」（宋邢昺の『論語注疏解経』）、「疏曰」（『論語義疏』）、「集注」（宋朱熹の『論語集注』）などを周密に書き入れ、新しい注釈を積極的に取り入れている学校の姿勢も伺える。成簣堂文庫蔵本（享禄四年鈔本・1140080）もこの類である。他に、都立中央図書館蔵本（特6253）、日光山輪王寺蔵本（85―1―1466）も字様や書式が学校系の特徴を伝えているものであるが、上欄の注釈もなく、やや遠巻きの系統と判断される。輪王寺の天海蔵に係るものは、天海が永禄三年（一五六〇）から四年間足利学校に滞留していることから、蔵本にその影響が見られるのは首領されるところである。更に、斯道文庫蔵本（091―11）も同様、また同（092―51・

図19を参照）は、最も学校本に近い風格を持ち、附添する由来記に、「天海舜政禅師伝記」があり、舜政禅師の所持本であったことを伝えている。それによれば、禅師は、米沢の人で、今茨城県城里町にある曹洞宗龍谷院の開山、秀峰宗岱に師事し、後、常州大寧寺（今、八郷町の泰寧寺か）の第一世となり、更に野州に入り、益子入道睦虎居士がその弟子となり精舎を建立して鶏足と名付け、禅師が開山となった。今の足利市にある鶏足寺とは違うようであるが、いずれにせよ、足利近辺に住職となった僧侶であると伝えられる。大永七年（一五二七）六十歳で寂するという。然らば、その所持本とされるのは、本書が風格上、足利学校系の写本と推定されることと事実関係が一致するのであって、学校周辺において相当数の写本が作られたことを想像せしめる伝本であるといえよう。

さて、『論語義疏』は足利学校にとって、また特異なものとして歴史の中に刻まれることとなったのであるが、それは、江戸時代、根本遜志が学校の『義疏』を元にして、『論語集解義疏』十巻を寛延三年（一七五〇）に出版、中国で既に亡んだ幻の『義疏』を世に送り、『四庫全書』にも収載される快事となったことによるのであるが、以後は『義疏』といえば足利学校とのイメージを作り出すこととなった。実際には、九行二十字の十冊本一点が現在、史跡足利学校に所蔵されるに過ぎないが、その書写年代も庠主九華の時代と推定されており（川瀬博士による）、つまり、永禄を中心とした（一五五八〜六九）頃の書写であろう。勿論それより古い写本も存在したことと思われるが、或いは、九華の時代が最も盛んに『義疏』講習がおこなわれたと考えるべきなのかも知れない。

斯道文庫に所蔵される古鈔本『論語義疏』を見ると、芳郷光隣手沢本（091—13、図7を参照）も足利学校系の風格を持つ。光隣は東福寺宝勝院に住し、天文五年（一五三六）没したが、かつて足利に学んだことがあり、本鈔本も文亀永正頃（十六世紀初頭）の書写と思われ、学校の影響は充分に考えられる。また、文明十九年（一四八七）鈔本（092—6）は、「江州山上、曹源寺の意足庵にて二十五歳の周篤が書き写した」という奥書が随所に見られる。その後、本書

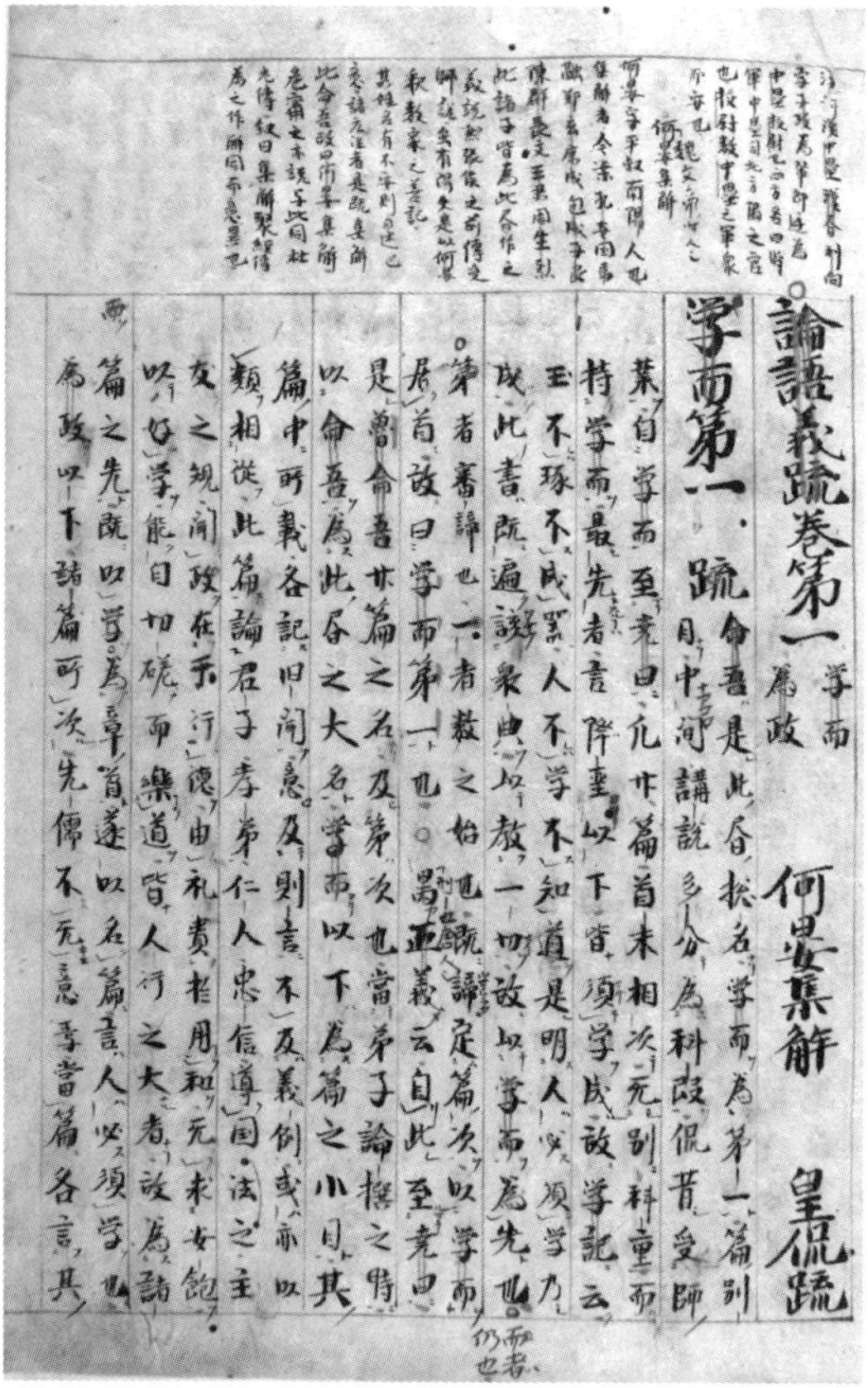
論語義疏巻第一　学而　為政
何晏集解　皇侃疏
学而第一　疏　論語是此書総名学而為第一篇別目中間講説多分為科段侃昔受師
業自学而至尭曰凡廿篇首末相次無別科重而
持学而最先者言降聖以下皆須学成故学記云
玉不琢不成器人不学不知道是明人必須学乃
成此書既遍該衆典以教一切故以学而為先也
第者審諦也一者数之始也既諦定篇次以学而
居首故曰学而第一也　別通義云自此至尭曰
是魯論語廿篇之名及第次也当弟子論撰之時
以論語為此書之大名学而以下為篇之小目其
篇中所載各記旧聞意及則言不及義例或亦以
類相従此篇論君子孝弟仁人忠信導国法之主
友之規聞政在乎行徳由礼貴於用和無求安飽
以好学能自切磋而楽道皆人行之大者故為諸
篇之先既以学為章首遂以名篇言人必須学也
為政以下諸篇所次先儒不無意焉当篇各言其

図23
論語義疏　足利学校系鈔本
稲田福堂旧蔵本　斯道文庫蔵（092—7）5冊

本文76頁参照。『義疏』の成立は足利学校と密接な関係が想定されるが、このテキストも学校系の書式を遺している。

は周防山口大内氏の有に帰していた。江州曹源寺が何れの寺院であるかを審らかにしないが、字様に足利系の風格を見て取れるのである。奥書にも底本は「周鈞蔵主之本」であると記し、足利系の鈔本であった可能性は充分に考えられる。もう一本、稲田福堂の旧蔵本（092—7）は（図23を参照）、これらよりやや書写年代が降る天文から後のものと推定するが、墨色濃厚で筆画に力有り、まさに足利学校系の字様といえよう。書式もそれに相当し、学校周辺の産物と見てまず疑いはなかろう。そして、これら三本がいずれも毎半葉九行、行二十字の款式を守ることも興味深いが、巻頭の書式などは、現存の史跡足利学校蔵本とはやや異なり、『義疏』にもいくつかの写本の系統があったことを想像せしめる。

『義疏』のテキストの問題については別に論攷を立てるとして、ここでもう一つ注意しなければならないことは、室町時代における『論語発題』などの邦人注釈の風潮である。このことについては、前掲、阿部論文室町以前注釈書研究に詳細で、『義疏』が注釈の性格上、当年に歓迎された理由もそこに明らかにされていることも前述した。

要するに、室町時代を風靡した学問の形態であった、「講説」の為に、より基本的な知識から解説できる詳細な注解が必要とされたことが『義疏』流行の主な要因であったが、『義疏』以後の注釈である宋の邢昺『論語正義』はあまり用いられなかった。それは、「正義より義疏を愛用したのは、後者が古くから伝わって親しみがあったのと、正義が普及し始めた頃には朱熹の注が伝わり、寧ろ新注の方に漸次魅力をひかれたのが、その理由の最たるものであろう」（前掲阿部論文）。そして、講義のための簡便な『論語』解説書の類が次第に形となって流行するに至り、曼殊院蔵の『論語総略』（鎌倉期）を最も古いものとして、室町時代には、『論語発題』『論語私集』『論語私車』などの解題書が成立したのであった。とりわけ、『論語発題』は「当時論語注釈の代表的な集解・義疏・集注の三序を中心とし、それに孔子の伝記と『論語』解題に必要な図を添え、要するに『論語』の全貌と要綱を読者に会得せしめるのが、編者の編集趣旨で」（前掲阿部論文）あった。図24・25を参照。

さて、その『発題』の成立に関して、辛類に属する、国会図書館蔵本（WA16—19）『論語集解』には、巻初に『論語発題』を四丁付していて、これを、阿部博士は、足利学校庠主九華の自筆と捉え、また、同じく国会図書館に所蔵される文明十四年（一四八二）の本奥書を持つ江戸末期の写本『論語義疏』に『論語発題』が付され、なおかつ、その文明の奥書は「文明十四年寅年三月於足利官濃山口茅檐下書之」と記し、まさに足利で書写されたものであったことなどを例に挙げ、『論語発題』は足利学校で編纂されたものと推測している。

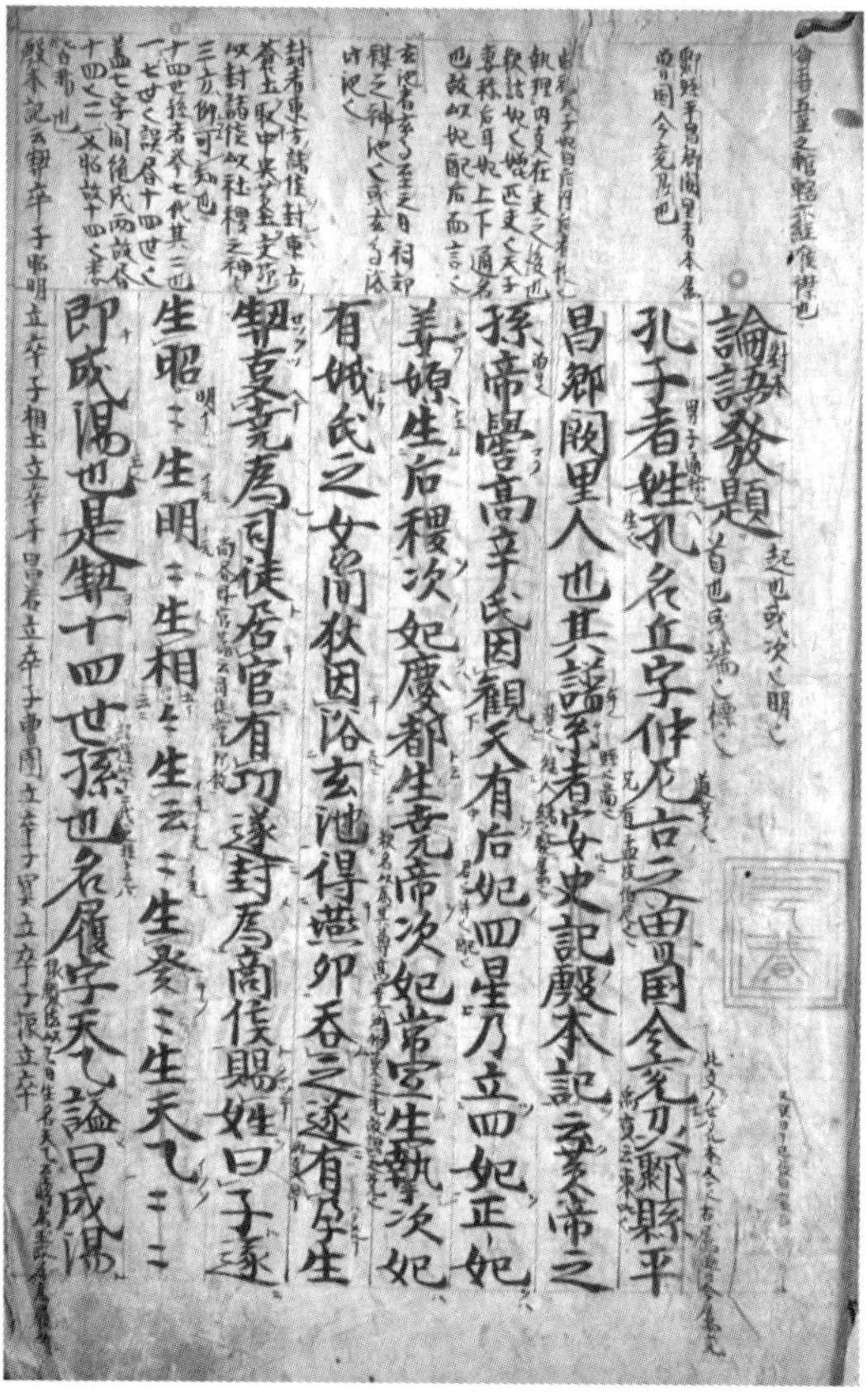

図24
論語発題　室町時代後期写　足利学校系
斯道文庫蔵（091—73）１冊

本文77頁参照。『発題』は『論語』の解題解説書で、足利学校での成立も推定される。『義疏』や解題書の講読が『集解』本の『義疏』混入をもたらした可能性を示唆する。

この推測は、断定とまではいかぬが、前述の『論語義疏』鈔本の足利学校にまつわる転写の実態とも符号して、当時の『論語』講読の足利勢力の浸透を説明していて甚だ興味深い。

『発題』の発想と同様に、『義疏』の必要な部分を抜き取って、『集解』のテキストに加え、『集解』をより読みやすくしようとする恣意が生まれるのはむしろ当然の成り行きであったといえよう。ここに、『論語』各篇の内容を纏めた『義疏』の一文を篇題の下に加えた日本特有の『集解』テキスト（庚・辛類）が成立したのであったろう。

してまた、前述のように、庚類・辛類の如き、「義疏混入」の『集解』本が多く足利学校書写形式の影響を受け、

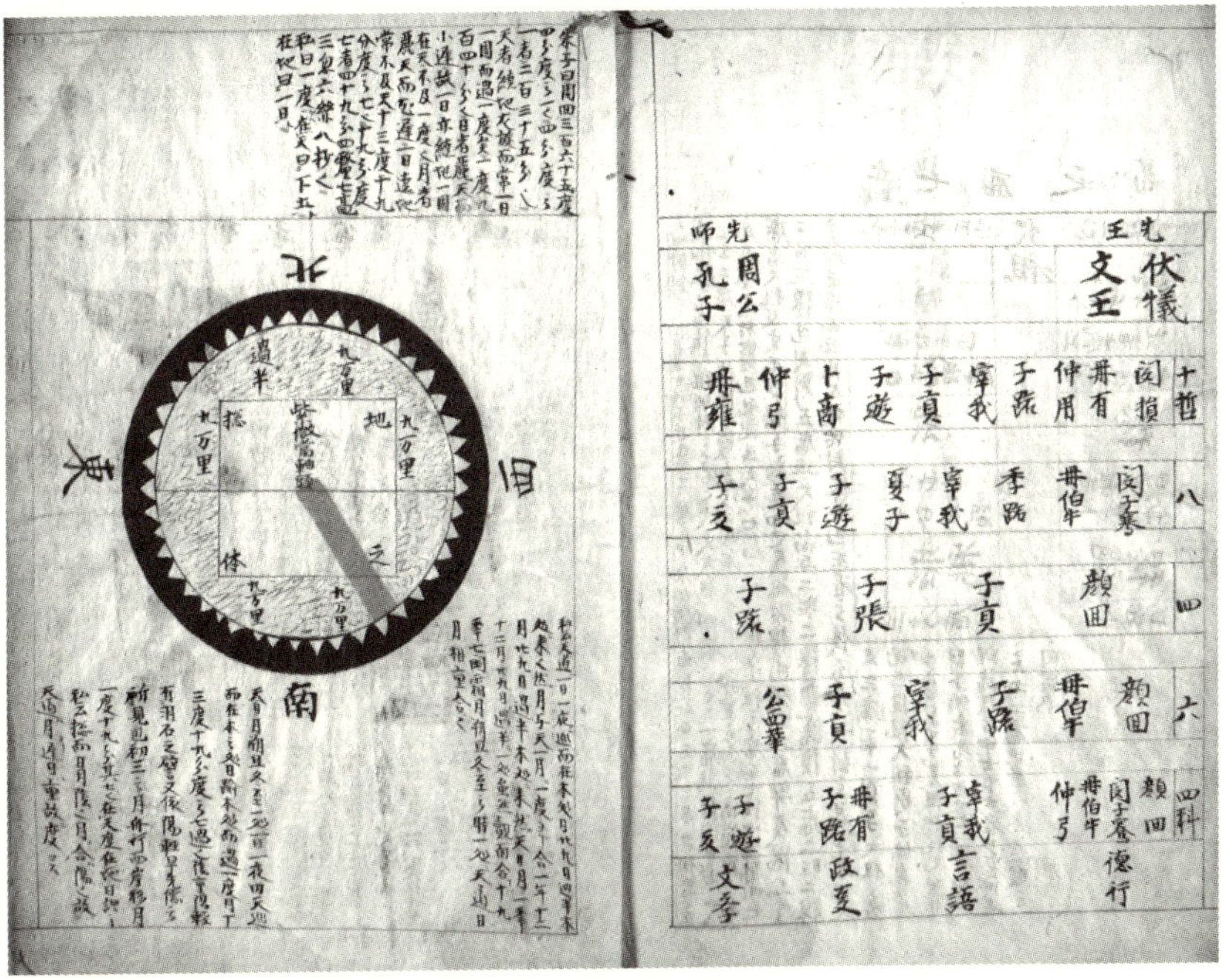

図25

論語発題　室町時代後期写　足利学校系

斯道文庫蔵（091―73）１冊

本文77頁参照。『発題』はこうした図入りの極めて便利な参考書であり、当時の知識層が必要とした知識の内実を伺うことができる。

しかも『義疏』が足利で相当に書写享受されていたこと、そうして、義疏混入本『集解』の書写年代が、室町時代後期、即ち、九華などによる『発題』形式の簡略な解題書の流行した時代と、そう違わぬ頃にあるということ、これらの事実をもって当時を顧みるならば、更なる推測を重ねて、「義疏混入」の『論語集解』伝本の出所を、足利学校に求めることは、果たして、理に適わぬこととはいえぬのではあるまいか。

　とすれば、足利現存の、九華自筆の『集解』古鈔本の持つ意義も、零本ながら、これらの大きな背景を説明するかのようで、深いものがあると感ずるのである。

いずれにしても、室町時代において、『論語』講習の中心は、博士家の勢力に優るとも劣らぬ、関東の足利学校にもあったことを、伝存古鈔本の実態から、明確に把握しなければならないといえるだろう。

附　説

名古屋市蓬左文庫所蔵本（110—18）は、テキスト自体、『義疏』の影響を受けたものではないが、『論語集解』の本文と注を元にして、その各文句の下に邦人の注釈を漢文で加えた、所謂、『論語抄』の類に属するもので、阿部論文室町以前注釈書研究の「文明七年奥書論語鈔」の系統を踏むものである。即ち、講義録である注釈を漢文で記した珍しい例である。首に何晏の序を残し、その次に仏（釈迦）儒（孔子）道（老子）の説明を加え、本文は、「子曰学而時習之不亦悦乎」に何晏の集解「馬融曰子者男子通称……」を添え、集解本の体裁を残し、その後に「論語者孔子弟子孔子平生或時君或諸侯大夫或弟子論難問答語……」という具合に邦人の注釈を加える。読むためのテキストというよりは講ずるためのテキストであった。

つまり、こうしたテキストの存在こそが、経典講読に際して、文字の校勘を行ってより正しいテキストを得ようとする、より古い姿勢から、次第に中世的な禅の仏教的な経説講釈の流れと混合して、講説のためのテキストという目的がよりおおきな位置を占めていく事態を物語っているもので、『論語義疏』の『集解』本への混入は、まさにこうしたテキストに見る流れの、然らしむるところといっても過言ではあるまい。

第四節　その他、刊本や南北朝時代以前鈔本の影響を蒙る古鈔本『論語』

『論語集解』の古鈔本が鎌倉時代以来のものも存していることは、前言で述べた。さて、これらの古いテキストは博士家の家深くに蔵されて数百年の時を経てきたのであるが、室町時代に書写されて、その遺風をあらわしている伝鈔本が存在しないわけではなかった。とはいえ、鎌倉と室町とでは、学風に差異があったことも主要な要因の一つではあるが、室町時代の新しいテキストの成立を背景に、南北朝時代以前の『論語集解』の姿は、推測を逞しくするほどの実例には恵まれていないというのが現状である。

従って、その室町時代に於ける伝鈔本の伝存は寥々たるもので、宮内庁書陵部蔵本（457―208）（日―40）の二本が、ともに南北朝時代以前のテキストに基づいたものであるのに過ぎない。前者は、大東急記念文庫所蔵鎌倉時代末期の鈔本（清原頼元手校本）に基づいたものといわれている（『図書寮典籍解題』昭和三十五年・宮内庁）。後者は、字様が鎌倉時代のもので、それを室町時代に真似て写したものと考えられるものであるが、零巻の残缺であるからその実態は究めがたい。

いずれにしても、室町時代の読書人は、積極的に新しいテキストを作り上げて行く多様な伝授を基本姿勢としていたから、旧来の古鈔最善本に拘泥することなく活動を続けて行ったのである。

また、やや傾向をことにする伝本が存在することも注意するべきである。斯道文庫蔵本（091―253）は、天文永禄（十六世紀半ば）時代の鈔本と推定されるが、内題を『詳音句読明本大字論語』とする。図26を参照。経文のみで注は無い。所々に小字の双行で、「説」に「悦／同」とか、「鮮」に「上／声」といった音注を付する、所謂、中国の坊刻

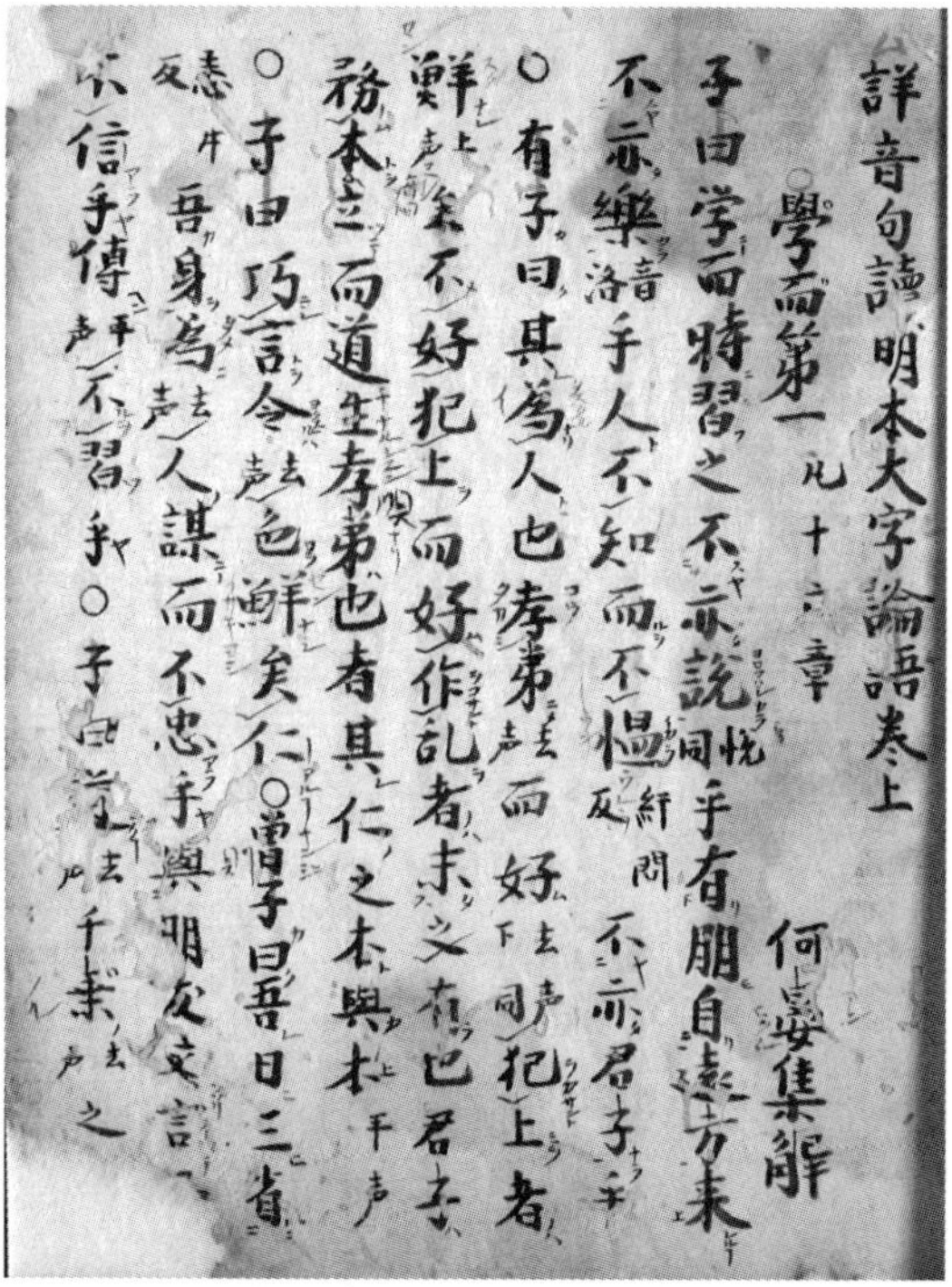

図26
詳音句読明本大字論語２巻　存巻上　影鈔元刊本
斯道文庫蔵（091―253）１冊

本文81・83頁参照。底本は宋刊本の系統で、教科書として出版されたもの。同類の『毛詩』は現存するが、本書の底本は現存しない。

本に見られる課本の体裁を保っているものである。巻上を存し、下を欠くので由来を示す奥書などが見られない。これは、大陸渡来の刊本をそのまま写した転写本と見られるが、室町時代の古鈔本にはこうしたテキストはあまり例がない。勿論、大陸渡来の唐本はそう簡単に手に入るものではなかったし、禅宗の高僧が手に入れた唐本は、たちまち満紙書き入れの手沢本となって、流布はしないものであったから、尚更、転写本の普及はあり得なかったのであろう。

しかし、本書の底本と思しき唐本は現存せず、むしろ、かく題した唐本が存在した証として貴重視されるべきものである。そこで注目するべきは、北京の中国国家図書館蔵の『詳音句読明本大字毛詩』四巻　元至正二十七年盱南孫氏刊本の存在である。本書は『詩経』の本文に簡単な注及び音注を付した簡便なテキストで、書名も同じであり、版式も十行十八字と同様に作り、この『論語』とともに教科書シリーズの姉妹編として編纂出版されたものと考えられるのである。その叢刻にどの程度の経典が出版され含まれたかは未詳であるが、五経から『論語』『孟子』などに及んだものであろう。しかも、朱熹の新注に拠らず、何晏の集解本、即ち古注に拠っていることも注意をはらうべきで、この頃の坊刻本は未だ、新注と古注の間を行き来していたのであった。わが国には博士家も含め、緇流の間でもこうした新刊の坊刻の課本が積極的に輸入されていたのであって、それを考異の参考に使うことはあっても、こうしてそのまま転写する例は珍しいものである。いずれにせよ、唐土に亡んだテキストの姿を伝える佚存書としての価値は高い。

本書は本文共紙の表紙（二十四・五×十九・五㎝）に本文同筆で「論語上」と墨書し、本文は無辺無界に十行十八字に書写する。字面高さは約二十二㎝で、一筆、訓点（返点・送仮名・縦点・附訓）は本文同筆と時代の降る薄墨とがある。朱引きも加えている。訓法は清家本に近く、助字を読まぬなどの特色を持つ。紙質は厚めの上質紙で墨痕も濃厚である。由緒ある古鈔本の風格を持している。序の首、巻頭は次の如く題する。

論語序
叙曰漢中塁（万軌／反）校尉劉向言魯論語二十篇

詳音句読明本大字論語巻上
学而第一　凡十六章　何晏集解
子曰学而時習之不亦説（悦／同）乎有朋自遠方来

各篇が間を置かずに続き、篇題の下には章数が来る。郷党第十の末に「詳音句読明本大字論語巻上終」の尾題が来る。その尾題下に「主恵□」また後ろ表紙に「主梅真」と墨書がある。即ち寺院系の所持になると想像される。当時はこうした唐本を博士家が積極的に吸収したものと思われるが、室町も後期になると、緇流と博士家の交流が顕著になり、その状況が、かかるテキストの成立にも如実に影響を与えているのである。図26を参照。

中国では初学の課本として読み易さ手軽さを主眼にこうした音注付きの流布本は宋末元初時期に流行したが、如何せん童蒙の読み物として当年の士大夫のそれほど重んじるところではなかったと見え、現に遺る伝本の寥々たる痕跡からは流行の実情を探ることは想像の域をでるものではない。北京の中国国家図書館に所蔵される『魁本大字詳音句読孟子』二巻　元広陽羅氏刊本、『魁本大字詳音句読周易』二巻　元至正十二年梅隠書堂刊本、などは、題名から察してもこうした課本に同系として連なるものであろう。

第五節　結　　語

以上論証した如く、室町時代における古鈔本『論語集解』の流伝は、大まかにいって三種類に分類される。鎌倉時代から家の秘伝を護持してきた博士家の『論語』も、南北朝になると、伝授を承けた者によって開板、世に知られるようになり、むしろ博士家もその開板された正平版を積極的に利用していくことになった。テキストそのものの秘伝から訓読の秘伝に伝承の重きを置き、正平版を横目に睨むように伝えて行ったものと思われる。一方、緇流は武家社会との融合によって、独自にテキストを作製、講読を行っていった。学界には既に清家の学統を汲む緇流も多く、訓読の世界では清家点の影響は甚大ではあるものの、これまた自由に読みやすい形に訓読法を改めて行ったことも、テキスト作製の姿勢と相応じる。そして、その正平版の流布は学界に於ける大きな衝撃としてとらえられ、正平版を中心とした転写や、そこから派生した鈔本による講読が世に行われるようになった。室町時代前期から中期にかけてのことである。そして、室町時代も中期になると、足利学校の向学精神が一世を風靡し、儒学を中心とする学問が武家にも緇流にも当然の教養として要求される時代の流れと相まって、講義形式の講座が多く設けられ、それに応じたテキストへと変貌を来たし、『論語義疏』や『論語注疏解経』などの古くから伝わる注釈を吸収し、テキストの中に反映していく事態となったのであった。そして、その学風が次第に講読者に浸透していくにつれて、これら周辺の注釈書を混入したテキストが受け入れられ、所謂、義疏混入本が室町時代後半期に多く現れるようになったのである。

一方、清家は宣賢という中興の祖に支えられて、清家本を維持発展、鎌倉時代以降のテキストを改めて、唐本を積極的に取り入れ校勘に用い、新たな底本を作製するに至ったのである。宣賢の、永正年間の底本は、子、孫へと新たな秘伝伝授を形成し、枝賢や梵舜へと受け継がれ、緇流の流行に権威をもって対抗していたと思われる。その解釈力に関しては、斬新さと考証的意味合いに於いて、清家は遙かに緇流を上回っていたことは、阿部博士も指摘強調するところである。しかしながら、もはや、室町の末期には、緇流博士家ともに、どちらが主流かという区別もなくなり、いよいよ儒学を取り巻く学術環境と世相も多様化し、近世の初めには清家もかつての勢いを失い、新たな出版文化である古活字印刷の到来に乗じて、清家家学のテキストを世に問うて、最後の華々しい伝承を行ったのであった。慶長刊本が即ちそれであった。そして、江戸時代、林家を中心とした『四書集注』の時代へと趨勢は変わっていった。

その大概を図示してみると次掲図のようになるであろう。

室町時代を通じて、『論語』が日本の独特の読者層に受け入れられ、独自のテキストを形成し、漢学教養の発展に

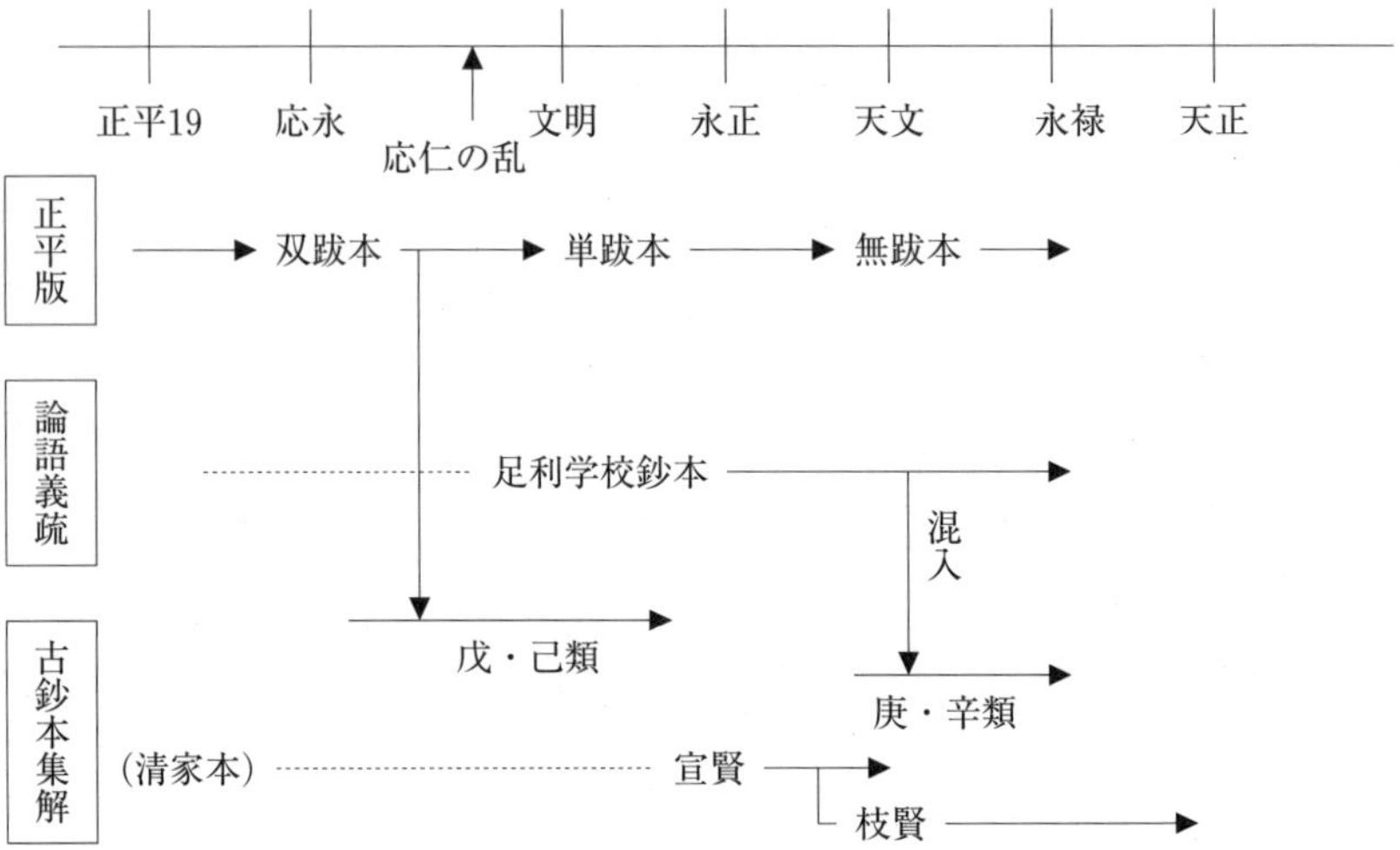

どれほど寄与したかは、はかり知れない。その実情を知りうる『論語集解』の古鈔本がこれ程多く存在することは、わが漢学文化の本質的理解にとって、極めて幸いなことといわねばならない。それはまた、中世の全般的な漢籍受容の研究にとっても、重大な示唆を与えるものであることも、充分に認識しなければなるまい。

第三部　各論——室町時代古鈔本『論語集解』の伝本と意義——

第一編　テキストの類型化による伝本研究

第一章　清原家の伝鈔

第一節　清原宣賢手定本の伝鈔

日本に『論語』が伝わった時、そのテキストが如何なる注釈を具えたものであったかを示す直接の資料は存在しない。奈良・平安朝は漢字文化を輸入して、朝廷を中心に、新しい文化を繁栄させた時代であったから、知識人の間には、既に、『論語』は必読の書として定着していたであろうと想像される。しかしながら、その当時の『論語』講読の実態を伝える直接的資料が無いこともまた、事実である。時代は朝廷から武士へと移り、学問や文化も完成された、洗練されたものが生み出される鎌倉時代になって、『論語』の鈔本も、今に伝えられるものが遺っているのである。つまり、『論語』が伝わってから、一千年もの空白を経た時代になって、ようやく我々は『論語』の姿に接することができるのである。明経博士であった中原・清原両家に伝わったテキストの残巻がそれであった。鎌倉時代の末期から南北朝にかけて、正和四年（一三一五）・嘉暦三年（一三二八）・建武四年（一三三七）・貞和三年（一三四七）と年代の確かな清原家の由緒ある鈔本が、宮内庁書陵部・東洋文庫・大東急記念文庫に所蔵され、また他に、大谷大学所蔵の徳治三年（一三〇八）鈔本（神田本）、武田薬品杏雨書屋所蔵の鎌倉鈔本（内藤湖南旧蔵）、名古屋市蓬左文庫所蔵の元応二年（一三二〇）鈔本も、それぞれ、或いは中原家本によりながら、清家本系テキストをも加味して書写されたものと目され、当時の秘伝とされる『論語』講読の実情を知ることができる。

そして、これらの『論語』は、みな魏の何晏の集解を注釈として添えたテキストであった。一方、中国では滅びたとされる梁の皇侃の『論語義疏』の伝鈔、清家本に由来するものと思われる正平版『論語集解』の開板など、『論語』の受容は室町時代に至るまでに、十分な歴史と蓄積をもって発展してきた。そして、足利時代の武家・禅家の学問の勃興によって、『論語集解』の鈔本も、博士家系統、正平版系統、論語義疏系統などと、多彩な様相を呈して作製されてゆくこととなったのである。しかし、家代々に伝わる閉鎖的な伝承は、ややもすれば、単調な繰り返しに陥りかねず、室町時代の前期から中期にかけては、新たに書写される『論語』古鈔本も稀で、博士家も古い伝承に終始するかのように見えた。また、元・明の新渡来のテキストも影響を与え、時勢は唐本による読習と正平版などの転写という営為が専らであった。

そこで、室町の中期から後期にかけて、忽然と現れて博士家を継いだ学者、清原宣賢（一四七五～一五五〇＝文明七年～天文十九年）は、新しい解釈（朱子学）や伝家の秘本をもとに、自ら新しい『論語』の定本を定め、訓読を定め、儒学界に新風を巻き起こし、大成したのであった。宣賢以後の経学は、室町時代、全て宣賢の説に基づくというも過言ではないほどである。とはいえ、宣賢のテキストを伝える伝本もけして多くは遺らず、江戸時代以降の林家の隆盛にかき消され、遺物を保存して今日に至っているのが実情といえる。従って、中世後期の『論語集解』の受容史を探り理解するためには、清家のテキストの把握と整理が不可欠で、残缺ながらも遺るものを忠実に実見することが肝要である。ここではその宣賢本の読習を伝える伝鈔本を分析する。

一、清原宣賢手定点本

室町時代の『論語集解』は、前述の如く、幾つかの系統に別れるのであるが、正平版や、『論語義疏』も、既に清原博士家の受容に重く関わるものであったから、如何なるテキストも博士家の血統であると称しうるではあろうが、確かな証本として清家の家に伝わったもので、今日に遺されているものは、室町の初期から前期頃（十五世紀）のものはほぼ皆無といっても過言ではない。このことは、清家の経学全般にいえることかもしれないが、しかし、その学統は綿々と続いていたこともまた、疑う余地がない。清家中興の祖といわれて、神道の吉田家から清原家を継いで、清家の経学を再び不動確固なものとして継承大成した清原宣賢が世に現れたのは、その個性的な才能に起因するのみではなく、家の背景に存在する家学の蓄積にこそ大きな原因を求めることができると考えられるからである。

清原宣賢は、吉田兼倶の三男として、吉田神道の家に生まれ、清原宗賢の養子となり、室町時代中期から後期にかけて、博士家清原家学の再興を果たした中世の大儒である。号は環翠軒。また、剃髪して宗尤と号した。

その、宣賢が、『論語集解』の定本を定めたと考えられるのは、永正九年（一五一二）、宣賢三十八歳の時である。京都大学附属図書館に所蔵される清家文庫などによれば、『尚書（書経）』は永正十一年（一五一四）、『毛詩（詩経）』は永正九・十年（一五一一・一二）、『春秋経伝集解』は永正十二年（一五一五）、『孟子』は永正十三年（一五一六）に書写・加点を行っているから、『論語』への加点研究は経書のなかでも早い時期に相当するものであった。

すなわち、その永正九年の宣賢の奥書を伝える伝本に、次のようなものが伝存することによって、その事実を知ることができるのである。

京都大学附属図書館蔵（貴66ロ6）　室町時代末近世初期写　伏原宣條・宣光所持本　二冊
大阪府立図書館蔵（甲和153）　永禄元亀頃（一五五八〜七二）釈梅仙写　特大五冊
神宮文庫蔵（515）　大永三年（一五二三）林安盛写　三冊

神宮文庫蔵（488）　江戸時代初期〜前期写　養鸕徹定（一八一四〜九一）手沢　五冊

無論、これらの伝本の奥書は宣賢の自筆ではないのであって、永正九年の宣賢自筆の証本の原本は、今となっては確かめることはかなわない。しかし、そのずば抜けた勤勉と実力の成果は、それ以後の室町期、清家点の代名詞ともなった宣賢点となって結実し、世の多くの篤学の金科玉条とする読み方となったのである。

具体的にその読み方が如何なるものであったかは、前述拙論、慶長刊本の研究に審らかである。中世の末期（十六世紀後半から十七世紀初頭）、武将の台頭によって縉紳の学問が斜陽となる直前、慶長刊本に於いて、清家点は最後の忠実な伝承を行って有終の美を飾った。従って、慶長刊本に施された墨筆の訓点は、完成された、洗練された宣賢点の姿であったのであり、逆に、それが中世最後の「読み」となったのである。

また、永正九年の加点本との関係は明かではないが、恐らくは宣賢自らの定本確立以前の読習本かと思われる一本を、零本且つ、魏の何晏の集解を欠く本文だけの単経本として清家文庫に現存する。以上これらの関係を図示すると以下のようになる。

宣賢自筆附訓本
- 永正九年手定本（現存せず）
  - 転写本
    - 伏原本
    - 梅仙本
    - 林宗二本
    - 養鸕本

先ずはその自筆附訓本の書誌的事項から解説を加えていこう。

二、清原宣賢自筆附訓本

京都大学附属図書館蔵（貴6ロ8）　存巻六～十　単経本　室町時代中後期写　宣賢自筆附訓　一冊

薄青色表紙（二十七×二十・三㎝）。副葉子に宣賢の自筆識語が一条ある。

子孫為可惑文字読清濁、一字不闕点之、同指声者也

清三位入道宗尤　花押

置字大略不読之、當読之置字点之

文字の読みや清濁の区別が不明にならないように訓を施したが、「之」などの助字は読まないとする。宣賢の漢文読みの指針を示したものとして興味深い。子孫にあてた言葉で、中世の学問の非公開性を如実に表している。また、巻十の尾題の後にも同様の宣賢自筆識語が記される。

世俗文字読云訓点云字声悉先師説、後葉以此点幷字声

可為証、為易読、不依假名使点之、為使幼童易解術也

従三位入道清原朝臣　花押

後世のものはこの訓点を基準にせよ、と。従って、ここに述べるように、この鈔本の墨筆による返点・送仮名は、宣賢の自筆によるもので、ヲコト点も或いは宣賢の手であろうか。また、朱筆によって、濁点を加え、カナの「ヘ」を「エ」に、「ハ」を「ワ」に、「ヒ」を「イ」に「ホ」を「ヲ」に、「ク」を「ツ」に直している箇所もある。

ただし、本文の書写は、甚だしく宣賢の字に似ているが、やはり自筆ではなく、周辺の右筆によるものであろうと推測される。単辺有界にして、毎半葉七行、各行十五字、匡郭内は二十四×十八・一cm、界の幅は二・二cm。首題及び本文初行は、

論語先進第十一　　何晏集解

子曰先進於礼楽野人也後進於礼楽

などと題す。但し、その首題の右上に「論語巻第六」などと各巻ごとに宣賢が自筆で補っている。尾題は「論語巻第六」などと。

「船橋蔵書」と思われる蔵印が墨抹されている。

次に、京大の清家文庫に伝わった宣賢点の伝鈔本を見てみよう。

三、清原宣條・宣光所持本

京都大学附属図書館蔵（貴6ロ6）　室町時代末～近世初期頃写　伏原宣條・宣光所持本　二冊

仮綴。もともと、紙縒《こより》が入っていたものを、解きほぐし、後補の表紙を被せて仮綴にしたもの。後補表紙は縹色で、その上に更に厚手の白色金泥模様の入った紙を外表紙としている。縹色表紙には「六藝喉衿　上（下）」と、白色表紙には「喉衿　乾（坤）」と朱書される。いずれの表紙・外題も古く、室町期を降らないと思われる。おおきさは、二十四・七×二十十cm。

何晏の「論語序」を首に冠す。巻一巻頭は次のように題す。

論語学而第一　凡十六章　何晏集解
子曰学而時習之不亦説乎　馬融曰子者男（馬融以下は小字双行）

これは、清家本の典型で、篇名を巻題に加え、章数を、何晏集解の四文字の上に挟む形式である。また、ここに付け加える必要があるのは、この鈔本の底本である宣賢点本に書き加えてあった書き入れも忠実に写し取っていることである。すなわち、「論語学而第一」の右側に

「摺本疏釈文並無論語両字但古本有之
論語巻第一　摺有」
（摺本＝印刷本、疏＝注疏本、釈文＝経典釈文には『論語』の二字が無く、古本にはある。印刷本は別に「論語巻第一」と題している）

また、「論語学而第一」の左側に

「二字才无」
（「論語」の二字は才＝摺本には無い）

とあり、「何晏集解」の右側に

「疏幷釈文此篇外無何晏集解四字是随略歟
何晏二字疏有釈無　四字摺有」
（注疏本や経典釈文は学而篇以下には「何晏集解」の四字は無い。また、「何晏」の二字は注疏本にはあるが経典釈文には無い。摺本には「何晏集解」の四字がある）

と、他本との校勘を記すのである。無論、校勘は何度となく行われ、同じ摺本といっても幾種類も指している場合が

ある。ところで、底本をそのまま写したという証拠に、書写者は、先に罫線を引かず、この書き入れを写した後に、罫線を引いているのが見てとれるのである。そして、この書き入れは、宣賢本を転写したテキストには等しく受け継がれていくのである。

書式は、単辺有界毎半葉七行毎行十四字、注小字双行、匡郭内二十×十六㎝、界の幅は二・三㎝。全巻一筆で、墨の訓点（返点・送仮名・縦点・附訓・声点）、朱のヲコト点、みな本文と同筆である。尾題は「論語巻第一」などと記し、その下に「経一千四百七十字／註一千五百一十五字」と経注字数を加える。

宣賢の本奥書《もとおくがき》は次の通りである。

巻一末

永正九年正月十五日以累家秘本書写之即加朱墨訖

少納言清原朝臣　判

文字増減年来不審以数多家本雖令校合共以不一揆爰
唐本不慮感得之間即校正之処相違非一旦古本之躰今非
可改易仍脇注之両存焉就家説於無害之文字者以朱消之
是又非憶説黄表紙家本如此後来以此本可為証者乎

永正十七年九月二十三日　給事中清原宣賢

巻二末

永正九年正月二十日以累家秘本書写之即加朱墨訖

少納言清原朝臣　判

巻三末
永正九年正月二十四日以累家秘本書写之加朱墨訖
少納言清原朝臣　判
巻四末
永正九年正月二十九日以累家秘本書写之加朱墨訖
少納言清原朝臣　判
宣賢――
巻五末
永正九年正月三十日以累家秘本書写之加朱墨両点訖
少納言清原朝臣　判
巻七末
永正九年二月四日以累家秘本書写之加朱墨訖
少納言清原朝臣　判
巻八末
永正九年二月六日以累家秘本書写之即加朱墨点訖
少納言清原朝臣　判
宣賢――――
巻九末

永正九年二月七日以累家秘本書写之加朱墨訖

少納言清原朝臣　判

巻十末

此書文増減字異同多本共以不一同以唐本欲決之

未求得之専以当家古本取準的書写之卒終

朱墨功訖

永正九年二月九日　少納言清原朝臣　判

文字増減年来不審以数多家本雖令校合共以不

一揆爰唐本不慮感得之間即校正之処相違非一旦

古本之躰法今非可改易仍脇注之両存焉就家

説於無害之文字者以朱消之是又非憶説黄表紙

家如此類有之後来以此本可為証者乎

永正十七年九月二十三日　給事中清原宣賢

宣賢――――

以上はすべて本文同筆であるが、巻十の奥書は異筆のようである。この識語の内容をもって、宣賢の手写手定の状況が把握されるのである。

また、江戸時代に降って、清原（伏原）宣條（一七二〇〜九一）、その子宣光（一七五〇〜一八一八）の識語が後表紙見返しにある（本文や永正の本奥書とは別筆であるが、この五行は一筆である）。

正二位清原宣條

正二位清原宣光

当家古本代々以此家本御読書之時
朱墨之点可然云々他覧他借堅用
捨之事

宣條父子は江戸後期の明経博士で、近世初期に清原家から分かれた船橋庶流の伏原家の系統。その旧蔵を示す蔵印、「天師明経儒」「伏原」（陰刻）「宣／光」の諸印がある。

次に、同じく永正九年の宣賢点本を釈梅仙が移写したものを見てみよう。

四、釈梅仙東浦書写本

大阪府立中之島図書館蔵（甲和153）　永禄～元亀年間（一五五八～七二）釈梅仙写　特大五冊

古丹表紙。三十四・三×二十四・五㎝の厚手の丹色の表紙は、室町期を降らぬ特色あるもので、京都五山の禅僧による装訂によく見られるものである。歴史民俗博物館所蔵の上杉家旧蔵宋刊三史（『史記』『漢書』『後漢書』＝国宝指定）は妙心寺の禅僧・南化玄興（一五三八～一六〇四）の手沢本であるが、本書はそれとほぼ同一の表紙である。金砂を散らした艶出しの雁皮を用いた題簽に「論語一之二」などと墨書する。この装訂といい、料紙の厚手鳥の子といい、特別に誂えた書写材料をもとに、豪華な定本に仕立てたテキストで、講読のためというよりは、宝物としての書写本といえるであろう。

魏・何晏の「論語序」を冠し、巻頭は、

論語学而第一　凡十六章　何晏集解

子曰学而時習之不亦説乎　馬融曰子者男（馬融以下は小字双行）

と題し、京大・宣條所持本と全く同じ形式である。尾題も京大本と同じく、「論語巻第一」として経注字数を添える。書式は、単辺の墨界に毎半葉七行、毎行十四字で書写し、匡郭内は二十四・四×十八・五㎝。柱には丁付などを記さない。本文・注ともに全巻一筆で、加えられた墨の訓点（返点・送仮名・縦点・附訓）や朱のヲコト点も同様の一筆である。また、永正九・十七年の宣賢の奥書を移写している手も本文と同筆である。各冊の末に「梅仙叟書之」（「東／浦」の朱印あり）と識語があり、これも本文と同筆と見て誤らないと考えられ、従って、本書は、釈梅仙が宣賢本の本文訓点の全てを忠実に写し取った写本と断定することができる。ただ、京大本に写し取られてある欄外の補注や校勘は無く、より、見た目美しい定本を目指しているともいえるだろう。

書写字様は、京大本のそれとよく似ているのは注目するべきで、この時代の書写者に共通する筆づかいの特色を示している。とりわけ、宣賢以後の、清家本の写しにはこの特徴が顕著である。京大本とこの梅仙本はかなり近しい関係にあり、兄弟関係にあることは疑いを入れない。

ところで、梅仙東浦は慶長十三年（一六〇八）に八十歳で没しているから、宣賢の本奥書の永正十七年（一五二〇）以後、更に宣賢が没した天文十九年（一五五〇）の後に書写されたであろうと想像するならば、一五五〇～一六〇八年の間にその時期を当てることができよう。そして、梅仙の経歴を鑑みるに、天正五年（一五七七）建仁寺両足院に住し、没するまで庵に坐していたわけであって、両足院にて書写した寺物であれば、寺外流出もあるべからざることにして、それを考慮して更に推すならば、本書の書写年時は、永禄元亀か天正の極初期かに当てることができるのではないかと考えるのである。また、木田章義氏の影印本両足院蔵『林宗二・林宗和自筆毛詩抄』解説（臨川書店・平成十七年）によれば、梅仙は次掲林宗二の男にあたり、宣賢点本を忠実に伝える環境にあった。これを整理すれば、次のようになる。

一四七五（文明七年）　清原宣賢生まれる

長享

延徳

明応

文亀

一五一二（永正九年）　一月二十四日　宣賢『論語』を点校する（三十八歳）

一五二〇（永正十七年）九月二十三日　宣賢『論語』を再校する（四十六歳）

一五二三（大永三年）　林宗二、宣賢の『論語』を移写する

一五二九（享禄二年）　釈梅仙生まれる

一五五〇（天文十九年）清原宣賢没する（七十六歳）

弘治

永禄

元亀

一五七七（天正五年）　釈梅仙、両足院に住す（四十九歳）

文禄

一六〇八（慶長十三年）釈梅仙没する

各巻末に写された宣賢の本奥書は、京大本と比較すると基本的には同じであるが、やや省略が見られる。すなわち、

巻一末

永正九年正月十五日以累家秘本書写之即加朱墨訖

少納言清原朝臣　判

永正十七年九月二十三日　給事中清原宣賢

巻二末

京大本に同じ

巻三末

京大本に同じ

巻四末

永正九年二十九日以累家秘本書写之即加朱墨訖

少納言清原朝臣　判

巻五末

京大本に同じ

巻六末

永正九年二月三日以累家秘本書写之加朱墨訖

少納言清原朝臣　判

巻七末

京大本に同じ

巻八末

京大本に同じ

巻九末

京大本に同じ

巻十末

此書文増減字異同多本以不一同以唐本欲決之
未求得之専以当家古本取準的書写之卒終朱
墨功訖

永正九年二月九日　少納言清原朝臣　判

となっている。いずれにせよ、一、二文字の違いであって、違いに恣意があるわけではない。

次に、神宮文庫に所蔵される宣賢点の移点本を見てみよう。

五、大永三年林安盛移点本

神宮文庫蔵（515）　室町時代後期写　大永三年（一五二三）林安盛移点宣賢校合本　三冊

薄青色改装表紙。二十五・五×十九・二㎝。裏打ちを施した室町期の原題簽を貼る。「魯論一之四（五之七・八之十）」と墨書。この筆蹟は、前掲、大阪府立中之島図書館蔵・釈梅仙書写本の題簽と全く同じように見うけられる。本文書写の料紙は、厚手の楮紙でやや黄味がかっている。その料紙に、辺や界の無い書式で毎半葉七行、毎行十四字に書写する。字面の高さは約十九㎝。何晏の序から本文、注に亙って全て一筆の書写で、字様の右上がり、軟らかい筆づかいは、宣條所持本や梅仙書写本にその特徴が非常によく似ている。そして、墨筆の訓点（返点・送仮名・縦点・声点・音注・校注）、朱のヲコト点は、本文とは違って右下がり、明らかに別筆であり、それは、宣條所持本に見られるような、忠実に宣賢点の校異や補注を書き写したものである。

すなわち、序・巻一巻頭の題は、宣條所持本と全く同じで、その巻頭「論語学而第一」の右側に、

「摺本疏釈文並無論語両字但古本有之

論語巻第一才有」

また、左側に

「二字才无」

あり、「何晏集解」の右側に

「疏幷釈文此篇外無何晏集解四字是随略歟

何晏二字疏有釈無　四字摺本有」

などと宣賢本の校異を移写しているのである。そして、これらの校点移写は、本文全体を引き比べると、宣條所持本と瓜二つであることに気が付くのである。従って、その宣賢の本奥書も宣條所持本と同様であることが想像されるわけで、事実、そうなっている。この奥書の筆蹟も、訓点や校異の書き入れと同筆である。やや小異があるので、ここ

に全文を記す。改行その他は原本のままである。

巻一末

永正九年正月十五日以累家秘本書写之即加朱墨訖

少納言清原朝臣　判

文字増減年来不審以数多家本雖令校合共以不一揆爰
唐本不慮感得之間即校正之処相違非一旦古本之躰今
非可改易仍脇注之両存焉就家説於無害之文字者
以朱消之是又非憶説黄表紙家本如此後来以此本可
為証者乎

宣賢――――

永正十七年九月二十三日　給事中清原宣賢

巻二末

永正九年正月二十日以累家秘本書写之即加朱墨訖

少納言清原朝臣　判

巻三末

永正九年正月二十四日以累家秘本書写之加朱墨訖

宣賢――――

少納言清原朝臣　判

巻四末
　永正九年正月二十九日以累家秘本書写之即朱点墨点訖
　　　　　　　　　　　　少納言清原朝臣　判
宣賢――――
巻六末
　永正九年二月三日以累家秘本書写之加朱墨訖
　　　　　　　　　　　　少納言清原朝臣　判
巻七末
　永正九年二月四日以累家秘本書写之加朱墨訖
　　　　　　　　　　　　少納言清原朝臣　判
宣賢――――
巻八末
　永正九年二月六日以累家秘本書写之即加朱墨点訖
　　　　　　　　　　　　少納言清原朝臣　判
宣賢――――――
巻九末
　永正九年二月七日以累家秘本書写之加朱墨訖
　　　　　　　　　　　　少納言清原朝臣　判

宣賢――――

巻十末

此書文増減字異同多本共以不一同以唐本欲決之未

求得之専以当家古本取準的書写之卒終朱墨

功訖

永正九年二月九日　少納言清原朝臣　判

文字増減年来不審以数多家本雖令校合共以不

一揆爰唐本不慮感得之間即校正之処相違非一旦古

本之躰法今非可改易仍脇注之両存焉就家説於無

害之文字者以朱消之是又非憶説黄表紙家本如此

類有之後来以此本可為証者乎

永正十七年九月二十三日　給事中清原宣賢

宣賢――――

大永三年十月三日始業

同十一月十三日子刻加朱墨了一字一点不可相違以奥書信之

林安盛　判

最後の大永三年の奥書に、林安盛（宗二・一四九八〜一五八一）の名が見えるが、自筆ではなく、この鈔本の、本奥書を含めた全体の書き入れは、林宗二が宣賢点本を移写したものを更に転写したものであることがわかる。林宗二は明応七年の生、天正九年の没で、宣賢（文明七年〜天文十九年）より二十歳ほど若いが、ほぼ同時代の人で、清家の学問を積極的に受け入れた人である。こうして、宣賢点『論語集解』は三代の伝鈔を証しているのである。

六、養鸕徹定手沢本

神宮文庫蔵（488）江戸時代初期〜前期写　養鸕徹定（一八一四〜九一）手沢　五冊

縹色表紙二十六・三×二十・三㎝。この表紙は江戸期のもので、「論語　自一至二」などと白色で外題を記す。扉に「永正十七年清原宣賢写本／古注論語／至明治二十三年相距／三百七十一年　全五冊」と朱書の付箋がある。首に、何晏の「論語序」を冠し、巻頭は、

論語学而第一　何晏集解

と題し、「凡十六章」という章数が無い。清家本には常備の章数が欠けているが、この写本はややそうした厳格性の緩いもので、このことが、大きな意味を持つものではない。実際、本文初行の、「子曰学而時習之、不亦説乎」と「説」で「ヨロコブ」と読む清家本の格式を受け継いでいる。ただ、第一篇〜第七篇、第十七篇に章数を欠き、その他の篇には章数を添えている。

また、「論語先進第十一　鄭二十二章／皇二十四章　何晏集解」の「論語」の左に「二字才无」、右に「論語巻第六才有」、「鄭二十二章」の右に「才无」、「何晏集解」の右に「四字才有」などとする校異は全冊を貫いている。

本文の書写は一筆であるが、これらの墨筆（薄墨）による校異や訓点（返点・送仮名・縦点・附訓・声点）、朱筆のヲコト点・傍点は本文とは別筆である。ただし、本文の筆とほぼ同時期と思われるのである。

本文の書式は、辺・界は無く、毎半葉七行に毎行十四字で記す。字面の高さは、約十九㎝。料紙は厚手の楮紙で、やや白みを帯びる。字様は、梅仙書写本などと類似のもので、この時代の清家本の転写の特色を有している。尾題は、「論語巻第一」などとして、宣條所持本と同様に、その尾題の下に経注字数を加える（巻十は尾題・経注字数を欠く）。

各巻末に、訓点書き入れと同筆にて、宣賢の本奥書を次の様に記す。基本的に宣條所持本などと同様であるが、省略あり、各文に若干の違いを有する。

巻一末

永正九年正月十五日以累家秘本書写之即加朱墨訖
少納言清原朝臣　判

文字増減年来不審以数多家本雖令校合共以不一揆爰唐本不慮感得之間即校正之処相違非一但古本之躰今非可改易仍脇注之両存焉就家説於無害之文字者以朱消之是又非憶説黄表紙家本如此後来以此本可為証者乎
永正十七年九月二十三日　給事中清原宣賢

巻二末

永正九年正月二十日以累家秘本書写之即加朱墨訖
少納言清原朝臣　判

（巻四〜六は無）

巻七末

永正九年二月四日以累家秘本書写之加朱墨訖

少納言清原朝臣　判

巻八末

永正九年二月六日以累家秘本書写之即加朱墨点訖

少納言清原朝臣　判

（巻九は無）

巻十末

此書文増減字異同多本共以不一同以唐本欲決之未求得之専以当家古本取準的書写之卒終朱墨功訖

永正九年二月九日　少納言清原朝臣　判

文字増減年来不審以数多家本雖令校合共以不一揆爰唐本不慮感得之間即校正之処相違非一但古本之躰法今非可改易仍脇注之両存焉就家説於無害之文字者以朱消之是又非憶説黄表紙家如此類有之後来以此本可為証者乎

永正十七年九月二十三日　給事中清原宣賢

宣賢本の移写本であることは、従って疑いを入れない。江戸時代に入ると、次第に博士家の権威も新たな学団に圧倒され、林家を中心とした『四書集注』の時代へと移行してゆくのであるが、こうした命運のもとに、宣賢本の移点本も、簡略化された受容を辿ることになり、その実情をこの伝本は如実に物語っているようである。

巻十の本奥書の最後に、「欽賞」と墨書があり、下に「古経／堂主」「徹／定」（陰刻）の印記を捺す。すなわち、養鸕徹定（一八一四〜九一）の旧蔵を示している。「欽賞」の墨書が、本奥書の筆蹟とよく似ているのは注意しなければならないが、これを幕末の写本と位置づけることはできないので、養鸕徹定はあくまでも旧蔵者として見るべきであろう。養鸕氏は、知恩院住職などを歴任した浄土宗管長。また、「秋月春風／楼磯氏印」（磯淳）、「江藤文庫」「興聖寺公用」（京都宇治の曹洞宗永平寺派の寺院）の蔵印がある。

七、その他の伝鈔

ここに、二本、甲類に分類するが、宣賢点という確証はない伝本が存する。醍醐寺蔵本と大国魂神社蔵本である。テキストの形式や字句の特徴が明らかに宣賢点のそれであり、しかし、清家の奥書などは遺さないものである。あるいは、醍醐寺本は乙類の可能性なしともしないが、暫く甲類としておく。従ってこの伝本の存在意義は、由緒ある清家本の伝鈔が室町時代後期には緇流の一部には浸透していたことを示すもので、博士家の権威と閉鎖性を殊更に当年の絶対的特性とするには及ばない証でもある。

醍醐寺蔵　巻六以下欠　室町時代後期〜末期写　一冊

斯道文庫の阿部隆一博士が昭和三十六年に調査撮影を行った複写によって見るに、

論語序

叙曰漢中塁校尉劉向言魯論語二十篇皆／

と何晏の序を冠し、本文巻頭は、

論語学而第一　凡十六章　何晏集解

子曰学而時習之不亦説乎　馬融曰子者男／子之通称謂孔／（馬融以下は小字双行）

と題するところから、清家本たることは疑いなく、訓点を施さない白文の書写に係る。学而篇の「孝弟」、「導千乗之国」、「有畸」（注）などの字句は後述の清家・枝賢本の系統に属する異同で、あるいは、室町時代末期の枝賢系すなわち、乙類に入るものかも知れない。しかしながら、同じ学而篇注「通十為城城出革車」に作るのは宣賢系と同じで、枝賢系は「通十為成成出革車」に作るので、甲類のテキストに乙類に示されるような清家系の校勘を吸収したものと考え、ここは暫時甲類に置く。栗皮表紙（二十六・五×二十・五㎝）、墨の単辺有界（二十一×十七・五㎝）に七行十七字に書写する。巻五まで一筆で、筆勢は丁寧な力あるもので、課本として備えたものである。尾題は「論語巻第一　経一千四百七十字／註一千五百一十五字」と経注字数を加え、巻五まで同様である。清家本がそれほど大きな変容を遂げずに寺院系に転写を及ぼしている点で、後述の仁和寺本などとともに博士家講読の寺院系学徒への流布を示す貴重な伝本である。

大国魂神社蔵　室町時代中後期写　五冊

序の書き入れに「大永元年十二月」とあり、大永一年（一五二一）頃の書写に係るとされるが、紙質・墨痕などから推測するに、文亀永正（一五〇一〜二〇）は降らない書写に係ると思われる。本文と書き入れは別筆である。茶褐色の古表紙（十九・五×十三㎝）は古色蒼然、原装で包背装に装訂される。何晏の序は、

論語序

叙曰漢中塁校尉劉向言魯／

と始まり、本文巻頭は、次のように題す。

論語学而第一　凡十／六章　何晏集解

子曰学而時習之不亦説乎／

但し、「説」字はもと「悦」に作るのを上からなぞり「説」に正しているもので、あるいは古い清家本系によって写したものを、講読者が宣賢点系テキストに学んで校訂したものかも知れない。いずれにせよ、章数を「何晏集解」の上に添える形式は清家本に拠る証である。但し、巻三公冶長第五以下は章数がなく省略に従っている。子路第十三・憲問第十四は後筆にて章数を補う。

本文は薄手の楮紙に墨の単辺有界、十六・五×十㎝、四行十一字で書す。字勢は端正で整然とした達筆である。異体字も多く、忠実な底本の写しのようにも見え、一見、正平版の転写（戊類・己類）かとも思われるほどである。本文への書き入れは書写時より時代が降り、本文と別筆。墨の返点・送仮名・縦点・附訓・声点、また、前半にヲコト点（経伝）を施す。訓法は「学んでよりより習はす」など新しいものも見え、述而篇「述して作せず」「義を聞きて徙ること能はず、善からざるを改むること能はず」、清家点が「述べて作らず」「義を聞きて従うこと能はず」と読む

のと異なるなど、厳格な清家本の伝承ではない。本文においても、学而篇「孝弟而好犯上」につくり、宣賢系が「孝悌」につくるのに反して、次掲の枝賢本系が「孝弟」に校するのに拠っているかのようでもある。「導千乗之国」は宣賢系（枝賢系は「道」）、「有畸」（学而篇注）は枝賢系（宣賢系は「有奇」）によるなど、幾つかの要素を吸収している校訂本と称することができる。こうした柔軟な校訂は室町時代末期、第三節に述べる伝本に特徴的なものであるが、後期のやや早い時期に見られることは、古鈔本の受容が相当に浸透していた結果であり、清家本という大きな柱のもとに繁く枝が分かれていたことを想像せしめるのである。

尾題は「論語巻第一　経一千四百七十字／註一千五百一十五字」と経注字数を加える。巻十まで同じ。全体的に小振りで、「学而」などと記す墨の外題も古い書写に係り、淵源に拠るべきものを思わせる古樸な伝本である。「穂」の大印を捺す（穂積真年）。大国魂神社は、出雲の大国主神と御同神たる大国魂の大神をお祀りする神社。東京都府中市にある。西暦一一一年の創立といわれ、鎌倉時代以来、幕府の崇敬をうけてきた。他に『六韜』『三略』の古鈔本を所蔵し、重要文化財に指定されている。

八、結　語

以上、養鸕徹定手沢本まで五本が、清原宣賢手定本の原貌を伺うことのできる伝鈔本である。そして、これらが元となって、次代に、宣賢の点本を忠実に受け継ぐ、孫の清原枝賢（一五二〇〜九〇）、子の吉田兼右（一五一六〜七三）、兼右の子、梵舜（一五五三〜一六三二）らが点本を作り、一群の写本のグループを形成することとなる。ここに解説したものを、宣賢系の第一次伝鈔本とすれば、枝賢系のグループを第二次伝鈔本として区別分類することができる。いずれにせよ、中世期の、模倣性濃厚な伝承形態を感得し、近世の『論語』訓読の基盤を形成した宣賢点の実態を知る上で、引いては、『論語』受容史・日本儒学史研究の上で、これらの伝鈔本の存在は、極めて重要な位置を占めることが理解されるのである。

第二節　清原枝賢本の伝鈔

そこで本節では、その室町時代中後期の儒学史を担った博士家の立役者・清原宣賢の学統を、中世期最後の博士家を取り巻く人々がどのように伝承していったかを、『論語集解』の古鈔本を通じて、とりわけ清原枝賢に注目しながら、伝本の系統を明かにし、室町時代後期の清家本の姿を論じてみようとするものである。

宣賢の儒学書に関する学術活動の特色は、とりわけ気迫のこもった写本を自ら幾つも作り、その際に、家伝の鈔本に加え、新渡来の中国刊本を参照して校勘を行い、それを定本として定め伝えたことで、天文版『論語』などの出版事業に協力、『論語聴塵』などの講説書に見られるような、講義講説にも積極的であったことなど、それまでの古い清家本や清家訓点を集大成し、経書の解釈講読に新基軸を興し、その普及に努めたことが挙げられる。今に、夥しく遺される、宣賢点と称する経書の古鈔本や刊本への移点本は、その学問が如何に権威あるものであったかを物語る証である。と同時に、現存する自筆本の、勢いの凄まじさは目を見張るものがある。

そして、こうした宣賢点本が、慶長期を経て江戸時代を迎えるまで、どのような伝承がなされていたのかは、中世儒学史を総括する上で重要な一項目となるのであって、その研究には、宣賢の孫・枝賢による宣賢点伝承の把握が必須であることを、以下に示す幾つかの伝鈔本が如実に物語っているのである。

一、清原枝賢伝来本

枝賢は、宣賢の男、良雄（始め業賢と称す、一四九九～一五六六＝明応八年～永禄九年）の子にして、すなわち宣賢の孫にあたる（第二部第二章第一節をも参照）。明経博士、号を三陽院と称した。一五二〇（永正十七年）生、一五九〇（天正十八年）没。宣賢の学統をよく守り、子・国賢（一五四四～一六一四＝天文十三年～慶長十九年）、孫・秀賢（一五七五～一六一四＝天正三年～慶長十九年）と続く室町時代末近世初期の清原家学三代を築いた人である。清家の経書解釈は、宣賢以後、新しい解釈を生むことはなかったが、南北朝以前の古い家学の訓読に戻ることもなく、新渡来の中国刊本を吸収した宣賢のテキストを墨守して、安定した宣賢点本の講読を行っていた。従って、清家室町末期三代は、中世期の博士家儒書講読の結実期を迎えたわけであるが、その実は、中興の祖である宣賢の点本について、その流布に与ったことにこそ、その功績を認めることができるであろう。

枝賢が『論語集解』をどう伝承したか、現存の幾つかの資料が、実態を伝えている。その圧巻は、永正九年・十七年（一五一二・一五二〇）に宣賢が定めた点本を、天文二十年（一五五一）、枝賢三十二歳の時に移点し認めたテキストで、白河楽翁（松平定信）旧蔵にして現在、東洋文庫に伝わっているものである。宣賢が没したのは天文十九年であるから、移点は、その翌年に当たる。伝承の生々しさを語っている。しかし、当時の家学は、若年より幾度となく書写伝承に携わるのが通例で、枝賢はさらに若く、天文五年、十七歳の時すでに厳父良雄の命により『論語集解』の書写に当たっていた。先ずはその事実を示す京都大学蔵本から見てみよう。

京都大学附属図書館蔵（貴66ロ5）天文五年（一五三六）清原枝賢令写　天文八年（一五三九）清原良雄証明　二冊

薄茶色艶出表紙（二十七・五×二十・三㎝）。表紙に「円珠経　宇（寅）」と墨書する。この手は本文と同筆である。

次に、何晏の序文を冠す。

論語序

叙曰漢中壘校尉劉向言魯論語二

十篇皆孔子弟子記諸善言也太子

次に巻第一の本文がくる。

論語学而第一　　何晏集解

子曰学而時習之不亦説乎……

注釈は小字で双行に入れる。また、「論語学而第一」の右側に、本文同筆の書き入れがあり、「論語巻第一　オナ（オは摺の省略、ナの字は、有を省略して記す）」と墨書する。これは宣賢本以来の校勘のメモである。「論語巻第一」の題が、摺本、つまり、印刷本（刊本）には存在する、という意味である。おそらく、摺本とは宋版系のテキストを指すであろう。実は、こうした本書への校勘メモ書き入れは、後に示す天文二十年（一五五一）枝賢奥書本（東洋文庫所蔵）よりもやや簡略に止まるが、原型は宣賢本に求めることができる。

もう一つ注意するべきは、この巻第一の形式に枝賢本の特徴がよく現れているということである。そもそも宣賢本の特徴は、「論語学而第一」と「何晏集解」の間に「凡十六章」と章数を加え、更には「不亦説乎」を「説」に作って「悦」に作る他本とは一線を画することにあり、宣賢本を忠実に移写している枝賢本ではあるが、どうしたわけか、巻一巻頭のみは、この章数を欠く。そして、枝賢本の系統はみなそれを襲っているのである。ここに、中世期伝鈔本の受動的規範性が感得されるのであるが、いずれにしても、字様・訓読書き入れ・書写の形式などの類似性は逆にテキスト分類の大きな拠り所ともなるのである。

書写は、毎半葉七行、毎行十四字、小字双行で墨の匡郭は二十一・七×十八・三㎝、各界の幅は二・七㎝。料紙は厚手の楮紙。柱には何も記さず、丁付も無い。本文・注ともに全巻一筆で、附訓（返点・送仮名・附訓・縦点）、音注、校異、ヲコト点（これは朱筆）など全て一人の手によって加えられ、なおかつ本文書写者と同一人と考えられる。（ただし、衛霊公第十五の第一～七丁、子張第十九の第三丁はそれぞれ別筆である。子張の箇所はあるいは枝賢の自筆に係るか。）尾題は、「論語巻第一」とし、その下に小字双行で、「経一千四百七十字」「註一千五百一十五字」と経註字数を加える。巻十まで同様である。

また、宣賢本の系統に属する、

京都大学附属図書館蔵（貴66ロ8）存巻六～十　単経本　室町時代中後期写　宣賢自筆附訓　一冊

と比較すると、本文の字様が非常によく似ていると感じられる。清家に仕えた複数の右筆による世襲的性格を表すものか、あるいは、天文五年、宣賢が令写した際に、枝賢も同人に令写したのであろうか。当時の公卿による日常の学術活動は、こうした資料から推測して、興味が尽きない。そこで、本書の成立について、末尾に付された二通の奥書を見てみよう。先ず、巻十末に記された清原良雄（枝賢の父）の自筆奥書

此書全部仰息男枝賢令書写之
以累家秘説加朱墨両点輙莫許
電覧而已
天文八暦仲春吉曜日　給事中清原朝臣　（花押）

やや柔らかみを帯びた曲線状の特色ある字様の、この奥書は、「息男枝賢」という表現から、良雄（業賢）の筆であることがわかるもので、意は、本書の成立を枝賢の令写に委ね、父宣賢の訓点を移点せしめ、些かなりとも家人以外の者の閲覧を許さない旨のものである。

更に、その書写に関わった枝賢が自ら第一冊末（巻五末）に記した奥書には次のようにある。

魯論両冊応亡父三位之厳命　遂
書写之功今屈指四十以往也嗚
呼歳不我述矣後巻雖令亡父卿
証明累葉之秘点不漏一事故為
禁他見重不加制筆而已
天正四年林鐘二十日
司業清原朝臣枝賢

魯論すなわち『論語』二冊は、四十年前に父良雄の命で書写移点したものである、と。天正四年（一五七六）は、枝賢五十七歳、父良雄が永禄九年（一五六六）に没してから十年後のことである。従って、四十年前とは、枝賢が十七歳すなわち天文五年（一五三六）、宣賢六十二歳の時である。経緯を少しくまとめてみるならば、

天文五年（一五三六）宣賢六十二歳　良雄三十八歳　枝賢十七歳（『論語』令写）
天文十九年（一五五〇）宣賢没＝七十六歳　良雄五十二歳　枝賢三十一歳
永禄九年（一五六六）　良雄没＝六十七歳　枝賢四十七歳
天正四年（一五七六）　枝賢五十七歳（『論語』加証）

天正十八年（一五九〇）　　枝賢没＝七十一歳

と、概観される。枝賢はまた、天文十九年の四月、宣賢が没する直前に、十一代前の先祖清原良枝（一二五三〜一三三一＝建長五年〜元弘一年）の筆と伝える『論語集解』（京都大学附属図書館蔵・貴6ロ6）に加証奥書を記している。更に、天文二十年に宣賢点本の移点を行い、永禄九年には、天文版『論語』初印本への加点を証し（慶應義塾図書館所蔵132X160）、元亀二年（一五七一）には正平版『論語』（無跋本）に加点を行っている（東洋文庫所蔵・一Ca4）。

それぞれの奥書は、

京大本

夫以斉家治国之要莫過乎此書以孝鳴者顔曾也以徳／鳴者孔孟也以半部鳴宋趙晋也況於学者乎不可不時習鳴／乎一寸璧玉也漢家本朝賞之翫之可謂亀鏡鴻宝而已／抑此両巻清家中興穀倉院別当正四位下行大外記清原／良枝朝臣入道了空之真跡誠子孫宝物何不可過之乎／天文庚戌夏四月日　清原朝臣枝賢［東］（朱印）

慶應本

永禄歳舎丙寅菊月二十又九袖／此一冊索後証家点恰如一器／水於移一器勿令聴電覧矣楠／第□余門下生也豈梅花山碧／可謂之者乎／司農卿清原朝臣［枝／賢］（朱印）

東洋本

右魯論者人倫之大用也時習／可也玩索而覚気味深長者乎／于爰不干翁専仏教余志儒術／求累家秘点不及猶豫拭渋眼染／禿筆加朱墨為他人勿令容易而／已／元亀第二歳舎辛未春二月初八／宮内卿清原朝臣（花押）［枝／賢］（朱印）

このように枝賢は、祖父・厳父が世を去る時に、家本の証明に墨付きをする、まさに連綿伝持の経学伝承の典型を体していたといえる。

振り返って、本書の天文五年の書写は、ここに見る枝賢の自筆奥書とは別筆と見られ、写本自体はやはり清家に仕える右筆の手になると考えられよう。訓点は前記・京大本（貴66ロ8）宣賢自筆附訓本（単経本）と内容が全く同一で、注文も含めた、宣賢の忠実な訓を家に伝えたものとしては、最も古いテキストとして甚大な価値を有する一本である。また、本書の大きな特徴といえることに、宣賢が定めた定本には「才（摺）本」という別本の異同が事細かに記されるが、その校異を受けて「才本」の正しいと思われる箇所を「才本」の校異に従って訂正していることである。例えば、学而篇、「子曰導千乗之国」に宣賢が「道才作」と記し、才本は「道」に作るとしていると、本書は、それを「子曰道千乗之国」と変えて書写しているのである。こうした例は少なからず見うけられ、また、おしなべて、宣賢の定本に比して「也」「之」「者」などの助字を削略している箇所が目立つ。そして、この変化が枝賢本の定本となって、後に述べる梵舜本などの系統を生むことになる。

従って、本書は、宣賢が永正九年に定めた手定点本を受け継ぎながら改訂したもので、永正本を伝鈔した第一次宣賢点移点本に対して、第二次宣賢点移点本と名付けることができ、しかもそれは、良雄・枝賢の手によって伝鈔されたと考えられるのである。本書には、「船橋蔵書」の印を捺し、後期三代、舟橋秀賢の伝承を経て今日に至っているものである。

次に、宣賢の永正九年・十七年（一五一二・一五二〇）加点証本を、忠実に伝え、天文二十年に枝賢が奥書を認めて定本とした伝鈔本について見てみよう。本書（東洋文庫蔵本）は、前記天文五年加点本よりも校異や音注などの書き入れが多く、つまり、天文五年鈔本のように、宣賢本の校異に従って本文の字句を改訂しているテキストとは違い、宣賢本の第一次移点本ともいえる、伏原家本・梅仙本・林宗二本などに近く、それよりもやや校異が詳密であると見られる。その付加された校異は宣賢のものか、枝賢が加えたものか、分からぬが、この枝賢伝持の宣賢点本は、第一次移点本と、天文五年鈔本の系統となる梵舜本や吉田家本などの第二次宣賢点移点本の中間に位置するもので、宣賢点本と枝賢本の繋がりを知る上で極めて重要な一本である。本書の位置を図示すれば次のようになる。

- 宣賢手定永正本
  - 伏原家本（京大貴66ロ6）
  - 梅仙本（大阪）
  - 林宗二本（神宮）・養鸕徹定本（神宮）
  - 天文二十年枝賢証本（東洋）
  - 天文五年鈔本（京大貴66ロ5）
    - 吉田家本（天理）
    - 梵舜本（京大）
    - 三十郎本（斯道）

さてその東洋文庫本を以下に述べる。

東洋文庫蔵（1C41）　室町時代後期写　永正九・十七年宣賢点本　天文二十年枝賢証本　五冊

薄茶色の古表紙、二十六・五×二十・七㎝。題簽は江戸時代初期頃と思しき丹色の料紙に、本文とは別筆にて「論語　一之二」などと記す。第五冊目の題簽には「論語　九之十／清原枝賢朱墨秘本」と墨書する。何晏の論語序は、

論語序

叙曰漢中塁校尉劉向言魯論語二

十篇皆孔子弟子記諸善言也太子

で京大蔵天文五年写本と字詰めも同じで、字様もよく似る。東洋文庫本には、「論語序」の右に「世□論語序有注」と、「塁」の左に「力軌反」、「校」の左に「戸教反」、「向」の左に「舒尚反」、「太」の左に「泰」とそれぞれ校異・音注を加える（本文同筆）。こうした書き入れは、枝賢系の写本には皆受け継がれているもので、ただし、「世□論語序有注」の批校は本書のみに加えられる。巻一巻頭も序首と同様、京大本とよく似る。しかし、校異は一層詳しい。

論語学而第一　　何晏集解

子曰学而時習之不亦説乎……

章数を欠く。ただし巻二以降は欠かない。題式に関する校異は「論語学而第一」の右側に、

①摺本疏釈文並無論語両字但古本有之

②論語巻第一才有

（摺本つまり印刷本や注疏本、経典釈文には「論語」の二字が無く、古本にはある。才は摺の略。印刷本は別に「論語巻第一」と題している）

また、左側に

③二字才无（「論語」の二字は摺本には無い）

とあり、「何晏集解」の右側に

④疏幷釈文此篇外無何晏集解四字是随略歟

⑤何晏二字疏有釈無

⑥四字摺本有

⑦音義曰一本作何晏集解

（注疏本や経典釈文は学而篇以下には「何晏集解」の四字は無い。また、「何晏」の二字は注疏本にはあるが経典釈文には無い。

摺本には「何晏集解」の四字がある）

とする七種の校異が小字で本文同筆にて加えられる。本文にも、「説」の左に「悦注同」などと同じく本文同筆で音注が附される。無論、こうした校異の元となったテキストの同定を試みることも重要であるが、中世期の博士家を取り巻く諸本の環境は複雑にして、容易な推測を可能にしない。

書式は、毎半葉七行、毎行十四字、墨界の寸法は二十・七×十七・五㎝。各界の幅は二・六㎝。料紙は斐楮交漉紙。尾題は「論語巻第一」などと巻十までである。またその下に経注字数を加えること京大蔵天文五年鈔本と同様である。

本文は一筆で、ただ巻六のみは別筆であるが、他と同時代の書写に係る。書き入れも前述の如く同筆で（巻六は巻六本文と同筆）、訓点（返点・送仮名・縦点・附訓・声点）を加え、朱のヲコト点を打つ。欄外の書き入れも少々見られ、江家本の説を引くものがあるが、宣賢点本の忠実な写しである。また、本文と同筆にて、宣賢の永正年間の奥書を各巻末に移写している。

巻一末

永正九年正月十五日以累家秘本書写之即加朱墨訖
少納言清原朝臣　判
文字増減年来不審以数多家本雖令校合共以不一揆
爰唐本不慮感得之間即校正之処相違非一旦古本之躰
今非可改易仍脇注之両存焉就家説於無害之文
字者以朱消之是又非憶説黄表紙家本如此後来以此
本可為証者乎
永正十七年九月二十三日　給事中清原宣賢
宣賢――――
枝賢――
此本康雄令／借用之遂講／談之切者也
巻二末
永正九年正月二十日以累家秘本書写之即加朱墨訖
少納言清原朝臣　判
以唐本校了
宣賢――――
枝賢――　妙法発起講之／進□郎賢光発起講之
巻三末

永正九年正月二十四日以累家秘本書写之加朱墨訖
少納言清原朝臣　判
以唐本校了
宣賢――――
巻四末
永正九年正月二十九日以累家秘本書写之即朱点墨点訖
少納言清原朝臣　判
宣賢――――　以唐本校正了
巻五末
永正九年正月三十日以累家秘本書写之加朱墨両点訖
少納言清原朝臣　判
巻七末
永正九年二月四日以累家秘本書写之加朱墨訖
少納言清原朝臣　判
巻八末
永正九年二月六日以累家秘本書写之即加朱墨点訖
少納言清原朝臣　御判
宣賢――――

巻九末

永正九年二月七日以累家秘本書写之加朱墨訖

少納言清原朝臣　判

宣賢――――

巻十末

此書文増減字異同多本共以不一同以唐本欲決之
未求得之専以当家古本取準的書写之卒終朱
墨功訖

永正九年二月九日　少納言清原朝臣　御判

宣賢――――

文字増減年来不審以数多家本雖令校合共以不一□
爰唐本不慮感得之間即校正之処相違非一旦古本之
躰法今非可改易仍脇注之両存焉就家説於無害之
文字者以朱消之是又非憶説黄表紙家如此類有之
後来以此本可為証者乎

永正十七年九月二十三日　給事中清原宣賢

更に枝賢の自筆の奥書が以下四箇所に見える（本文や宣賢の本奥書とは、非常に似ているが、別筆のようである）。

巻二末

右加一覧之処家本無相違勿令
外見矣　　大外記兼博士清原朝臣枝賢「東」（朱印）
巻四末
右加一覧之処無相違可謂秘本六巻一冊故
外史康貞闕如之依之康雄補闕拾遺而写家説
朱墨点不漏一事勿令外見矣
　　大外記兼博士清原朝臣枝賢「東」（朱印）
巻八末
右加一覧之処家本無相違勿令外見矣
　　大外記兼博士清原朝臣枝賢「東」（朱印）
巻十末
夫以斉家治国之要莫過乎此書以孝鳴者顔曾也
以徳鳴者孔孟也以半部鳴宋趙普也況於学者乎不可
不時習嗚乎一寸璧玉也漢家本朝賞之翫之可謂
亀鏡鴻宝而已故以累家秘本加朱墨両点勿令出深
窓矣
　天文辛亥秋九月重陽従四位上行大外記兼博士伊豫介
清原朝臣枝賢「東」（朱印）

以上により、このテキストの由来が明らかとなるのである。「桑名文庫」「立教館／図書印」「白河文庫」印を各冊首に捺し、寛政の改革で有名な松平楽翁定信（一七五八～一八二九）の旧蔵であった。「向黄邨／珍蔵印」（陰刻）印があり、明治の漢学者向山黄邨（一八二六～九七）の手を経て和田雲邨に伝わったものである。

二、釈梵舜の伝鈔

枝賢本の伝承者に、梵舜がいた。釈梵舜（一五五三～一六三二＝天文二十二年～寛永九年）は、宣賢の男で神道吉田家に入った吉田兼右（一五一六～七三＝永正十三年～元亀四年）の男。兄に兼見（天文四年～慶長十五年）がいた。順番から言えば、父兼右が先に論じられなければならないかも知れないが、梵舜は、とりわけ宣賢・枝賢の経学を受け継ぐこと綿密で、慶長十七年（一六一二）に古活字版『孟子』（内閣文庫蔵）に宣賢点を移点しているのなどは、宣賢学の本質を完璧に伝えた定本で（拙論『古活字版趙注孟子校記』〈『斯道文庫論集』二十八輯、平成五年〉参照）、従兄弟に当たる枝賢とも伝鈔本に関する連絡があり、元亀年間、清家本流の枝賢などの活躍を、家外にあって興隆せしめた重要な人物であったから、その伝承は宣賢・枝賢に最も近く、本家船橋家の国賢・秀賢にも増して、迫力あるものと思われ、『論語集解』の伝鈔本も枝賢本の姿をよく伝えていることにより、ここでは枝賢本に接する順位をとったのである。

京都大学に所蔵される元亀二年（一五七一）の鈔本は、梵舜が十八歳の時であり、枝賢五十二歳、父兼右五十六歳であった。枝賢が天文五年、十七歳の時、鈔写したのを彷彿させる。

京都大学附属図書館蔵（貴66ロ1　谷村文庫）元亀二年（一五七一）釈梵舜写　五冊

本書は、釈梵舜の筆写に係ると判断して間違いないだろうが、何晏の序文の部分は原紙を切り取り、そこに原寸通りに紙を貼り、新たに補写している不思議な箇所もあり、或いは、一部、別筆があるかも知れない。いずれにせよ、欄外に、数百年を経た天保年間に本書を用いて講義した記録が記されているから、梵舜の手から再び清家本流の舟橋家又は、庶流の伏原家に戻ったテキストと考えられ、講義者は、明経博士であった舟橋在賢（一八〇四～六四＝文化一年～文久四年）か伏原宣明（一七九〇～一八六二＝寛政二年～文久二年）と考えられる。そして更に、本書は清家本流から伝わった清家文庫には含まれず、後世、市場から蔵書家谷村一太郎（谷村文庫）が蒐書したものであることに鑑みれば、後に、方々に散じた伏原家伝来のテキストであったかもしれない。

濃紺色艶出表紙（第四冊目は剥落）。二十七・二×二十・四㎝。題簽は丹色金泥の鳥の子を料紙とし、「論語　一之二」などと墨書する。第一冊の題簽には、更に「円珠経　枝賢自筆之写本ニアリ」と墨書で加える。すなわち、京大蔵天文五年枝賢令写本（貴66ロ5）を指していうのであろう。何晏の論語序は、東洋文庫所蔵（1C41）枝賢天文二十年証本と全く同じ、また、巻第一首も東洋文庫本と同様であるが、

論語学而第一　　何晏集解

子曰学而時習之不亦説乎……

の「論語学而第一」題の右に②、左に①、「何晏集解」の右に⑦、左に⑤の校異を書き入れ（番号は東洋文庫本の解説に準じる）、枝賢天文二十年証本のやや簡略化を行う。すなわち、宣賢点第一次移点本に改訂を加えた第二次宣賢点移点本を生み、これが以後の準的となったのである。

因みに、学而篇に於いて、宣賢第一次点本の字句を、その校勘に従って訂正している箇所を少しく挙げてみると、「孝悌」を「孝弟」に。「導千乗之国」を「道千乗之国」に。「為之政教也」（注）を「為政教」に。「通十為城」（注）

を「通十為成」に。「千城也」(注)を「千成」に。「有竒」(注)を「有畸」に。「愛養也」(注)を「愛養」に。「卜商也」(注)を「卜商」に。「而皆帰於厚也」(注)を「皆帰於厚也」に。「為治也」(注)を「為治」に。「近於義」(注)を「近義」に。「近於礼」(注)を「近礼」に。「有道徳者也」(注)を「有道徳者」に。「好礼」(注)を「好礼者」に。「知来者也」を「知来者」に。

また、この異同は前述の天文五年枝賢令写本と同じく、本書の源流を辿ることができる。ただし、例えば、巻九の尾題経注字数に、天文五年本「経一千六百五十字」に対して、本書は「経一千六百五十一字」に作り、天文五年本が宣賢点第一次移点本に従っているのを本書は更に訂正している箇所も見うけられる。

無論、これ以外にも校異はたくさんあるが、枝賢系本は全てを宣賢の校異によって変えているというわけではない。ここに中世期の古写本成立の最も困難な側面が存在するのである。

本文の料紙は楮紙。四周単辺の墨界、その内郭は二十一・三×十八・二㎝。幅二・五㎝。毎半葉七行、毎行十四字に書写し、字様も枝賢天文二十年証本によく似、また、次に述べる吉田家本・三十郎本などにもよく似ている。おしなべて、枝賢本の系統は皆同様の字様風格を持ち、その筆勢と書式から一見してその類似性を感得することができるのである。付言するならば、この字様の類似性が室町時代経書古鈔本の大きな特性と認められ、清家の伝鈔本の勢力をここに確認することができるのであるが、同時に、当時、また大きな勢力を誇っていた、関東の足利学校に源を発する数多の古鈔本が、類似的字様風格をもって行われ、かつ、清家系統の古鈔本と全く異質な書式風格で対抗していた学的形勢をも我々は容易に見て取ることができるのである。

本文への書き入れは、訓点(返点・送仮名・縦点・附訓・声点・傍注・音注)を墨で加え、ヲコト点・句点・声点・合点を朱にて加える。これらは、本文と同筆か同時期のもので、大部分が、梵舜の手によって為されたものと見て誤らないであろう。第一冊末に、「経」と「紀」に分かつヲコト点図を書し、「唯礼院殿自筆ヲ以テ写之」と梵舜の手で加える。経伝・紀伝の点図を参考に付している。更に、巻十末に宣賢の本奥書を写している。

家本雖有数部本経之異同置字之増減共以一揆其中
有琢磨之秘本以之為準的假手新写之卒予加朱墨
墨葉家点也孫々子々深秘勿出函底矣
侍従三位清原朝臣宣―賢御判

また、その後に続けて、

右以本清家本写之
元亀二年六月三日　　　梵舜侍者　（花押）

と、梵舜の書写奥書が記される。十代の若書きであるが、前述の『孟子』に記された慶長十七年、還暦の字様に通じる特性が感じられ、誠実な、中世期の学術を、如実に物語るようである。

上欄外に、天保年間の清家博士が本書を用いて講義した記録が書き入れられる。すなわち、「天保十一年十月二十二日」から「同年十一月十七日」、少し空いて「同十二年五月十六日」から「同年十二月二十六日」、そして「同十三年二月十一日」から「同十四年六月一日」までで全て十巻を終えている。

以上の枝賢・梵舜の『論語』伝鈔を概観すると次のようになる。

天文五年　（一五三六）宣賢六十二歳　良雄三十八歳　枝賢十七歳（『論語』令写）
天文十九年　（一五五〇）宣賢没＝七十六歳　枝賢三十一歳

天文二十二年（一五五三）梵舜生まれる
永禄九年（一五六六）枝賢四十七歳（天文版論語に加点）良雄没＝六十七歳
元亀二年（一五七一）枝賢五十二歳（正平版論語に加点）梵舜十八歳（『論語』を伝鈔）
天正四年（一五七六）枝賢五十七歳（天文五年鈔本『論語』に加証）
天正十八年（一五九〇）枝賢没＝七十一歳
寛永九年（一六三二）梵舜没＝八十歳

三、吉田兼右の伝鈔

吉田（卜部）兼右（一五一六～七三＝永正十三年～元亀四年）は、前述の如く、宣賢の男にして梵舜の父である。枝賢は甥にあたるが兼右は四歳の年長に過ぎず同年代に属する。神官吉田兼満の嗣となるも宣賢の庇護を受けたから、宣賢系のテキストを多く引き継いだ。『論語集解』の伝鈔は、天理大学附属天理図書館に所蔵される二種の古鈔本を伝え、いずれもその自筆本と推測されている。

天理大学附属天理図書館蔵（123・3/13）　室町時代末～近世初期　伝吉田兼右写　五冊

本書は、前述の梵舜本と全く同一のテキストで、字様・字句異同・校異など、どれを取って鑑みても瓜二つの写本である。すなわち、永正九年宣賢定本に基づき枝賢らが改訂を加えたと推定される第二次宣賢点移点本に相当する。桐箱に収納され、蓋の裏に「吉田兼右自筆／卜部吉田家伝来」と墨書。また、それとは別筆で（沖森直三郎氏筆）と鑑定されている付箋もあり、同様の伝来を伝える。これによって、兼右の自筆本と伝えられるものである。また、各冊に「岡田真／之蔵書」と蔵印が捺されることから、吉田家から散じたものが転々蔵書家岡田真の手に帰し、昭和三十年の岡田文庫入札時、沖森書店主が落札したもので、その由緒書きは故なしとしない。無論、梵舜本は元亀二年の書写、兼右は元亀四年に没しているから、いずれが先かといえば、兼右本が先である可能性はあるが、その前後はこれらの写本の本質に影響を与える要因とはならない。

薄茶色表紙、原装。二十七×二十二・五㎝。題簽に「論語　三之四」などと本文同筆にて墨書する。何晏の論語序、並びに巻一首題の形式は、梵舜本と同一。四周単辺の墨界（内郭二十一・二×十九・一㎝）に毎半葉七行、毎行十四字に書す。全巻一筆で、書き入れ（梵舜本と同じ）も本文同筆。朱のヲコト点も付す。料紙は厚手の楮紙を用い、尾題のありかたも梵舜本に同じである。巻第一の末に、本文と同筆にて、梵舜本の巻十末に記された宣賢の本奥書を写している（改行はやや異なる）。

書写字様は、横の線に力があり、梵舜本に比べて力は弱い感じがする。紙質は室町末近世初によく見られる黄味を帯びた上質紙である。次掲の斯道文庫蔵三十郎本にその紙質はよく似ている。

次に、同じく、兼右の書写と伝えられる経文だけで注文を省いた単経本が伝わる。

天理大学附属天理図書館蔵（123・3イ15）　単経本　室町時代後期　伝吉田兼右写　二冊

本書は、字様極めて前記（イ13）本に似る。（イ13）本よりは力強い感じがするが、筆捌きは同様である。字句も第一次宣賢点本とは異なり、（イ13）本の第二次宣賢点本移点のものと一致し、（イ13）本の注釈を省いた、本文のみを書写したものかと思われる。

茶色表紙原装。二十七×二十・二㎝。桃色に金泥の古い料紙を用いた題簽に「論語　上下」と本文同筆かと思われる墨書がある。外の帙には「吉田兼右筆　天文頃写」と弘文荘の墨書。

魏何晏の序・巻一首は、それぞれ次のように題する（訓点書き入れを施す）。学而の首題下に一篇の章数を欠き、巻二以降に具わるのなどは枝賢本系統の特色を物語る。

論語序

叙曰漢中塁校尉劉向言魯論語二十篇

皆孔子弟子記諸善言也太子大傅夏侯

論語学而第一　　何晏集解

子曰学而時習之不亦説乎有朋自遠方

書式は四周単辺、内郭は二十二・二×十七㎝、界の幅は二・四㎝。墨による訓点（返点・送仮名・縦点・附訓）、朱による句点、朱引きなどを加えるが、本文と同筆と思われる。ヲコト点はない（子罕篇第九に少々あるのみ）。料紙は楮紙。(413)本に比してその紙質は古く感じられる。全巻を通じて一筆であるが、里仁篇第四の第二丁表の六行目から裏丁にかけて、原紙を切り取り、新たに料紙を貼り付け、そこに別筆で補写を行っている。その補写は舟橋秀賢・国賢の手であろうか。尾題は「論語巻第一」のごとく記し、経注字数は付さない。

以上二本の伝鈔を見るに、兼右は宣賢の家学を吸収するも、子の梵舜とともに、良雄・枝賢が発展させた第二次宣賢系テキストを伝え、吉田家に『論語集解』の学統を確立したことが伺える。ここに同様の伝本を二本伝えるが、こうした幾次となく書写を繰り返す中世期の秘本伝承は、書写自体にのみ流布の可能性を持ちながら、次第に裾野を広げていったものと思われ、繰り返し強調するべきは、それが、まもなく到来する慶長時代の古活字版を中心とする華麗な出版文化のゆるぎない底力となって、見事に結実したものと総括されることである。

四、三十郎盛政の伝鈔

本書については、第三部第二編第一章第二節、安田文庫旧蔵古鈔本『論語集解』の解説、また図11・12番を参照し

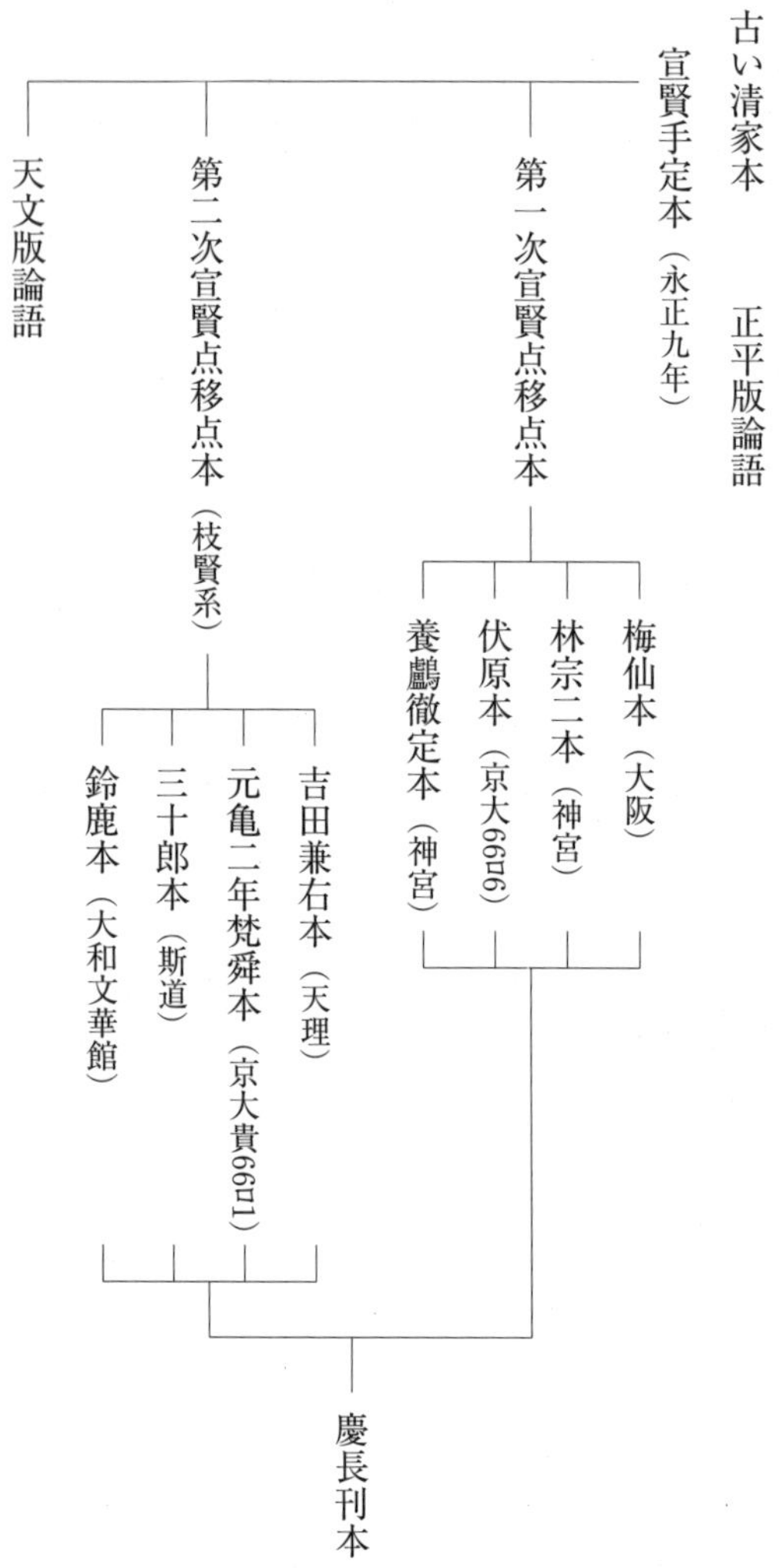

ていただくが、要は、本書は梵舜本・兼右本と全く同一の系統で、字様・内容ともに相似関係にあることで、更に、末尾に書写奥書で「右本清家秘点也則雪庵道白真筆写之／三十郎盛政」とあることにより、雪庵道白、つまり、枝賢本に依ったことが明確に記されていて、本書の価値を高からしめている。三十郎盛政は、枝賢の男国賢の門人であると伝えられる。天正から慶長年間にかけての書写にかかるであろう。この時期になると、門外不出の家伝が緩やかに崩壊してゆく事態がよく理解される。狩谷棭斎（一七七四〜一八三五）旧蔵で『経籍訪古志』著録。

本書に至るまでの流れを改めてまとめると前頁の図のようになろう。

五、その他の伝鈔

次に、明確な根拠を欠くが、書風や字句のあり方から、上述の枝賢系統のテキストに属すると判断される伝鈔本に三本が確認されている。第一は、近鉄大和文華館所蔵の鈴鹿文庫本で、単経本二冊、第二は、陽明文庫所蔵、五冊本である。近鉄本は、天理・吉田兼右本に字様も似、字句も学而篇の「孝弟」、「道千乗之国」、「知来者」など、第二次宣賢点移点系、枝賢本と同じである。陽明文庫本も、字様、梵舜本・兼右本に相似し、字句の異同は、第一次宣賢点移点本と比するに、「孝悌」を「孝弟」に、「導千乗之国」を「道千乗之国」に、「為之政教也」（注）を「為政教」に、「有竒」（注）を「有畸」につくるなど第二次宣賢点移点系、枝賢本に同一である。ただし、「通十為城」（注）を「通十為成」に、「千城也」（注）を「千成」に改訂することはなく、第一次宣賢点移点本の名残を持つ。そして第三は大谷大学図書館所蔵本である。これについては、第三節に後述する。

大和文華館蔵（鈴鹿文庫5—4145〜4146）　単経本　室町時代末期写　二冊

茶褐色表紙の原装、十六・六×十一㎝。丹色の古題簽に本文同筆にて「論語　上下」と墨書する。書品は大振りで重量感を持ち、由緒ある伝本であることを物語っている。筆跡も全巻一筆で、墨色濃厚にして力ある縦線の筆は清家系の特色を伝える。鈴鹿氏は、吉田神社に奉職、吉田家と深い関係にあり、兼右以降の『論語集解』伝鈔の一翼を担ったであろうことは十分に想像される。永禄・元亀・天正頃の書写に係ると思われる。何晏の序、本文巻頭は、

論語序

叙曰漢中塁校尉劉向言魯論語二／

論語学而第一　　何晏集解　　（章数は全篇なし）

子曰学而時習之不亦説乎有朋自／

と題す。書式は、墨の単辺、有界、毎半葉七行、毎行十四字。内郭は二十一・二×十六・七㎝。界幅は二・五㎝。本文同筆の書き入れ訓点（返点・送仮名・縦点・附訓）、朱の句点を付す。後筆による脱落箇所の補筆が巻十二にある。料紙は楮紙。尾題は、「論語巻第二」などと書し、経注字数はない。「尚駁／舎蔵」（鈴鹿義一）の印あり。

陽明文庫蔵（近ロ22）　室町時代末～近世初期写　五冊

室町の極末期頃の濃い藍色表紙（二十六×二十・四㎝）に厚手の濃丹色の古題簽に「論語一之二」などと墨書。何晏の序・巻一巻首は、

論語序

叙曰漢中塁校尉劉向言魯論語二／

論語学而第一　　　何晏集解　　　（章数は学而のみなし、他はあり）

子曰学而時習之不亦説乎……

と題す。書式は、墨の単辺、有界、毎半葉七行、毎行十四字。内郭は二十一・一×十七・二㎝。界幅は二・二㎝。本文同筆の書き入れ訓点（返点・送仮名・縦点・附訓・声点）、朱のヲコト点を付す。尾題は「論語巻第一」などと書し、経注字数を加える。明るい感じの楮紙を用い、重量感あふれる墨痕を伝える。枝賢・吉田家に関係する伝来と考えられ、室町時代も末期、宣賢の第一次移点から、助字の整理、版本との校勘など、やや本文の洗練された或いはまた、自由な改字が許された第二次移点本が斯界に漸く定着を見、伝鈔を重ねて然るべき学問の筋に浸透していった状況を如実に感じ取ることができる一本である。「近衛蔵」「陽／明／蔵」の印記がある。

六、結　語

以上、九点の古鈔本『論語集解』が、一つの部類に括られることを論じた。清原宣賢に代表される室町期清家の『論語』講読がどのように発展して中世を終えたのか、その理解には、枝賢・吉田家・梵舜などの活動を把握することが肝要であることをこれらの伝本は物語っている。そして、この時期、厳格な博士家の秘伝から、緩やかに解き放たれた伝鈔へと講読の姿が変わり、やがて林羅山を祖とする新しい、朱子学による『論語』講読に道を譲ることになる。清家から林家へと儒学が移り変わる、その過渡期とも言える室町後期三代の清家本の伝鈔は、単なる形式的な伝承に終わることのない、気迫のこもった、力強い継承であったことが感じられよう。

とはいえ、後述のように、室町期、清家を取り巻く儒学の環境は、多様な伝承が存在し、『論語集解』の伝鈔も、『論語義疏』や正平版『論語』の影響を受けたテキストが、緇流を中心とした学団に流通し、更には足利学校系の伝鈔も全国に広まるなど、その複雑さは想像を絶するものがあり、それらの百種を超す伝本の現存から、一端を垣間見ることができるのである。従って、この潮流のなかでは、寧ろ少数派に属する清家本ではあるが、しかし、宣賢以降の清家の講義活動や啓蒙活動によって、『論語』の様々なテキストや読法において、清家の家学は着実に民間に浸透し、近世の『論語』講読にも色濃く影響を及ぼしているのであって、中世期における清家本『論語集解』の面目は、これら一群の枝賢系古鈔本のなかにも躍如として現れているといえるのである。

第三節　室町時代末期清家本の伝鈔

一、清家本の変容

清原家の家学証本が、室町時代、清原宣賢によって大きな変革と強固な安定をもたらされたことは、宣賢・枝賢の主導した以上の伝本によって明らかであるが、時代と受容環境の変化により、その安定と厳格さは次第に、というよりは、一気に薄らいでいく道を辿ることとなった。室町時代の末期頃に書写されたと推測される、丙類・丁類に属する幾つかの写本の存在がそのことを物語っている。丙類は斯道文庫蔵（092—49）戒光院旧蔵本に代表される、題式上も清家本のままで、篇題の下に章数を備えるテキストで、丁類は斯道文庫蔵（092—4）正長二年本奥書本に代表される、題式も、章数なく、更に簡略化されるテキストである。しかしながら、本文上や、訓読法において宣賢・枝賢系の正統をそのまま踏襲するものではない点において、甲種・乙種とは一線を画する特徴を持ち、次第に寺院系などの『論語』講読と交流を深めて行く過程を現しているのである。

室町時代の末期には、枝賢の男、国賢（一五四四〜一六一四）、国賢の男、秀賢（一五七五〜一六一四）が儒学界に活躍、また、秀賢の男、賢忠（一六〇二〜六六）から始まった舟橋庶流伏原家は、代々明経博士を輩出し、古鈔本や慶長刊本（古活字版）による『論語』講習を行っていた。宣賢系の古鈔本は、伏原家に伝わるものを多く数え、後、同家蔵本の出售もまた、多くを数えた。従って、『論語』に限らず、同家の旧蔵の、各所に散じている遺物を見ることによって、宣賢以降のテキストの変容を伺うことができるのである。しかしながら、この頃の受容は、宣賢・枝賢のような厳格な秘伝の相承という性質からは乖離したものであったのである。

二、戒光院本とその系統

さて、丙類に分類される系統本について見てみることとする。巻題と篇題を持ち、各章に章数を備える形式である。

斯道文庫蔵（091―66）　室町時代末期写　伏原家本　五冊

縹色の古表紙（二十八・二×二十一・六㎝）原装に厚手の楮紙による題簽あり、第三冊に「論語　自五／至六」と墨書（本文同筆）、その他の冊は題簽剥落。また、朱筆（本文の朱書き入れと同筆か）による「第一　学而ヨリ／里仁マデ」などとする書き外題が各冊にある。首に何晏の序を冠する。

論語序
叙曰漢中塁校尉劉向言魯論／

また、巻頭は、清家本の特徴を受け継ぎ、篇題とその下の毎篇の章数、「何晏集解」四字を備える。

論語巻第一
学而第一　凡十六章　　何晏集解
子曰学而時習之不亦悦乎　馬融／
曰子／（馬融以下小字双行）

但し、室町期清家本が「説」に作るのに対して、これは「悦」に作り、学而最終章の注「王粛曰徒（人偏に作る）患己之無能也」が存するのなどは、『論語義疏』系のテキストの性格を受け継いでいる。頻繁に「家本」との校合が書き入れられているのから察するに、こうした伝鈔本は比較的多次に亙って書写されて伝わり、基となる権威ある清原家のテキストとは別に伝承されていることが伺えるのである。博士家の校勘は幾つかのテキストを比較するところに特徴があるが、却って、基となった家の本が如何なる本であったかの実態が不透明である場合が多い。

書式は墨の単辺（二十三・二×十八㎝）に有界、毎半葉八行、毎行十二字、小字双行十九字内外、界の幅は二・三㎝。厚手の上質楮紙に全巻一筆で書す。墨痕は濃麗で、雄大な書風である。書写年代は永禄（一五五八）以降のものであろう。第一冊（巻一～二）には詳細な墨の訓点（返点・送仮名・縦点・附訓）、家本や他本との校合、朱点を書き入れる。これらは本文と同筆と思われるが、或いは同時期の、近辺の人によるものであろうか。第二冊以降は次第に注文への訓点が少なくなり、巻四以降は経文のみへの訓点書き入れとなる。また、巻七子路篇第十三には朱のヲコト点が附される。いずれも書き入れは同一人による。室町も末期に至ると、かように校読もやや密度を薄くする。

尾題は「論語巻第二」とし、その下に小字双行で「経一千四百七十字／註一千五百一十五字」と経注字数を加える。但し、経注字数のうち、巻二のは後筆（書き入れと同筆か）によって補われている。巻十にもそれは無い。巻二にそれが無かったのは、清家本を受け継いだ、所謂古活字版と呼ばれた近世初頭の優れた一群のテキスト、慶長刊本（これにも巻二の経注字数が無い）との関連も想起されよう。

「伏原」（陰刻）の印記があり、清原秀賢の男、賢忠より分かれた清原氏舟橋庶流、新家。江戸時代後期には、宣條・宣光など明経博士が活躍した家。蔵書家岡田真の有に帰し、川瀬一馬博士を経て斯道文庫に収蔵された。

斯道文庫蔵（092—49）　室町時代末期写　戒光院本　五冊

本書も前記伏原本と同様に、巻頭題の方式などは清家本に拠っていて（なお図13参照）、しかも、巻一の巻頭に見える他本との校合書き入れは、清原枝賢伝来の東洋文庫蔵本（1C41）に見られるものと同様であり（前節を参照）、枝賢本の系統にあることは間違いがない。ただ、これも伏原本と同様に、本文や注に『論語義疏』系のテキストの影響を蒙っている。訓読も、述而篇の「述べて作せず」「徳の修まらざる、学の講せざる、義を聞きて徙《うつる》こと能はざる、善からざるを改むること能わざる」「道を志《ねがい》」という具合に清家本系と『義疏』系を折衷した性格を持ち、この頃の清家本と寺院系のテキストの融合を如実に現している。第一冊の表紙右下に「戒光院公用」と墨書してあることにより、「戒光院本」と呼んでいるが、その戒光院がどの地のものなのかは定かではない。比叡山、京都泉涌寺、播州明石、遠州、等々同名の院が多い。清家の学統を継ぐことから、京の都で書写されたものではないかと推測する。

室町時代末期の茶色原装表紙（二十五×十六・五cm）。五針眼訂。「論語　何晏集解　一　二」などと本文同筆と思われる墨書外題がある。首に何晏の集解序を添える。

論語序

叙曰漢中塁校尉劉向言魯論語／

巻一巻頭は次のように題す。

論語学而第一　凡十六章　　何晏集解

子曰学而時習之不亦悦乎　馬融／

曰子／（馬融以下小字双行）

そして、「論語学而第一」の右側に、本文同筆にて、次ぎの様に校語を記す。これは清原枝賢伝鈔のテキスト（東洋文庫蔵1C41など）に見られるものである。（前節の二を参照）

①摺本疏釈文並無論語両字但古本有之

②論語巻第一才有

また、左側に

③二字才无（「論語」の二字は摺本には無い）

とあり、「何晏集解」の右側に

④疏幷釈文此篇外無何晏集解四字是随略歟

⑤何晏二字疏有釈無

⑥四字摺本有

という具合である。但し、巻二以降は、

論語巻第二
論語八佾第三　凡二十六章（この五字小字双行）　何晏集解
孔子謂季氏八佾舞於庭是可忍／

というように巻題を記し、次行に篇題を置く。章数は各篇で有無まちまちである。従って、枝賢本の系統と前記伏原本系統の折衷の様相を呈している。この時期のテキストの柔軟な伝承を見て取れよう。

尾題は「論語巻第一」その下に小字双行で「経一千四百七十字／註一千五百十五字」と字数を添える（巻三・五・八はない）。やや明るく横紋の軽い楮紙に全巻一筆で、八行十三字に書す。書き入れ訓点（返点・送仮名・縦点・附訓）も同筆。朱引き・朱点もある。巻一の最初のみ朱のヲコト点（経伝）を加える。訓法は、述而篇「述べて作せず」「徳の修まらざる、学の講ぜざる、義を聞きて徙《うつ》ること能はず、善からざるを改むること能はざる」「道を志《ねが》い」などと伏原本同様の変化をみせている。本文も学而篇最終章に「王粛曰」の注を附し、これも伏原本同様、『義疏』系の流れを汲んでいる。書写年次は、永禄元亀頃（一五八八～七二）と推定する。

本書も伏原本と同じく、蔵書家岡田真の旧蔵で、「岡田真／之蔵書」印記があり、岡田以前に戸川残花（文学者・一八五五～一九二四）・浜男（残花の男）の所蔵であった。「残花書屋」（残花）、「賓南」（陰・陽刻二種、浜男）の印記がある。富岡鉄斎（一八三六～一九二四）も所持したもので（印記なし）、昭和十四年富岡文庫入札時に沖森書店が落札、のち、岡田真に転じたものである。

仁和寺蔵（称58）　単経本　永禄十三年（元亀一年・一五七〇）写　二冊

渋引きの栗皮表紙（二十一・六×十五・四㎝）。原装。経文のみで注は無いが、何晏の集解本で、巻題や章数を加える点で、清家本の格式を持ち、学而篇首章「不亦悦」と「悦」に作るのは、『義疏』系や正平版系の性格を持つ。本文同筆により加えられた朱のヲコト点は経伝で、博士家の影響を蒙るテキストであることは間違いがない。清家本乙類に属する大和文華館本によく似た写本である。字様も室町時代後期、清家本に見える特色を備えている。

因みに、大和文華館本と本文を比較すると、

学而篇―「不亦悦」（大和本「説」）、「孝悌」（大和本「弟」）、「導千乗」（大和本「道」）、「好学也已矣」（大和本「也已」）

という具合で、清家本よりは正平版系テキストに近い異同を示していることがわかる。

末に「永禄十三庚午歳首夏下一日書功訖」と本文同筆の奥書があり、この頃同じ手で筆写された外典のテキストが（例えば『孟子』『中庸章句』『古文孝経』など）、同寺の蔵庫には散見する。参考までに示すと、同寺蔵の『中庸章句』には、「右中庸全部以　宮内卿清原枝賢自筆家点／書写之尤為秘本者也／永禄八年臘八誌之　仁和蕭寺（花押）」と、また『古文孝経』には「右一冊為備廃忘　菅中納言長雅卿家点／令所望了秘中秘也不可出函底□／于時弘治三歳八月二十五日　仁和沙門誌之（花押）」という奥書があり、いずれも本文同筆で、しかも、本書『論語』とも同じ筆跡と判断されるのである。この資料からも、本書が清家、清原枝賢系のテキストに拠っているであろうと推察されるのである。同時に、仁和寺が清家や菅家の学問を大いに取り入れていた点、当時の博士家・緇流の接点を看取できる。

首に何晏の集解序を冠し、更に巻頭は次のように題す。

論語序

叙曰漢中塁校尉劉向言魯論語二一／

論語学而第一　凡十六章　何晏集解

子曰学而時習之不亦悦乎有朋自／

但し、為政篇第二以降は、篇題・章数のみで、「何晏集解」の四字が無い。書式は辺・界無く、八行十四字で、字面高さ約十七・五㎝に書す。本文同筆の書き入れは、墨の返点・送仮名・縦点・附訓、朱のヲコト点を付す。料紙はやや明るい楮紙で、尾題は「論語巻第一～十」に作る。「仁和寺」の大印を捺す。

成簣堂文庫蔵（1140117）　存先進第十一～堯曰第二十　室町時代末～近世初期写　一冊

薄い渋引きの栗皮表紙（二十六・二×二十・八㎝）。巻六から十の後半部分を存す。巻頭題に章数を加え、一見して清家本の形式をとっている。しかし、この章数も清家本は「鄭二十三章／皇二十四章」とするのが一般で、「二十三章」とのみ記すのはやはり変型である。

論語先進第十一　凡二十三章　何晏集解

子曰先進於礼楽野人也後進於礼楽君子／

訓法も、「先ず礼楽に進むは野人なり、」という清家点を汲みながら、「先進の礼楽に於けるは野人なり」という訓法も朱筆で付加するなど、室町時代末期の、清家本の変型を見る。この訓点書き入れは、返点・送仮名・縦点・附訓、の本文同筆（墨）とやや後筆の朱筆（時に墨の訓を訂正する）を加える。薄墨の墨界（二十一・五×十六・一㎝）に七行十七字で書す。のどの部分に丁付あり。紙質は明るい楮紙で、筆はやや拙である。天正（一五七三～）以降の書写にかかろう。尾題に「論語巻第六」などとあり、その下に小字双行で経注字数を添える。「経二千六十四字／注一千九百四十六字」と。

「大林寺蔵本」「徳富氏／図書記」等徳富蘇峰の旧蔵印記があり、明治四十五年、大正五年の識語がある。

次に丁類に属するテキストを分析する。各編の章数も省略され（一部のちに補入するものがある）、次第に柔軟な受容形態になってゆくのがわかる。

三、正長本とその系統

斯道文庫蔵（092―4）　室町時代後期～末期写　正長二年（一四二八）本奥書本　清原宣嘉旧蔵本　二冊

本書は、第三部第二編第一章第二節、安田文庫旧蔵古鈔本『論語集解』に後述する清原宣嘉（一八三五～七三）旧蔵のものである（図14・15を参照）。書写年代は、或いは大永享禄（一五二一～三二）頃に属するか。従来の諸書目に未載である。本文の系統は、清家本以外の古鈔本に類似する系統、即ち正平版や『論語義疏』本の影響を受けたものの系統をも示す。従って本書は清家本とはいえ、自由な校訂を経た異質の清家本とするべきである。

巻四の末に「正長二年（一四二九）二月十四日読了（花押）」

巻五の末に「正長元年十一月二十八日以清原家秘本書写了／即朱点墨点畢　少納言藤原朝臣（花押）」

と、本文とは別筆の奥書があり、書写奥書ではなく、別本から写し取った奥書である。

宮内庁書陵部蔵（457―208）　室町時代末期写　外題「円珠経」　二冊

香色古表紙（二十八・五×十九・五㎝）に題簽あり、「円珠経　論語集解　乾（坤）」と墨書。「円珠経」は室町時代に通用した『論語』の異名。第三部第一編第三章第四節、庚類鈔本の伝鈔の項、斯道文庫蔵本（091―6）を参照。首に何晏の論語序を冠す。

論語序

叙曰漢中塁校尉劉向言魯論語／

巻頭は次のように題する。

論語学而第一　　何晏集解

子曰学而時習之不亦悦乎　馬融／

曰子／（馬融以下小字双行）

乃ち巻頭題と篇名題が合体し「巻第一」等の巻題が無い、清家本や正平版系のテキストと同様の題式である。章数を付さず、清家本に変化が加わっている。書式は薄墨の単辺（二十二・三×十五・五㎝）に有界（界の幅二㎝）、毎半葉七行毎行十三字、全巻一筆である。料紙は薄手の楮紙で明るく、墨痕はやや淡薄、しかし全体として重量感ある写本である。字様は軽い筆致の流麗な能筆と言うべく、室町時代末期の典型である。書き入れは、本文書写と同時期と思われる墨の返点・送仮名・縦点・附訓、朱引き・朱点を加える。

本書が清家本系統のものか（丁類）、正平版系のものか（己類）は断定することはできないが、本文系統は学而篇首章「悦」につくるなどから、清家本の変形と見る方が穏当であろうか。ただ、読方は、清家本系・正平本系・足利本系を混じた様相を呈している。中世末期の『論語』受容のあり方が、以て類推されよう。述而篇の読方を比較してみると次のようである。

「述べて作らず」（清家本）「述して作せず」（正平本系・足利系・本書）

「徳を修めざる、学を講ぜざる、義を聞きて従うこと能はず、善からざるを改むること能はず」（清家本）

「徳を修めず、学んで講ぜず、義を聞きて従う能はず、不善を改むること能はざるは」（正平本系）

「徳を修めず、学の（を）講ぜず、義を聞きて従（うつる）こと能はず、不善を改むること能はざるは」（足利本系）

「徳を修めず、学を講ぜず、義を聞きて従う（うつす）こと能わず、不善を改むること能わず」（本書）

「道をねがひ」（清家本）「道に志し」（正平本系）「道に（を）志し（したい）」（足利本系）「道に志し」（本書）

以上をみても、変化の痕跡が伺われるのである。本書は相当な身分的背景に裏付けされて成立したものと思われるが、近世の初期もすぐそこに見える、比較的自由な訓読受容を体しているテキストといえよう。

尾題は「論語巻第一～十」などと題す。「図書／寮」印記あり。

龍谷大学大宮図書館蔵（021―21―2）　単経本　室町時代後期写　清原枝賢令写　外題「円珠経」　二冊

格式を漂わせる濃い丹表紙（二十六・三×二十・九㎝）を有し、古色蒼然、室町末期の原装をそのままに伝える。第一冊のみ古題簽を遺し、「円珠経　乙」と古い墨書がある。

本書が清家本の由緒あるものであることは、巻五・十の巻末にある清原枝賢の奥書によって証される。

加家本秘点勿令外見矣／清原朝臣（巻十は大外記清原朝臣）花押

これが枝賢の自筆かどうかは断定できないが、私見では自筆と見る。しかしながら、本文（全巻一筆）の字様はこの奥書とやや差を感じ、従って、本書は枝賢の令写ではないかと思われるのである。枝賢の証したテキストは乙類に分類される、所謂清原宣賢点の第二次伝承というべきもので、斯道文庫蔵（091—10）三十郎本や東洋文庫蔵（1C41）天文二十年証本がある。しかして、これら乙類に本書を比するに、劈頭「不亦悦乎」に作り、既に清家本の特徴である「説」を校訂しているなど、変化を来している。しかしながら、訓法は清家の伝統に即したものとなっている。

首に何晏の序を冠す。

論語序

叙曰漢中塁校尉劉向言魯論／

巻頭は清家本の性格をよく現し、篇題のみで、章数を有する。但し、この章数は後に加筆されたもので、学而篇は欄外に、その他巻五郷党篇第五まで欄内に加筆している。巻六以降は無い。また、「何晏集解」の四字も巻一為政篇以降は無い。

論語学而第一　　何晏集解　凡十六章（凡以下は小字双行で欄外に）

子曰学而時習之不亦悦乎有／

論語為政第二　　凡二十四章（この四字後筆）

子曰為政以徳譬如北辰居其／

論語先進第十一

子曰先進於礼楽野人也後進／

という具合である。書式は墨の単辺（二十二・七×十七・六㎝）、無界で、八行十二字。全巻一筆で、訓点は本文同筆の返点・送仮名・縦点・附訓・声点で墨筆。料紙は楮紙。為政篇と八佾篇に誤綴がある。尾題は「論語巻第一〜十」。字様はこの時期の軟体の特徴を伝え、枝賢の親筆によく似ている。墨痕は濃厚でテキストの由緒を感じさせる。「写字台／之蔵書」印がある。乃ち、本願寺歴代宗主が蒐集した写字台文庫の一である。

京都大学附属図書館蔵（貴66ロ7）単経本　室町時代末〜近世初期写　伏原宣光所持本　一冊

本書は、経文のみの総振り仮名（カタカナ）付きのテキストで、かなり簡略化された清家の課本といえよう。やや灰色の表紙に仮綴じ装（二十四・三×十九・五㎝）。外題に「論語　全」と墨書。何晏の序は次のようである。

論語序（振り仮名：リンギョノショ）

叙曰漢中塁校尉劉向言魯論語二十篇／（振り仮名：ショシテイハクカンノチウルイコウイリウシャウカイハクロノリンギョハジシウヘン）

また、本文巻頭は清家本の様式を備え、章数無く、「何晏集解」四字を附す。

論語学而第一　　何晏集解（振り仮名：カクジテイイツ　カアンシウカイ）

子曰学而時習之不亦悦乎有朋自遠方／来（振り仮名：シノノトウマクマナンテトキニナラフ　〈マ〉タヨロコハシカラスヤ　トモエンポウヨリキタレルコトアリ）

本文字句はこの類の他の伝本同様、清家本ながら伝統のテキストに比して変化を含み、振り仮名も、述而篇劈頭「ノヘテサクセ〈ス〉」と読むなど、清家本と他系統の読みを折衷していて、この時期に定本となった清家本の変容がよく現されている。甲類・乙類に加えて、丙・丁の二種の類型が分類上必要であることが理解される。

墨の単辺（二十・九×十六・二㎝）に無界で八行十六字に書す。全体として似た字様だが、陽貨篇第十七の六行目の第十三字目より筆勢が変化する。寄合書きか。ただし、訓点（返点・送仮名・縦点・附訓）は全巻を通じて一筆であるように見うけられる。少々朱引きも見える。欄外の校合は、清原（伏原）宣光のもの。尾題無く、巻末に「経七千三百六十字」と宣光の手と思しき字数が墨書される。

首と末に「天師明経儒」「宣／光」の印がある。

四、結　語

以上、室町時代の末期には博士家特有の秘伝を越えた柔軟な受容を来たし、テキストの形式・訓読を併せて、従来の室町期清家本の厳格さは見られなくなった。それはまた、中世の縉紳による儒教文化から、学僧文化の影響を蒙りながら、次第に武家階層に儒教文化が移行して行く過程を物語っている。その情況を物語る有力な資料として、所在表84番に加えた大谷大学所蔵の、室町末から近世初期頃の書写に係る清家本の一つを挙げる。それは、恐らく清原枝賢・国賢の何れかの人が、戦国武将小早川隆景（一五三三〜九七）の求めに応じて令書写し与えた『論語集解』のテキストである。本文の字様は力あり字画の縦横の線のバランスにこの時期の清家右筆の典型を見る。或いは二筆によるか、清家の奥書は本文と異筆であるが、枝賢・国賢の手に似、明らかに博士家が認めて武士に伝授していることを示している一本である。本文も学而篇「道千乗之国」「孝弟」「為成成出」に作るなど枝賢系のテキストで訓点ヲコト点も忠実な枝賢系本の伝承である。まさに乙類に分類されるべきものである。

大谷大学図書館蔵（外丙73）存巻一・二・五・六・九・十　室町時代末～近世初期写　三冊

江戸期の後補茶色表紙（二十七×二十一・二㎝）で、首の何晏の序、巻一巻頭は、次の如く題する。

論語序

叙曰漢中塁校尉劉向言魯論語二／

論語学而第一　　何晏集解

子曰学而時習之不亦説乎　馬融曰／

子者男／（馬融以下小字双行）

尾題は、「論語巻第二」などとし、下に小字で経注字数を添える。この題式は清家本のそれである。巻九・十も章数がなく、他篇は章数を添える。墨の単辺（二十・三×十七・五㎝）に有界七行十四で書写す。墨の返点・送仮名・縦点・附訓、声点、朱のヲコト点などとともに由緒ある清家本に拠っていることは間違いがない。しかしながら、篇題の下に添えられる章数の有無が一定していないことや、枝賢本に書き入れられる諸本との校勘メモは省かれるなど博士家の謹直な伝承に変化を来していることが伺える一本である。巻十の末に

小早川隆景為人温厚好学係彼／求以累代秘本令書写之加朱墨／点訖頗可謂証本者歟／

正三位　清原　花押

の本奥書が存する。すなわち、本書のような伝播が清家本の近世に至る最後の姿であると見て良いかと思われるのであって、秘説によって家学を守り抜いた中世の講読のあり方は、武士の課本として読みやすく変容を遂げ、公開されていったのである。こうした武家への伝承は寺院系の影響を受けた戒光院本や正長本の流れとともに、公卿・学僧・

武家の混成された階層分化の統合を生み、力強く近世の古活字版という書物文化を開花させ、来る近世の大衆的儒学書受容の為の大きなエネルギーとなっていったのである。かくしてほぼ中世の繁栄に偉大なる痕跡を遺した清家本の『論語集解』は、中国のテキストに比した優秀性、中世漢籍受容の先導性、など大きな意義を持って、書物文化への貢献を果たし、やがて、林羅山等の主導した『四書集注』にその位置を譲り渡して行くこととなるのである。

第二章　室町時代中期　正平版より派生した古鈔本の展開

本章は、第二部第二章第二節において、現存する『論語集解』古鈔本の類型化を試みた分類のうち、正平版の影響を蒙る戊類と己類についての各伝本の価値と意義を検討するのが目的である。仔細に調査すると、戊類は正平版の影写に近い、正平版の姿を如実に伝えたもので、書写年代も古いことがわかる。そして己類は、やや時代が降って様々なテキスト背景を受容したもので、主として書式上から、正平版の系統に属すると判断されるもので、室町時代後期の成熟した『論語』受容の幅広さを感じさせる伝本の群れである。清原博士家本などとは一線を画するものであるが、訓読の面に於いては、次第に博士家本と混合していく様子もうかがえる。こうした写本の書写者や受容者が浮き彫りにされてくればなお興味深いが、不明なものが殆どであるのも、逆にその時代のテキスト成立を物語る事実といえるかも知れない。いずれにせよ、この伝本の検討によって、一つには、正平版の占める位置の大きさ、一つには古鈔本成立の系統性の存在を観得することができる。すなわち、『論語』受容、鈔本の文化史を解く鍵となる中世必須の歴史資料が潜んでいるのである。

第一節　室町時代中期影写『正平版論語』の伝本

正平版『論語集解』が、正平十九年（一三六四）に堺で出版された日本で初めての『論語』の刊本であり、その初刻本の出現以来、覆刻・後印が繰り返され、覆刻双跋本・覆刻単跋本・無跋本が現れ、明応年間には更に覆刻本が誕生したという、まさに一世を風靡したテキストであったことは既述した。

その正平版に依拠して書写された伝本の戊類に属するものを、ここに影写本（影鈔本も同じ）と名付けたのは、それが極めて底本の原姿に近い写本であるという意味であって、厳密な意味での敷き写しということではない。また、その書写年代が室町時代の中期とするのは、確たる証拠があるわけではなく、紙質や字様・墨痕から推定しているものであって、経験則・独断の誹りも免れないが、この類に属する幾つかの伝本がみな一様に書写の古さを物語っているのは事実であり、一本、斯道文庫蔵の応永三十三年（一四二六）鈔本は、室町時代の前期に遡る成立で、この伝本に類するものも、それ相応に古いものであることを想像せしめるのである。しかしながら、前期に位置するものは、これを除いて他に見あたらず、おおよそ、文明年間（一四六九〜八六）から明応年間（一四九二〜一五〇〇）くらいを中心とした時代を遡るものと推定する書写年代を、室町時代「中期」と定めたのであって、天文年間（一五三二〜五四）を中心とした前後・乃至以降のものと推定する書写年代を「後期」として、区別するのである。そして、この類の室町後期書写に係る影写本も、室町中期に行われた影写本の同一線上に連なるものであるが、後期に該当する己類とは明かに一線を画するものである。従って、これら一群の伝本を殊更に「室町時代中期影写『正平版論語』の伝本」と称したのである。無論、後述のように、その区別は時代の流れとともに、己類の一群となって、テキストの内容の変化も体現するのであって、明かに講読の変容が見て取れ、そこに、学術史が看過してはならない実情が横たわっているのである。

さて、この類に属する影写本は、正平版の版式と同じ毎半葉六行、毎行十三字となし、字様の雰囲気をも正平版に似せるものであって、ある意味では一見してそれとわかる体裁なのである。現所在本は次の通りである。

静嘉堂文庫蔵（1—42）室町時代中期写　影正平版二跋本　清銭曾・黄丕烈・陸心源旧蔵　五冊
斯道文庫蔵（092—5）巻五以下欠　応永三十三年（一四二六）写　広橋家旧蔵　一冊（第三部第二編第一章参照）
斯道文庫蔵（092—2）室町時代中期写　青蓮王府旧蔵　五冊（第三部第二編第一章参照）
都立中央図書館蔵（青淵42）巻九・十欠　室町時代中期写　四冊
筑波大学附属図書館蔵（ロ860・12）室町時代中期写　林泰輔旧蔵　五冊
台湾故宮博物院蔵（楊氏観海堂本）巻七・八欠　室町時代中期写　四冊（第三部第二編第二章参照）
東洋文庫蔵（1C40）巻一・二＝室町時代後期影写　巻三～十＝大永四年（一五二四）写　三冊
台湾故宮博物院蔵（楊氏観海堂本）存巻一・二　室町時代後期写　森立之旧蔵　一冊（第三部第二編第二章参照）
台湾故宮博物院蔵（楊氏観海堂本）元亀二年（一五七一）藤沢一寮写　五冊（第三部第二編第二章参照）
国会図書館蔵（123・83rk）存巻一～五　室町時代写　永禄一年（一五五八）奥書　亀田文庫　一冊
国会図書館蔵（せ83）室町時代後期写　寄合書　五冊

これを系図に表すと、次にようになる。

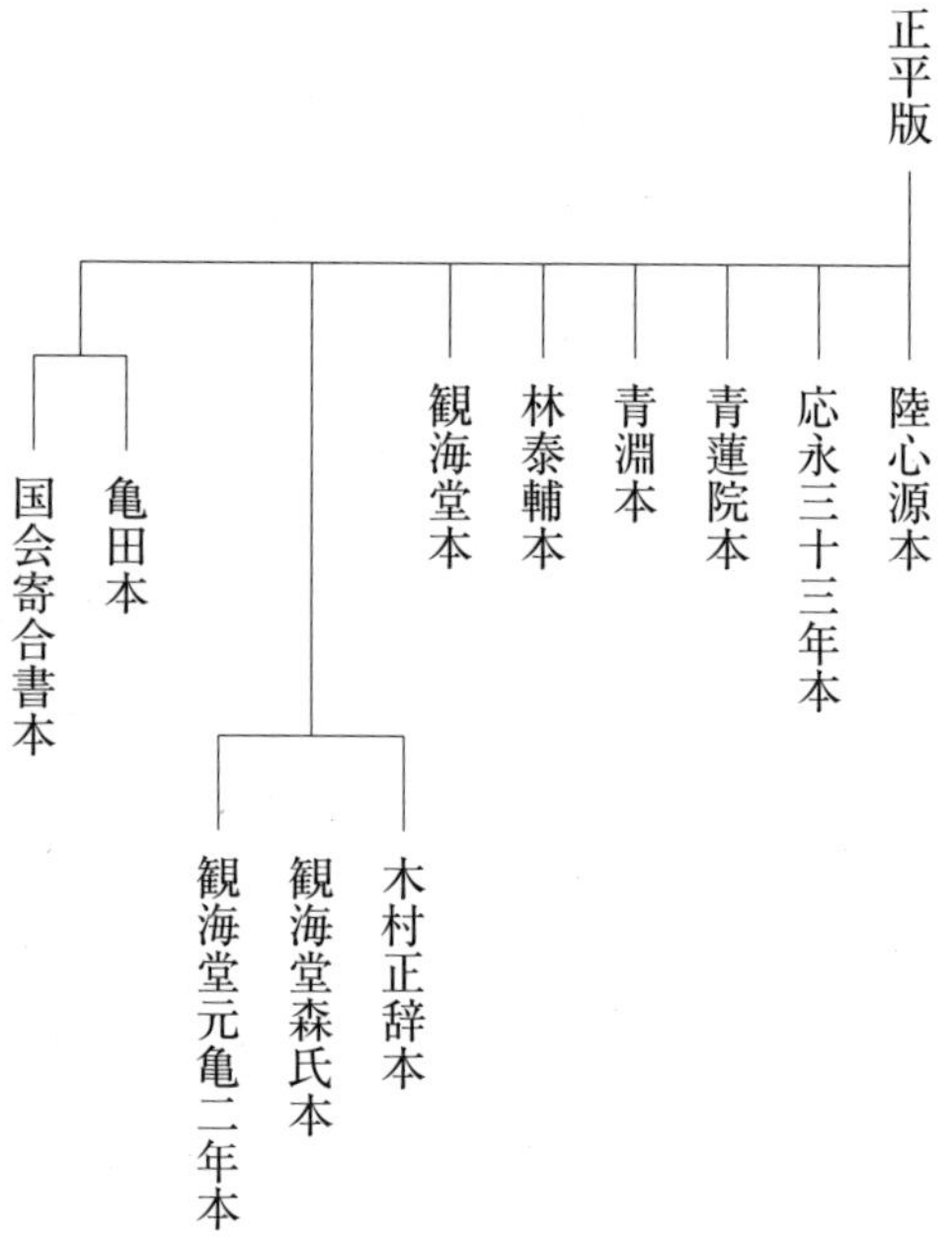

それぞれ奥書の年号や旧蔵者の名前をとって系図のように略称するが、斯道文庫所蔵の二本、応永三十三年本・青蓮院本については、第二編第一章第二節、安田文庫旧蔵古鈔本『論語集解』の解説に、また、観海堂本の三種についても、第二編第二章第二節、楊守敬観海堂旧蔵　室町時代古鈔本『論語集解』の項目に記した伝本解題を参照していただき、先ずは静嘉堂文庫所蔵の陸心源旧蔵の鈔本から見てみよう。

静嘉堂文庫蔵（1—42）　室町時代中期写　影正平版双跋本　清陸心源旧蔵　五冊

本書は、正平版『論語』の存在を中国で初めて知らしめた影鈔（写）本で、日本から、朝鮮・中国（明・清）を経て再び日本に戻ってきた、文化交流を示すことで有名な一本である。それも、正平十九年の本刊記をも忠実に鈔写してあったために波紋を投げかけたのであり、後述の筑波大学所蔵林泰輔旧蔵本とともに鈔本の底本をはっきりと明示した珍しい古鈔本である。

中国で有名になった、ことの発端は、銭曾（一六二九～一七〇一）の『読書敏求記』に著録されたことによる。

（前略）此書乃遼海蕭公諱応宮、監軍朝鮮時所得、甲午初夏、予以重價購之于公之仍孫、不啻獲一珍珠船也。筆画奇古、似六朝初唐人隷書碑版、居然東国旧鈔。行間所注字、中華罕有識之者。洵為書庫中奇本。巻末二行云、堺浦道祐居士重新命工鏤梓。正平甲辰五月吉日謹志。未知正平是朝鮮何時年号、俟続考之。（後略）

銭氏は清初の大蔵書家で、その述古堂は当時、宋元版を中心とする善本を最も多く収蔵していた。銭曾は清順治十一年（一六五四）に先祖と交流の深かった蕭応宮の子孫から、此の本を手に入れた。蕭応宮が明の監軍として明万暦二十五年（慶長二年・一五九七）に朝鮮に出向いた時に得たものであった。文禄慶長の頃（一五九二〜一六一四）に日本軍によって朝鮮にもたらされたものであろうか。従って、蕭氏は勿論、銭氏もこれを朝鮮の写本（鈔本）であると認識した。そもそも、明代にあっては、明の書物が日本に持ち込まれることは多かったが、日本から明に書物が売られることは稀だったと思われ、大陸で日本の漢学が紹介されることも無かったから、それも致し方のないことであった。ただ、本書には、異体字や助字が通行のテキストに比べ甚だ多く、宋を遡った唐に近い姿を遺しているとして重宝された。しかし、正平の年号がどうしても朝鮮には見当たらなかった。

その後、この鈔本は転々、清代中期の大蔵書家黄丕烈（一七六三〜一八二五）のもとに帰した。黄氏は、清代中期、宋元版の蒐集では最高峰で、銭曾『読書敏求記』所載のものを全て蒐集すると豪語していた。実は黄氏の手に入る前に、顧安道、顧之逵（小読書堆）という蔵書家のもとを経ていた。皆一代の著名な蔵書家である。既に、顧安道の友人で儒者の陳鱣（一七五三〜一八一七）は『論語古訓』を著す際に、顧安道から本書を借用していた。その後、嘉慶六年（一八〇一）、北京で陳鱣は朝鮮の使者朴斉家と知り合い、「正平」の年号が日本のものであることを教えられた。

黄丕烈も陳鱣の友人で、同じく嘉慶六年入京し、朴斉家と相識となり、これが、日本の鈔本であることを知らされた。その十八年後、黄氏は奇しくも本書を入手し、跋文を記したのである（静嘉堂本に自筆で認めてあり、のち『士礼居蔵書題跋記』に収載された）。黄氏は「正平」が日本の年号であることになお疑念を抱いていたが、友人翁広平に尋ねたところ確かに日本の年号であることを教えられたと記す。嘉慶二十四年（一八一九）のことである。

（前略）余向於京師遇朝鮮使臣、詢以此書幷／述行間所注字。答以此乃日本書。余／尚未信之。頃獲交翁海村。海村著有／『吾妻鏡補』、挙正平年号問之。海村／云、「其年号正平実係日本年号並非／日本国王之号、是其出吉野僭竊其／国号曰南朝、見『日本年号箋』。」拠此、則／書出日本転入朝鮮。遵王但就其／得書之所、故誤認為高麗鈔本耳。／是書向蔵碧鳳坊顧氏、余曾見之、／後帰城西小読書堆、今復散出。因／亦以重價購得。展読一過、信如遵王所云、筆画奇古似六朝初唐人／隷書碑版、不啻獲一珍珠船也。／（中略）己卯中秋五日　復翁識　〈黄印／丕烈・蕘／圃〉二顆印記〔文頭に、士礼居印一顆〕

また、静嘉堂本の末には、翁広平（一七六〇～一八四二）が黄氏に答えた自筆の書簡と翁氏令写の跋文を付す。その跋に云う。

己卯初夏郡城

黄蕘圃先生出示旧鈔何晏『論語集解』、筆画奇古、紙色亦古香可愛。此書平／曾於銭遵王『読書敏求記』中見、其目云、遼海蕭道公監軍朝鮮時所得、／予以重價購得、行間所注字、中華罕有識者。末云「正平甲辰五月吉日」、未知／正平是朝鮮何時年号。平以『高麗史』『海東諸国記』考之、倶無号。後得／見『日本年号箋』知正平乃日本割拠之号也。按日本九十六世光厳天／皇丙子延元元年、有割拠称南朝者於出吉野、建都改元時中国元／順宗至元二年、歴四世五十五年而終。正平是其第二世自称後村上院／天皇、甲辰是正平十九年、当日本九十九世後光厳天皇貞治三年／中国元順宗至正二十四年也。夫海外之書、槧本写本所見亦有数種、雖／格式各国不同、若行間有注字則唯日本所独也。朱竹垞吾妻鏡／所謂点倭訓於傍訳之不易是也。是則此書断為日本所写無疑、／不僅紀年之符号也。平曾有日本著書目、然所見不得十一。近日宋／槧及宋元旧写本日少。一日此書実繫旧写、況又来自海外、正／遵王所云書庫中奇本而平亦得共賞其奇、幸甚幸甚。　　鷺脰漁翁　翁広平識　〈広／平・海／邨・海琛／餘事〉三顆印記

また、翁氏が黄氏にあてた書簡にも同様に記される。

接読

手翁実□　閲注今晨造　前写已見此書、真有昭福也。／其年号正平実係日本年号並非日本国王之号、是其出吉野僭／窃其国号曰南朝　大約在明初　見『日本年号箋』。平於『敏求記』上、已経注明、見在／不携在館中。又拙著『吾妻鏡補』中亦載之。三日前有拙政園居住沈朗亭先生借去。俟還来、再□□也。書此代面順請　　蕘圃先生晨安　　翁弟□広平頓首

こうして、本書は日本の正平版『論語』の転写本であることが明かにされ、中国でも「高麗本」の通称を以て、高い評価を得ることとなったのである。また、本書の流伝は、日本から朝鮮を経て明・清に貴ばれ、再び日本に帰って来た、日本・朝鮮・明・清の学術文化交流の顕著な例としても大きな価値を有するものであった。そして、そのキーマンである朴斉家の事跡を始めとして、この一連の物語を鮮明にしたのは、『日鮮清の文化交流』（中文館書店・昭和二十二年）を著した藤塚鄰《ちかし》博士であった。

中国の装訂に改装され、清代の白色艶出金砂散表紙。二十五・五×十七・五㎝。四針眼訂で康熙綴じ。全冊に襯紙を添え、美しい唐本に仕立て上げている。二巻を以て一冊に配し、五冊とする。何晏の序を冠し、

論語序

叙曰漢中塁校尉劉向言魯論語／

と始まり、次いで改頁して、

論語学而第一　　何晏集解　凡十六章

子曰学而時習之不亦悦乎　馬融曰子（馬融以下は小字双行）

と巻頭題があり、正平版に同じ形式を受け継ぐ。

書式は無辺無界で、毎半葉六行、毎行十三字でまま十四字。字面高さは約二十一cm、字幅は二cm。丁付は附さない。料紙は楮紙。本文は全巻一筆で、本文と同時・同筆と思われる訓点（返点・送仮名・縦点・附訓・声点・朱点）が付され、後筆の附訓・校字も少々ある。墨痕はややうすいが古樸な感じがする。青蓮院本をはじめとして、以下に述べる青淵本・林本・木村本、皆同様の墨痕字様を醸し出している。

尾題は、「論語巻第二」などとし、下に「経一千四百七十字／注一千五百一十三字」などと経注字数を加える。巻十の巻末は以下のように記されている。『論語』本文の最終行に続けて、

不知言無以知人也　馬融曰聴言／則別其是非／（馬融以下は小字双行）

也（小字）堺浦道祐居士重新命工鏤梓

正平甲辰五月吉日謹誌（甲辰は小字双行）

経一千二百二十三字

注一千一百七十五字

論語巻第十　学古神徳揩法日下逸人貫書（人貫の二字は破損）

従って、正平版の双跋本そのものの刊記であり、双跋本に拠って影写したことが明かである。但し、後述補説の如く、字句の異同から、双跋本も初刻ではなく、覆刻本乃ち双跋論語本に基づいた影写本であることがわかるのである。いずれにしても、こうした書誌事項から考察して、書写年代は室町時代のおそくとも中期を降らない、前期というも可ならんかというべき、応永から寛正時代（一三九四～一四六五）くらいまでの十五世紀前半を範囲とする時代に当てることができるものと推測されるのである。

蔵印に、「虞山銭曾／遵王蔵書」「士礼居」「黄印／丕烈」「蕘／圃」「士礼／居蔵」（陰刻）「帰安陸／樹声叔／桐父印」（陰刻）「帰安陸／樹声所／見金石／書画記」（陰刻）を捺す。

都立中央図書館蔵（青淵42）　巻九・十欠　室町時代中期写　四冊

縹色の古表紙（二十七・五×二十・七㎝）を添える。これは青蓮院本の表紙によく似ている。第一・三・四冊に古い題簽があり、「論語巻之一・三・四」と墨書する。首に魏何晏の「論語序」を冠す。

　論語序

　叙曰漢中塁校尉劉向言魯論語

巻頭は正平版と同様に次の様に題す。

　論語学而第一　　何晏集解　凡十六章

　子曰学而時習之不亦悦乎　馬融曰子（馬融以下は小字双行）

書式は墨の単辺有界で、毎半葉六行、毎行十三字で匡郭内は二十一・五×十七・七㎝、界幅は三㎝。料紙はやや茶色を帯びた楮紙。墨痕は淡く、さほど古くは感じられないが、筆致には力があり、全巻一筆で書写年代はけして室町時代後期に降るものでなく、明応から永正（一四九二～一五二〇）頃のものと推定する。また、本書は学而篇の注「抑人君自願與為治邪」に作り、正平版の単跋本が「邪」を「也」に作ることなどから、或いは、本書は双跋本（「邪」に作る）に基づいた影写かとも想像され、更に、同じ本書の学而篇の注「三百一十六里有畸」を初刻双跋本は「奇」に作り、覆刻双跋本が「畸」に作ることから、さらに推測を詰めると本書は覆刻双跋本に基づいた影写と考えられ、覆刻双跋本の刊刻が寛正五年（一四六四）以前であることは、第一部に論じたところであり、かれこれ、本書の書写年代を室町の中期に当てることは故なしとしない。ちなみに、この事実は、東洋文庫所蔵（1c40）巻一・二の伝本、並びに故宮所蔵元亀二年本に共通するもので、それらの底本の一致を思わせる。それに対して、青蓮院本以下、その他の伝本は「畸」に作り、初刻双跋本を祖本とする可能性がある。

本書への書き入れは、墨に濃淡二種あり本文と同時期、朱も恐らく同時期であろう。墨の送仮名・附訓・声点を加え、朱の返点・縦点・ヲコト点を加える。また、短い義注を加えるがこれは本文とは別筆である。

尾題は「論語巻第一　経一千四百七十字／註一千五百一十三字」などと経注字数を附す（ただし巻二・三には字数がない）。

渋沢栄一（一八四〇～三一）の旧蔵で、「青淵／論語／文庫」印を捺す。

筑波大学附属図書館蔵（ロ860・12）　室町時代中期写　林泰輔旧蔵　五冊

縹色の表紙は原装。これに裏打ちを施す。二十八×二十一・六㎝。また、原題簽に「魯論　一　二（九　十）」と書写し、第一、五冊（巻九・十）に貼る。この題簽の字様は足利学校の九華（第七代庠主・天文年間に活躍）によく似ている。魏何晏の序を冠す。

論語序

叙曰漢中塁校尉劉向言魯論語二十／

そして序の終わりから改頁せずに、本文巻頭が次の様に始まる。従って、正平版の版面とは配行が一致しない。

論語学而第一　　何晏集解　凡十六章（凡以下は小字双行）

子曰学而時習之不亦悦乎　馬融曰子（馬融以下は小字双行）

書式は、墨の単辺有界六行十三字小字双行、匡郭は二十・二×十五・五cm、界の幅は二・六cm。柱に丁付あり、「一ノ一」などと（後人の手で、外題と同筆）。後の所蔵者がこの匡郭の外側を切り落とし、新たな台紙（楮紙）に貼り付け、読みやすく改装している。第一・二冊の台紙は近代のものであるが、他の三冊の台紙は江戸期に遡る。古い蔵印もこの江戸期の台紙に捺されている。本文は全巻一筆で、墨痕も濃厚で古く朱も古い。本文への書き入れは、本文同筆と思しき朱引き・朱点があり、また、墨の返点・送仮名・縦点・附訓・声点を加える。さらに薄墨の別筆による附訓もある。紙質は厚手のやや明るい薄茶色で、書写年代は、室町中期としておくが、応永・永享（一三九四〜一四四〇）頃の所謂室町前期に遡る可能性もなしとしない。字様は精細で伸びのある筆蹟である。必ずしも正平版の字様に似せてはいない。

尾題は「論語巻第一　経一千四百七十字／註一千五百一十三字」などと経注字数を附す。巻十巻末に、正平版単跋本の刊記を影写する。

堺浦道祐居士重新命工鏤梓

正平甲辰五月吉日謹誌（甲辰は小字双行）

ところで、補説に後述するが、正平版三版の字句異同から比するに、本書は初刻双跋本と字句が一致し、単跋本とは一致しないことがわかる。恐らく双跋本のもう一つの跋「学古神徳揩法日下逸人貫書」が何らかの理由で書写されなかったものであろう。跋文のみをもって単跋本に拠っているとすることはできない。

蔵印に「円融蔵」「盛胤／之印」（梶井宮盛胤法親王、一六五一〜八〇）、また、『論語年譜』を著した林泰輔博士の「林文庫」「北総林氏蔵」「浩卿」を捺す。本書は博士の男直敬氏により、大正十一年東京高等師範学校に寄贈され、筑波大学に引き継がれている。

東洋文庫蔵（1C40）　巻一・二＝室町時代後期影写　巻三〜十＝大永四年写　三冊

この伝本は、日本の校勘学を代表する山井鼎『七経孟子考文』に続く斯学の名著、吉田篁墩（一七四五〜九八）『論語集解考異』（寛政三年＝一七九一刊）のなかに引用されたテキストで、考証学者藤原貞幹（一七三二〜九七）所蔵の大永四年鈔本として、正平版に近いテキストと評されている。しかし、実際は、巻一・二とそれ以外とでは別種の写本であり、第一冊の巻一・二が正平版の影鈔本であるのに対して巻三以降は正平版系鈔本の流れにある己類に属するテキストなのである。

表紙は三冊共に後補の黒色で縦二十五・九cm、横は第一冊が十八・八cm、二・三冊が十七・七cm。首に何晏の序を冠し、

論語序

叙曰漢中塁校尉劉向言魯論語

と始まり、巻頭は

論語学而第一　　何晏集解　凡十六章

子曰学而時習之不亦悦乎　馬融曰子（馬融以下は小字双行）

と題し、巻五以下は、

論語公冶長第五　何晏集解　凡二九章（凡以下は小字双行）

子謂公冶長可妻也雖在縲絏之中

などと題し、章数が双行になっている。

書式はいずれも無辺無界で、毎半葉六行、毎行十三字で字面の高さが二十一㎝。巻三以下は毎行十四字で字面高さ二十三㎝。二種の写本ともにそれぞれ一筆である。尾題は「論語巻第一　経一千四百七十字／註一千五百一十三字」などと経注字数を付す。この形式は二種の写本ともに同じである。

書き入れは、第一冊に、藍色による訓点（返点・送仮名・縦点・附訓・声点・ヲコト点・音注）が付され、建武本（大東急記念文庫蔵・建武四年鈔本）との考異も記す。巻五以下にも墨の返点・送仮名・縦点・附訓があるが、本文同筆とそれよりも時代の降るものとがあり、また、時代がややそれよりも降る朱筆の同様の訓点も施されている。料紙は楮紙。二種の写本ともに字様は相似、堅く力強い。室町時代中期の面影を充分に感じさせる古さを持つ。

巻三以降の写本の末尾に、

于時大永四朞甲申臘月中澣

と本文同筆の奥書がある。これをもって大永四年（一五二四）の鈔本と世に称されるのである。また、巻一・二の書写年代も大永とほぼ大差ないと感じられるが、正平版の単跋本かあるいは双跋覆刻本に基づいた鈔本と目される。「左京藤原／貞幹蔵書」、「木正／辞／章」（陰刻）（木村正辞）、「江戸四日市／古今珍書儈／達摩屋五一」（岩本五一）、「雲邨文庫」（和田維四郎）印記あり。

末尾に木村正辞の識語が二条ある。

大永鈔本何晏集解論語三策、獲之於四日市書肆。／蓋京師藤原貞幹之旧物也。幹氏没後流伝于武陽、而卒帰狩卿雲之架中、見経籍訪古志。幹雲二家当時／名声籍甚、而以此書為珍蔵。又吉漢宦、市光彦倶足好古之士、以博学聞。其所著論語攷異、正平本論語／札記並引此書、以為六朝之伝本也。先哲之貴重既如是。豈可不宝而貴哉／文久二年十二月二十六日　欟斎正辞識」

吉田漢宦論語攷異提要云、大永本者左京藤貞幹／家蔵、係大永鈔本。／経籍訪古志云論語集解十巻、大永甲申鈔本、求古楼蔵、巻首（末と朱で訂正）有大永甲申記、此本合訂為三冊、上一／冊缺、以別本補之。吉漢宦考異称為大永本是也。原係／藤貞幹旧物。毎冊有左京藤原貞幹蔵書之／印、貞幹没後帰求古楼。

正辞曰、巻首宜作巻末。此本近日（今）帰余挿架、其／上冊毎半葉六行行十三字注双行、序及学而篇以建武本記異同。蓋係後人之讎校、吉漢宦曰、嘗聞西京有建武中写本、求而未得者、其／中下両冊毎半葉六行行十四字、按市野光彦／正平本札記亦引此本。

正平本札記云、大永鈔本巻末記云于時大永四碁臘月中澣攷異所引

癸亥正月十三日　欟斎正辞識」

国会図書館蔵（123・83rk）　存巻一〜五　室町時代写　永禄一年（一五五八）奥書　亀田文庫　一冊

後補濃紺艶出し表紙（二十四×十八・四㎝）に新補の題簽「永禄鈔本論語集解」を貼付する。内に本文共紙の原表紙を存す。首に何晏の序を冠し、

論語序

叙曰漢中塁校尉劉向言魯論語／

と始まり、本文巻頭は、

論語学而第一　　何晏集解　凡十六章

子曰学而時習之不亦悦乎　馬融曰子（馬融以下は小字双行）

と題する。書式は無辺無界で、毎半葉六行、毎行十三字で字面の高さは約二十㎝。尾題は、「論語巻第一」などと記し、下に「経一千四百七十字／註一千五百一十三字」のように経注字数を置く。巻五の尾題後に、本文同筆の奥書を書し、

永禄元年　戊午　閏六月二十七日

とある。永禄は、天文を過ぎて室町時代末期の天正をやや遡る頃で、寺院系のテキストも清原博士家との交流深き様相を呈してきた時代である。この時代にもこうした正平版系のテキストが流布していたことは、室町中期のテキストが中世を通じて根強く『論語集解』の受容に関与していたことを物語るもので、中世『論語』古鈔本の幅広さを感じさせる。

本文と同筆と思われる訓点（返点・送仮名・縦点・附訓）の書き入れが付され、おおよそ清家点の訓法に拠っている。

朱点も見える。紙質は薄手で、墨痕はにじみが見え、やや新しさを感じさせる。異体字が多く、正平版のそれによく似ている。正平版の覆刻双跋本にもとづいたものと、字句の異同から勘案される。旧蔵者の亀田次郎（一八七六～一九四四）は国語学者。

国会図書館蔵（せ83）　室町時代後期写　寄合書　五冊

新補の茶表紙（二十七×二十cm）に内扉があり、これも後補のものである。裏打ちを施す丁もあるので、一見して新しく見えるが、仔細に観察すると意外に書写年代は遡るかも知れない。寄合書で、五人の手になる。しかし、料紙は同一のようで、同時の寄合と見られる。共に毎半葉六行、毎行十三字で巻頭題や、異体字の特徴、字句の異同から、正平版に拠った転写本であることは疑いがない。やや乱雑そうな印象を受ける写本ではあるが、テキストとしては、書写の形態・訓読ヲコト点などの要素で重要な位置を占める一本である。

何晏の序、続く巻頭は次のように題する。

論語序

叙曰漢中塁校尉劉向言魯論語／

論語学而第一　何晏集解　凡十六章

子曰学而時習之不亦悦乎　馬融曰子（馬融以下は小字双行）

五手の書式はそれぞれ次のようになっている。

A、学而第一・為政第二・子罕第九・郷党第十・先進第十一・顔淵第十二、無辺無界で字面高さ約二十三㎝。
B、八佾第三・里仁第四・公冶長第五・雍也第六、単辺無界で辺の高さは約二十一㎝。
C、述而第七・泰伯第八・陽貨第十七・微子第十八、無辺無界で字面の高さ約二十一㎝。
D、子路第十三・憲問第十四・衛霊公第十五・季氏第十六、単辺有界で、郭内は二十三・六×十七・七㎝、界の幅は三㎝。
E、子張第十九・堯曰第二十、無辺無界で字面の高さは約二十一㎝。

尾題は、「論語為政之終」「論語堯曰第十」などと記し、下に双行で経注字数を添える。墨痕はやや染みる箇所が目立つが、字様には拠るべきものが感じられる。書き入れは、本文同筆の墨による訓点（返点・送仮名・縦点・附訓・声点）を加え、後筆による音注も見える。また、朱による校訂・ヲコト点は本文の手よりやや降るかも知れないが、後述のように正平版初刻本による校字が見えるのは興味深い事実である。ヲコト点は明経点で、全巻に詳細に付点する。全体として、書写年代は永禄より古く、大永から天文（十六世紀前半）の広い範囲を想定するべきかと考えられる。各冊の首に「龍／雲」の印を捺し、大正二年（一九一三）に国会図書館が購入、「帝国／図書／館蔵」印を捺す。

第一節補論　影写本の底本と正平版の版種

前述の如く、正平版論語には四種類の版があって、それぞれ正平十九年（一三六四）初刻本（双跋本）、覆刻双跋本（双跋論語本―巻十の尾題を「論」に誤刻するもの）、単跋本、無跋本（単跋本と同版にしてその跋のみを削去したもの）と称される。他に、明応八年（一四九九）大内家の杉武道が覆刻したものもある。それらの由来は第一部に詳述したが、繰り返し確認しておくと、概ね、覆刻双跋本は応永年間頃（一三九四～一四二七）、単跋本は応仁文明年間頃（一四六七～

八六）に開板、無跋本は天文年間頃（一五三二～五四）の増刷に係るであろうと推測した。従って、古鈔本も、これらのいずれかの版種に依って影写されたわけで、それぞれの底本を推定することによって、ある程度、書写年代との関連を模索できるものと思われるのである。ただし、古鈔本の成立は複雑な校勘の経緯を持つのが通例であるから、字句の異同のみを以て底本を同定することは危険であり、あくまでも推定による付論に属するものであることを申し添えておく。そこで、本文上、三種類の版木がおこされた正平版のそれぞれの異同はといえば、覆刻の関係であるから、違いを捜すのが困難であるが、幸い、長田富作の『正平版論語之研究梗概』（大阪府立図書館正平版論語刊行会・昭和八年）に詳細な版種の研究があり、この研究成果により、三種の版木の違いをおおよそ把握することができるのである。

そこに示された二十の挙例のうち、主な目安となる違いをここに挙げるならば、次のようになる。

巻一	学而篇	第五章注	「有奇」	覆刻双跋本は「奇」を「畸」に作る①
	同	第十章注	「抑人君自願与為治邪」	単跋本は「邪」を「也」に作る②
巻二	八佾篇	第二十四章注	「儀蓋衛邑也」	覆刻双跋本は「邑」を「下邑」に作る③
	里仁篇	第五章注	「時有否泰」	初刻双跋本は「否」を「否の変体字」に作る④
巻三	公治長篇第五章		「禦人以給」	覆刻双跋本は「給」を「口給」に作る⑤
巻四	述而篇	第三十一章	「君子亦党乎」	初刻双跋本・単跋本はこの五字無し⑥
	同	同　注	「諱曰孟子」	覆刻双跋本は「諱」を「忌」に作る⑦
巻七	子路篇	第三章注	「正百事之名」	覆刻双跋本・単跋本は「正」を「正正」に作る⑧
	同	同	「奚其正」	覆刻双跋本・単跋本は「正」を「正名」に作る⑨
	同	第五章	「奚以為」	覆刻双跋本・単跋本は「為」を「為哉」に作る⑩

憲問篇　第三十章　　「自導也」　　　覆刻双跋本・単跋本は「導」を「道」に作る⑪
同　　第四十七章　「吾見其踞於位也」　覆刻双跋本は「踞」を「居」に作る⑫

そして、以上の項目について影写本の伝本につき字句を比較してみると、青蓮院本・林泰輔本は、④の「否」字の変体字も含めて、悉く初刻本に一致し、応永三十三年本は、初刻本によって影写し、後に覆刻双跋本で校訂した形跡があり、③⑤⑥は字を小字で補い、①⑦はそのままに遺し、④は「否」に訂正したと見られる。国会図書館蔵寄合書の一本は、初刻本によった可能性が高く、③④⑪⑫については覆刻双跋本に一致するが、④の「否」には朱で初刻本の字に訂正することや、⑤の「口」を補筆したり、⑥の五字を補筆したり、かれこれ初刻本と覆刻双跋本が校訂に入りくんでいるようである。観海堂元亀二年本は②以外について初刻本と一致する。木村正辞本は、巻一・二のみが戊類に属するものであるが、③以外は覆刻双跋本に一致する。国会図書館蔵亀田本も巻五までの零本であるが、③以外は覆刻双跋本に一致する。陸心源本は、正平版の二跋を影写している双跋本であるが、③以外の全てに於いて覆刻双跋本に一致し、双跋論語本を祖本としたものであることがわかる。また、観海堂森氏本は③によって、また観海堂本は②⑤⑥⑦などによって、それぞれ覆刻双跋本と類似性を見出す。また、青淵本も③以外は悉く覆刻双跋本に一致する。こうして見ると、一筋縄ではいかぬテキストの成り立ちがよくわかる。しかしながら、おしなべて古い初刻本や双跋論語本（覆刻双跋本）の性格を受け継ぐ鈔本が多いことは、かかる正平版系影写本の書写年代の古い性質と相関することと思われるのである。

第二節　室町時代後期の正平版系古鈔本の伝播

さて、こうした正平版論語の影写がどのくらいの頻度でなされたのかは定かでないが、その影写本が更なる発展をして流布を遂げていったであろうことは容易に想像されるところである。室町時代も後期に達すると、緇流や武士の『論語』受容の幅はますます広がっていったであろう。そして、清家本や『論語義疏』系のテキストと一線を画しながら、伝鈔されていった一群の鈔本が多く存在することとなったのである。そこで、こうした戊類のテキストから更に伝鈔されていったと思われる次の一群の古鈔本を己類と名付けたのである。即ち、己類こそが、中世後期の正平版系古鈔本であり、その流布の実情を鑑みれば、室町時代の『論語』古鈔本の実態が一層明確に把握されるのである。

十七点ほど現存する各伝本について具体的な分析を試みる。

秋田県立秋田図書館蔵（根本文庫　特263）　室町時代後期写　根本通明旧蔵　二冊

本書は、明治の漢学者根本通明（一八二二～一九〇六）が珍蔵していたもので、博士の遺書は悉く郷里秋田県立図書館に所蔵されるが（拙論『根本通明先生蔵書紀略』〈『斯道文庫論集』三十八・三十九輯・平成十六・十七年〉を参照）、その二千四百冊余りの貴重なる漢籍旧蔵本のなかでも、最も博士が自慢するところのものであった。博士の学は『易経』を中心とした経学儒学全般に亙るが、「書剣自得」の蔵印を有し、儒書と刀剣を分身とした。博士は、秋田藩明徳館教授を勤め、勤王派として『易』学を実践し、東京大学教授をも勤め、明治の漢学界の草分けとして、顔真卿の書風を体し、古武士然とした迫力ある学風を確立した。『周易象義辯正』『論語講義』『詩経講義』など、儒書の講義解説を門弟が整理した著書が多数ある。

本書は、根本博士の『論語講義』（早稲田大学出版部・明治三十九年）の底本となり、博士はその著のなかで、この鈔本は通行本と字句の異同が多く、百済の王仁が伝来した時の鈔本の系統であるとした。それに対して、漢学者安井朴堂は、この根本博士の言説について一言を述べ、本書が他の古鈔本と大差ないことなどからして、王仁本の系統と見るは早計であるとし、実は、『論語義疏』などの後来の伝本から出たテキストであろうと反論した。

江戸期と思われる縹色古表紙（二十四・二×十七・五㎝）に墨流し題簽を添え「論語」と墨書。魏何晏の序を首に有し、

論語序　　　　何晏集解
叙曰漢中塁校尉劉向言魯論語二十篇皆／

巻頭は、章数を「何晏集解」の下に小字双行で付す、題式である。

論語学而第一　　何晏集解　　凡十六章（この四字は双行）
子曰学而時習之不亦悦乎　馬融曰子者男／子之通称謂孔／（馬融以下は小字双行）

墨の単辺有界毎半葉八行毎行十七字（匡郭内一七・七×十三㎝・行幅一・八㎝）で、紙質はやや茶色を帯びた古色蒼然としたもので、本文と同時期の書き入れ（返点・送仮名・縦点・附訓）がある。訓はゾ式のものも含まれる。訓法は、述而篇第七、「述して作せず」「不善を改むること能はざる」など、清家本とは一線を画す寺院系のものと判断される。尾題は、「論語巻第一終　経一千四百七十字／注一千五百一十字」と経注字数を有す。本文字句・書式からは、清家本とは異なり、更に毎巻の首に『論語義疏』の疏文の竄入も見えず、流布の多い正平版系統のテキストである可能性

が高いと思われる。しかしながら、戊類に属する青蓮院本（斯道文庫蔵）と同様に、学而篇最終章「不患人之不己知」に「王粛曰……」の注を付すなど、正平版と異なる『義疏』系テキストの要素も入り込んでいる。すなわち、正平版系にして他本との校合も加えられた中世独自の写本形態を保っているといえよう。また、異体字も多く、全巻一筆の筆致は相当の学力を思わせ、墨痕にも勢いあり、あるいは、書写は、五山系の緇流学徒によるものかもしれない。「根本／氏蔵」「根本／子龍／図書」印記あり。

また、参考として述べれば、近代になって、本書を転写した一本が、やはり秋田県立図書館に所蔵される（二冊18—19）。

斯道文庫蔵（091—12）　単経本　天正十八年（一五九〇）蔵六道人写　一冊

原装の栗皮表紙（二十七・四×二十・五㎝）に外題「魯論二十篇」と本文同筆にて書す。更に近代の後補紺色表紙を加える。何晏の序は、

論語序

叙曰漢中塁校尉劉向言魯論語二十篇皆孔子弟／

と始まり、巻頭は、

論語学而第一　　　　何晏集解　凡十六章

子曰学而時習之不亦悦乎有朋自遠方来不亦楽／

の如く題し、各章ごとに改行する。何晏の注釈は省かれている。

書式は、無辺無界、毎半行七行毎行二十字　字面高さ約二十三・五㎝。紙質は楮紙。全巻一筆で、書き入れの訓点も本文同筆である。書き入れの内容は、朱の点・線、墨の返点・送仮名・縦点・附訓である。尾題は、論語巻第一の如く、巻十まで通し、経文の字数をその下に記す。巻十の末に、「天正十八暦庚寅（この二字は小字双行）秋仲　如蠣庵（この三字は小字）蔵六道人書」と本文同筆にて書する。図27・28を参照。

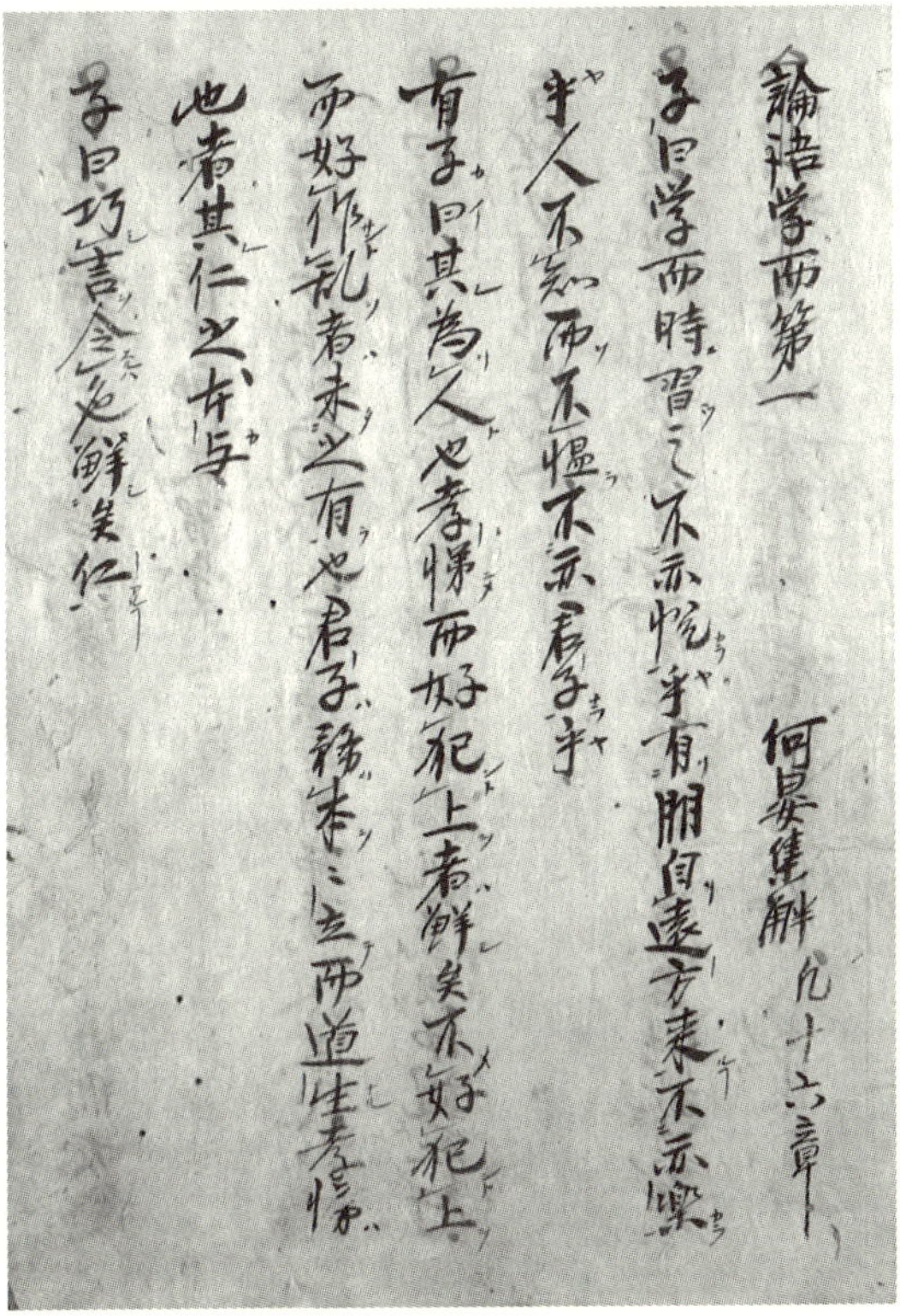
論語学而第一　何晏集解　凡十六章
子曰学而時習之不亦悦乎有朋自遠方来不亦楽
乎人不知而不慍不亦君子乎
有子曰其為人也孝悌而好犯上者鮮矣不好犯上
而好作乱者未之有也君子務本本立而道生孝悌
也者其仁之本与
子曰巧言令色鮮矣仁

図27
正平版系古鈔本　己類
天正18年（1590）蔵六道人写　単経本
斯道文庫蔵（091―12）１冊

本文177頁参照。単経本であるが、本文字句から正平版系と推測される。

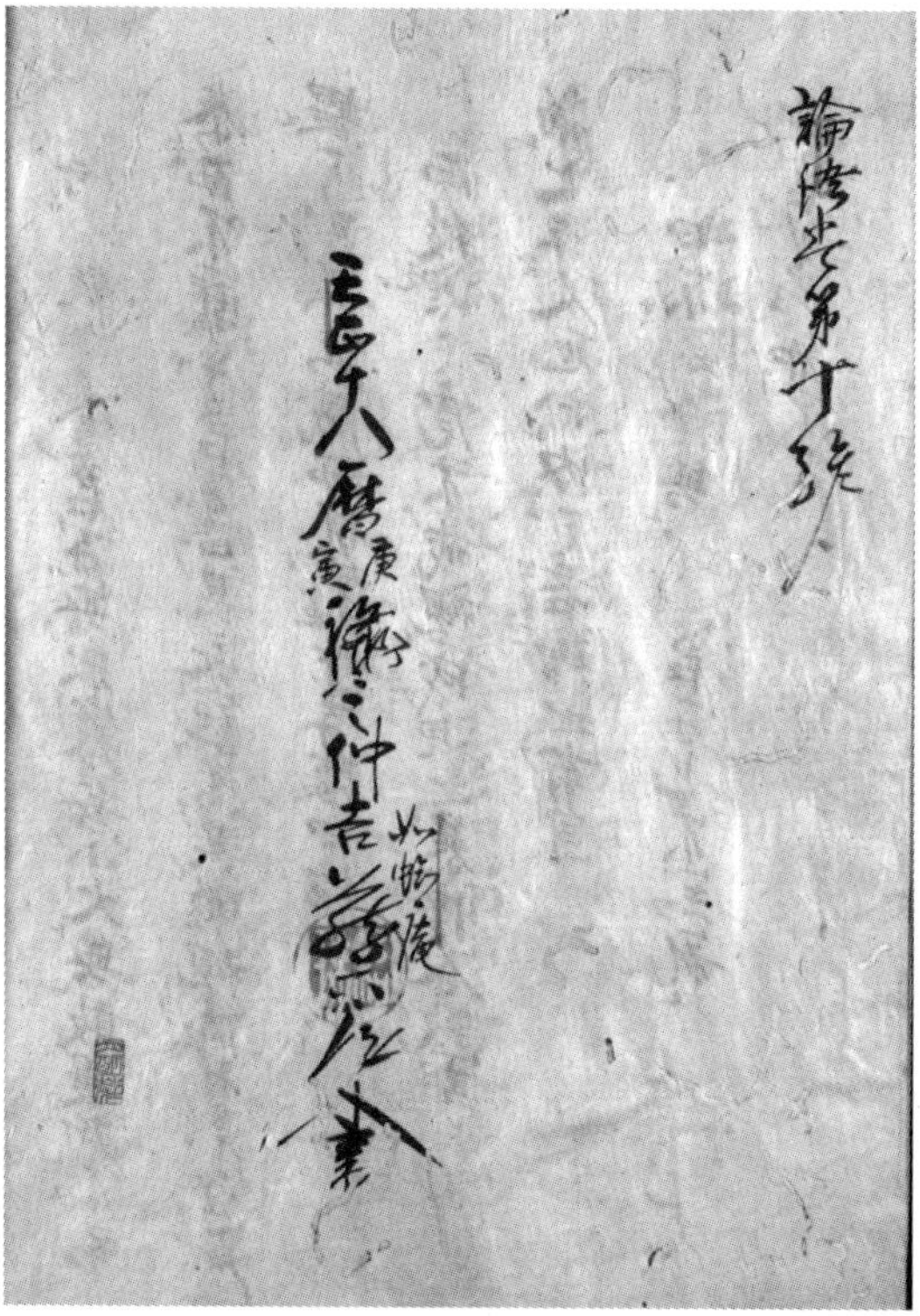

図28
正平版系古鈔本　己類
天正18年（1590）蔵六道人写　単経本
前掲本の巻末に記された本文同筆の識語
斯道文庫蔵（091—12）1冊

斯道文庫蔵（091—67）存序・巻一・二　室町時代後期写　永厳署名　一冊

後補の紺表紙（二十五×十七・一㎝）。全葉に襯紙を施す。何晏の序は、

論語序

叙曰漢中塁校尉劉向言魯論語二十篇皆孔／

と始まり、巻頭は、

論語学而第一　何晏集解　凡十六章

子曰学而時習之不亦悦乎　馬融曰子者／男子之通称／（馬融以下は小字双行）

と題する。

書式は、無辺無界、毎半葉六行、毎行十六字、注小字双行、字面高さ約二十㎝。尾題は、「論語巻第一　経一千四百七十字／注一千五百一十五字」などと経注字数を加える。因みに、巻一の経注字数の注の字数を「一千五百一十五」につくるのは、清家本の系統で、正平版系は「一千五百一十三」につくる。従って、清家本の変型である「丙」類に

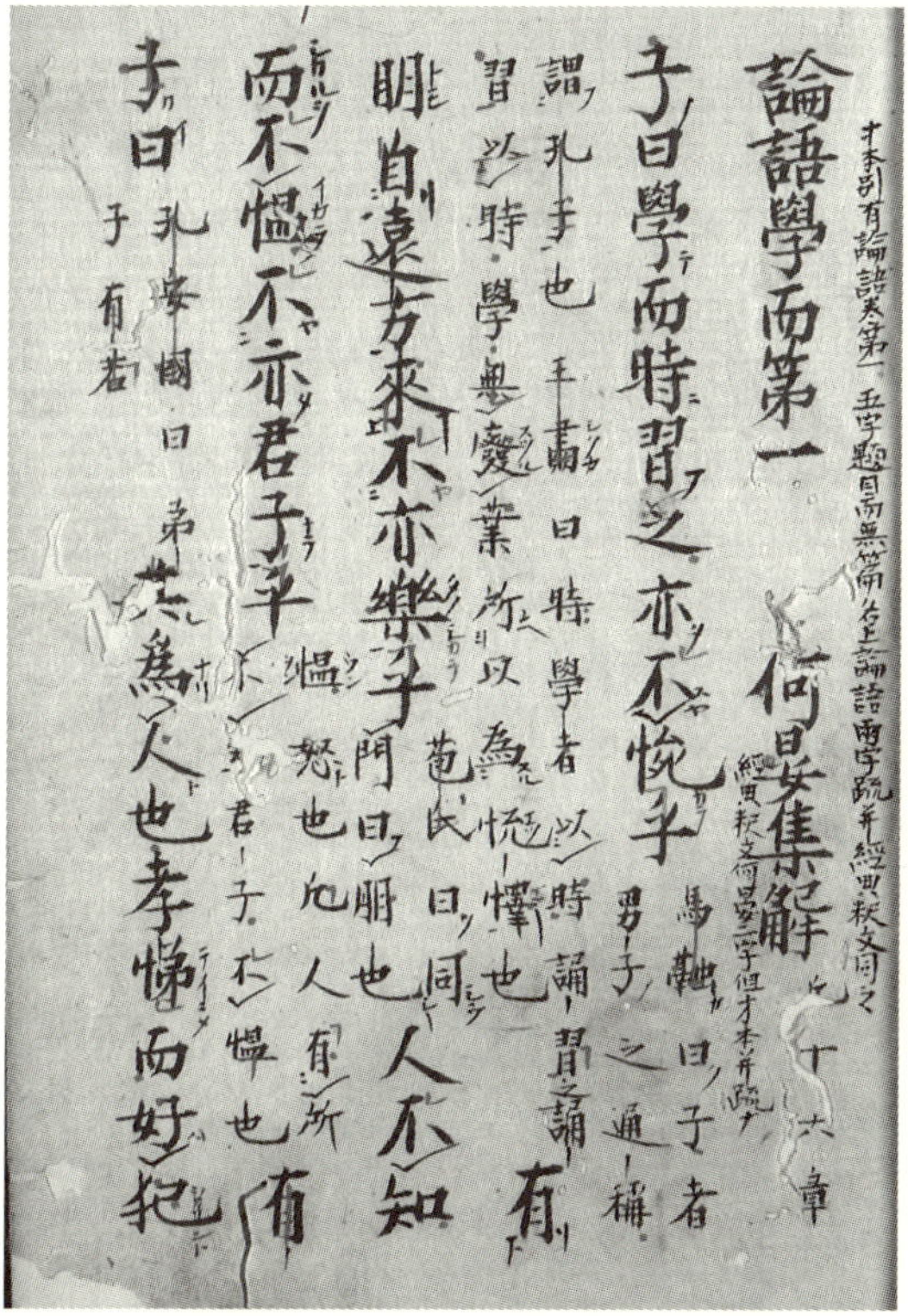

図29
正平版系古鈔本　己類
斯道文庫蔵（091—67）１冊

本文178頁参照。清家本の要素も遺すが、書式から正平版系のテキストに基づいている。

属する可能性もあるが、巻頭などから、ここは已類の分類にしておく。室町も後期になると、こうした様々なテキストの要素が絡んだ写本が流布するようになる。

筆蹟は一筆で、書き入れも同筆である。書き入れの内容は、朱のヲコト点、墨筆の返点・送仮名・縦点・附訓・声点、また、他本との校合などである。紙質はやや白みを帯び、厚手である。墨痕からして、室町も末に降ることはなく、享禄天文間（一五二八～五四）くらいの書写かと想像する。

巻二末に「永厳」の署名がある。本文同筆。図29を参照。

斯道文庫蔵（091—220）　存巻六～十　室町時代後期写　一冊

焦げ茶色古表紙（二十五×十七・五㎝）。先進第十一から末の堯曰第二十までの零本であるから、書式などによる系統の分類には困難が伴うが、その巻六（先進第十一）首が次のように題していることから、おおよそ、已類であろうと推測するのである。図30を参照。

論語先進第十一　　何晏集解　鄭二十三章／皇二十四章（鄭以下は小字双行）

子曰先進於礼楽野人也後進於礼楽君子也　先進／後進（この四字は小字双行）

書式は、墨の単辺有界、毎半葉八行、毎行二十字、匡郭内は二十×十三・五㎝。界の幅は一・七㎝。柱には、「論語（ともに言偏を記さぬ略字）幾　丁付」と書す。茶色の薄手の楮紙に一筆（巻九・微子篇の第二丁は同時頃の別筆による補写）で書かれた墨痕は、天文永禄間（一五三二～六九）を降らぬ書写年代と思われる。

本文と同時期同筆である書き入れには、返点・送仮名・縦点・附訓・校合があり、朱筆によるヲコト点も付される。

欄外の引用に、『疏』（『義疏』）『句解』（『論語句解』）『朱』（朱熹『論語集注』）『師説』などがあり、各章の章旨をまとめた『義疏』の章題注を引用するは、庚類・辛類などの義疏系テキストとの交流を示し、朱子学の新注をも参照しているところは、中世『論語』講読の新しい息吹を感じさせる例である。

また、巻八衛霊公第十五の「子曰民之於仁也」章の欄外に書き入れて、「米文云、子曰父在観其志、父没観其行。集解无此章、鄭本有、古魯皆无此章。此句在学而篇而篇不可小知之下、可読之。越巻爛脱依此□耳。但於当家□不用此説。」とあるのなどを見ると、当家という言い回しから博士家系統のものに基づいている可能性もある。

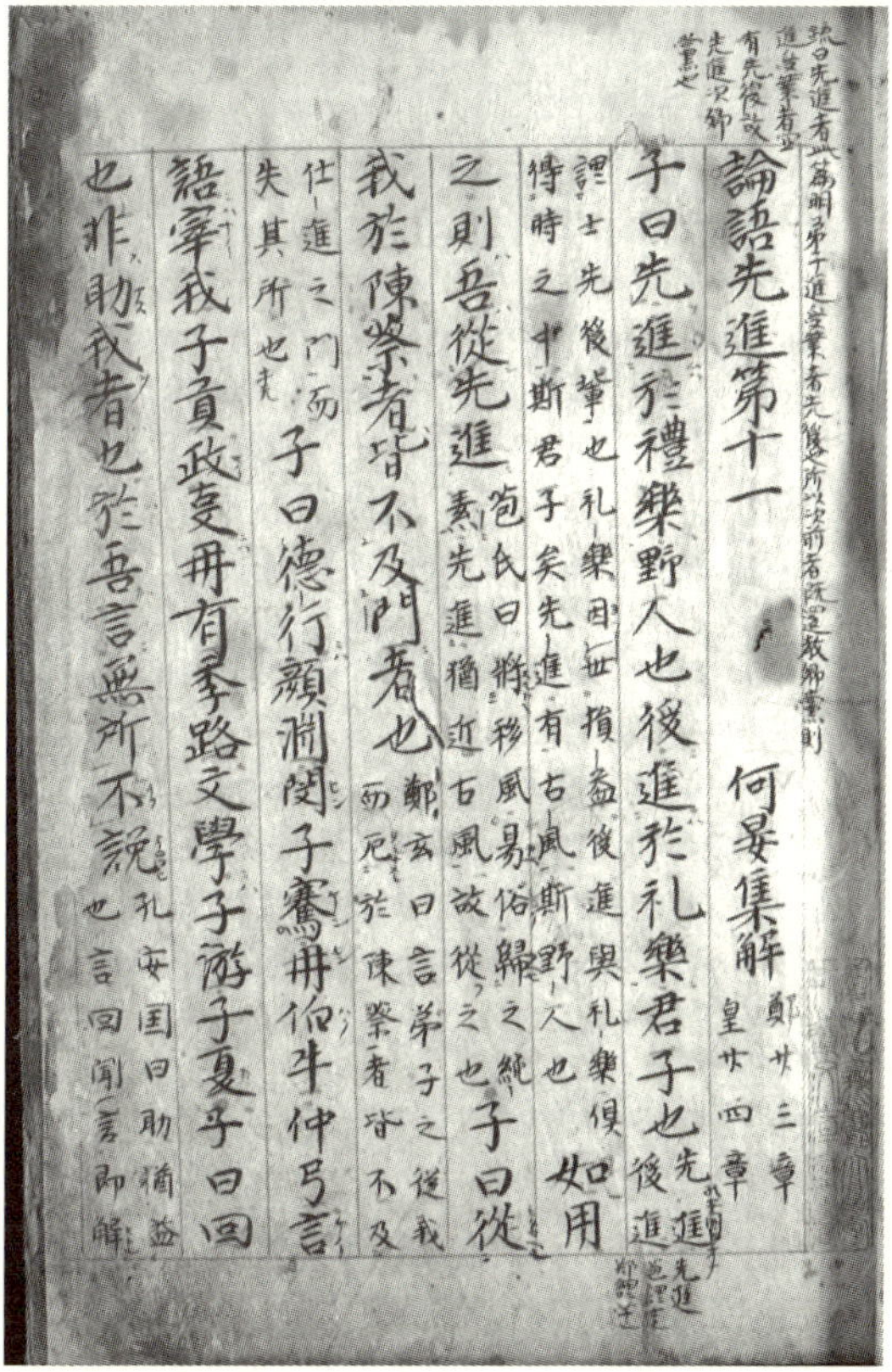

図30
正平版系古鈔本　己類
斯道文庫蔵（091―220）1冊

本文180頁参照。欄外の書き入れに『義疏』など多様な引用が見られるのは室町時代後期の特色である。

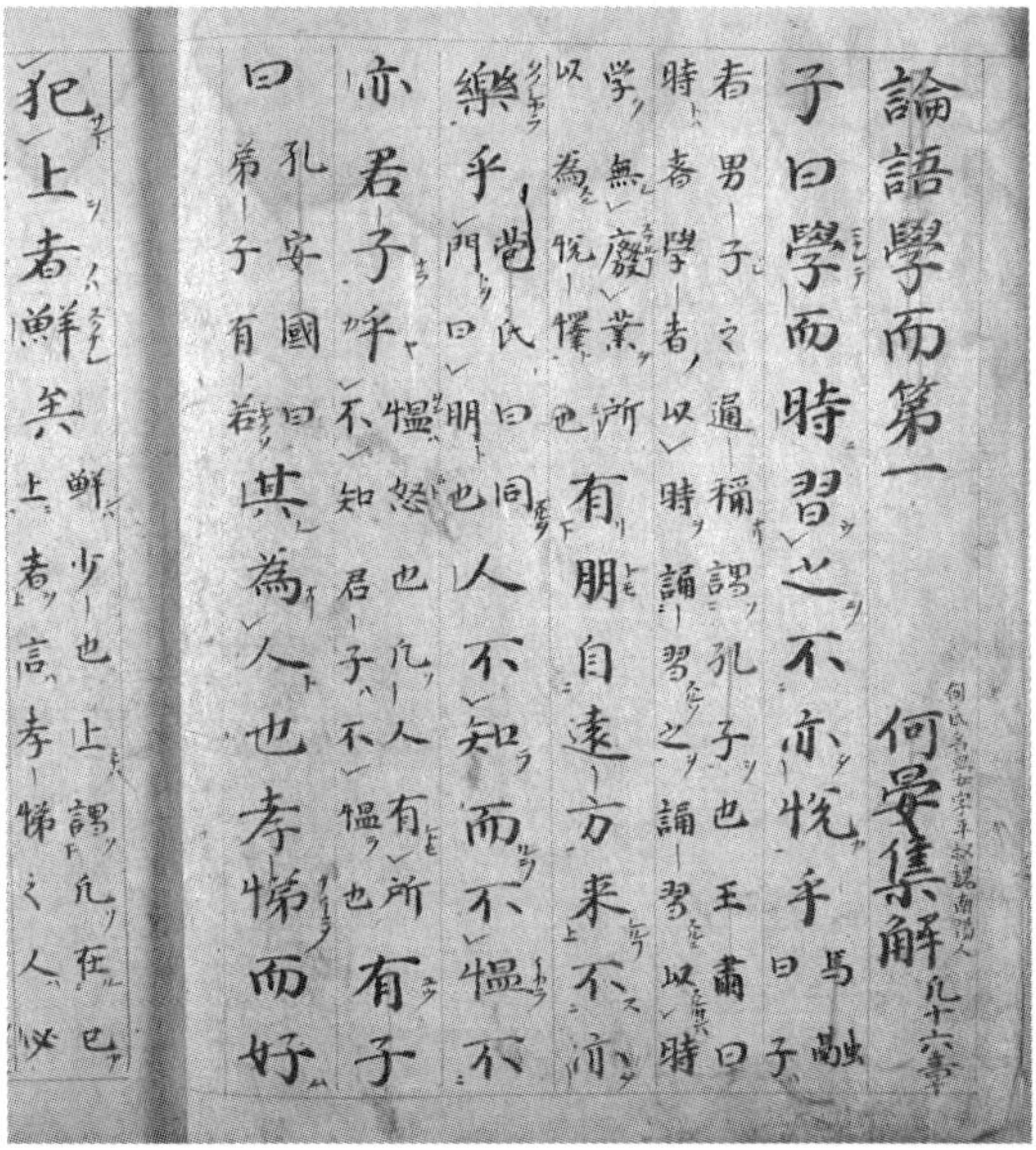

図31
正平版系古鈔本　己類
永禄３年鈔本
斯道文庫蔵（092―1）５冊

本文182・281参照。書式は正平版系であるが、『義疏』系の要素も混入する室町後期の自由な校勘をあらわすテキストである。

尾題は、論語巻第六などとし、巻八以外にはその下に経注字数を添える。旧蔵の考ずるべき根拠が何も遺らない。

斯道文庫蔵（092―1）　永禄三年（一五六〇）写　高木文庫・安田文庫旧蔵　五冊

本書は、第三部第二編第一章第二節、安田文庫旧蔵古鈔本の解説を参照。古活字版の蒐集で著名な高木利太氏から安田文庫に移ったものである。己類に分類するが、根本本と同様に、学而篇最後章「子曰不患人之不己知」の注「王粛曰」の一文を添え、正平版『論語』とは異なる一面を持つ。『論語義疏』の系統を引くものに存する注釈である。しかしながら、巻首に『義疏』の混入も見えず、題式も正平版系に似る。室町時代後期、幾種かのテキストが混じり合う、自由な校勘講説の現れである。

全巻一筆。訓点附訓も本文同筆。紙質はやや厚手で、変体字を多く用い、依るテキストの古さを伺わせる古樸な風格を醸し出している。

于時永禄三稔　庚申（この二字は双行）　五月十七日　五十歳　文彦

と本文同筆の奥書がある。図31を参照。

斯道文庫蔵（092―8）　天文十八年（一五四九）写　富岡鉄斎・戸川浜男旧蔵　五冊

本書は、末尾に本文同筆の次の奥書を添える。

于時天文十八年八月六日始染筆、同十一日書功了。／依有急用子細此書頓写之間、字形尤以卑賤／誤又可巨多、後哲哢嘲殊以有其憚而耳。／筆者沙弥道恵　三十三才

予感勤学之志書与此抄者也　文主梅千代麻呂之

後補の焦茶色の空押し菱文表紙（二十四・五×十五・六㎝）は近世初、慶長元和年間（一五九六～一六二三）頃の換え表紙と思われる。左上に「魯論語　自第一／至第十（自第十一／至第二十）」と墨書する。五巻をもって一冊とする。第一冊後ろ表紙見返しに「持主梅千代丸」と本文同筆の署名がある。

魏何晏の序を冠す。

論語序
　叙曰漢中塁校尉劉向言魯論語／
本文巻頭は、序から改頁せずに続けて、
　論語学而第一　　　何晏集解　凡十六章（章数は小字双行）
　子曰学而時習之不亦悦乎　馬融曰子者男子之／（馬融以下は小字双行）
と題す。ただし、巻第三里仁篇第四と巻十堯曰篇第二十は、
　論語里仁第四　凡二十六章（章数は小字双行）　何晏集解
と章数が中間に位置する。この形式は清家本のものである。
　書式は、無辺無界、毎半葉七行、毎行十三字、小字双行、毎行十六字。字面高さ約二十㎝、行幅約一・五㎝。紙質は薄手の斐楮混交紙。本文同筆の墨による返点、送仮名、縦点、附訓、声点・清濁点、校合を書き入れ、やや時代を降る朱筆によるヲコト点を加える。訓読は、寺院系の読みと清家点の読みが混交している。また、後筆による『義疏』注釈の書き入れも少々見える。
　尾題は、論語巻第一　経一千四百七十字／注一千五百一十三字　などと経注字数を附す。
　本書は、財団法人大橋図書館『論語展覧会目録』に、富岡益太郎氏蔵として出品され、『富岡文庫善本書影』（大阪府立図書館編・昭和十一年）の六十番に載せた。更に、昭和十四年の『富岡文庫御蔵書第二回入札目録』の二十八番に収載、これを、昭和十五年一月二十八日伊賀上野町の沖森書店において戸川氏が入手した（末に昭和二十一年七月二日、戸川氏の購得識語がある）。その後、英国人在日蔵書家フランク・ホーレー氏（一九〇六～六一）が入手したものである。
富岡鉄斎（一八三六～一九二四）は南画家で、蔵書は天下に甲たる質量を誇り、昭和十三年五月と十四年三月の二回に

亙り空前の高値で売られた。この頃の売り立てで、富岡文庫の他、九条家、内野皎亭、久原家、田安家など日本屈指の蔵書家のものが世に出た。「残花書屋」「賓／南」（陰陽二種）「賓南／過眼」と文学者戸川残花・蔵書家戸川浜男の印を捺し、「宝玲文庫」（ホーレー）の印もあるが、富岡氏の印は無い。

図32・33を参照。

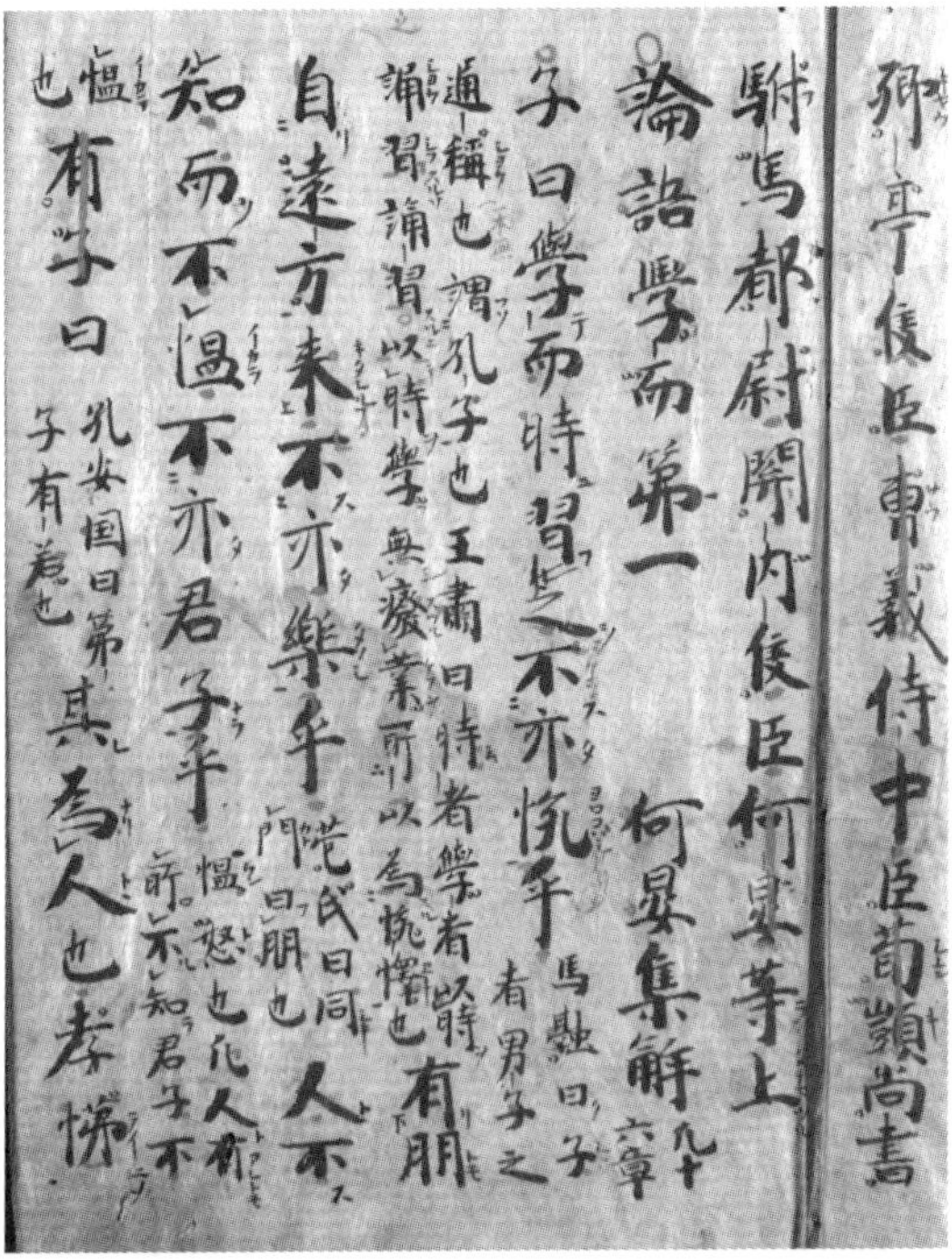

図32

正平版系古鈔本　己類

天文18年（1549）鈔本

斯道文庫蔵（092―8）２冊

本文183頁参照。課本として書写されたものであるが、書式も厳密で、字様に拠るべきものがあり、ヲコト点を附し、室町時代の講読が力に満ちていたことを示す伝本である。

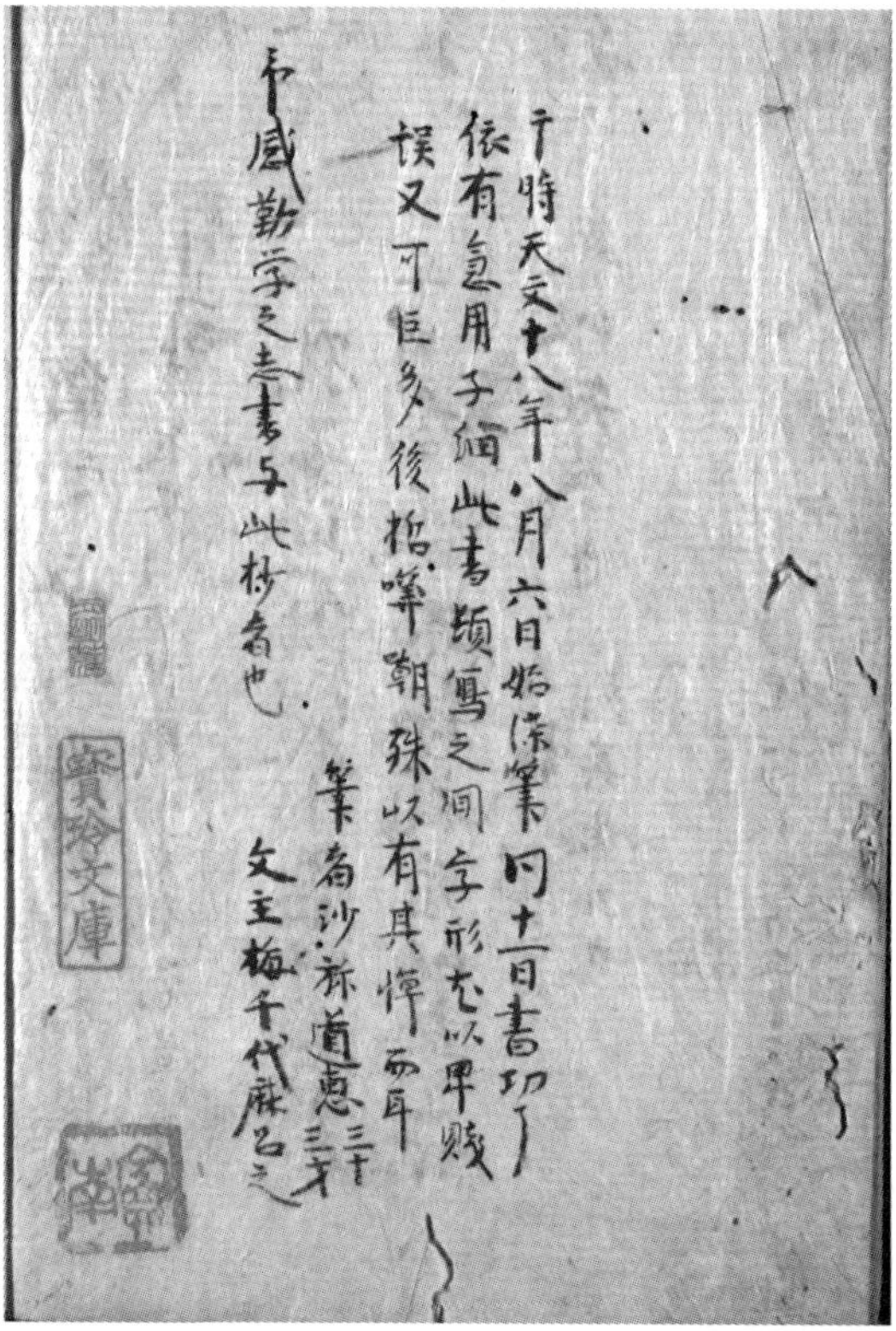

図33
正平版系古鈔本　己類
天文18年（1549）鈔本
前掲本の末尾に附された本文同筆の奥書
斯道文庫蔵（092—8）２冊

斯道文庫蔵（092—50）　室町時代後期写　伝・祥貞禅師写　五冊

本冊は、鈔本自体にはそれほど特記する特徴を具えないが、伝来には頗るいわくがある。収納する桐箱には、二種の箱書きがあり、

一は、「天保二年辛卯年／十月十二日再箱而蔵／木村盛芳造」とあり、

一は、「此論語十巻五冊本ハ論語集解攷異第三頁裏中部ニ『尾州有南河州手録本』ニ該当スル尾州伝来ニシテモト

各冊ニ楠氏蔵書印アリシヲ佐々木竹苞楼主人ノ有ニ帰シタル際除去セリト云フ乃チ古来此書ハ楠正成ノ手書ナリト伝ヘタルモノナリ　昭和丁丑十月　千洲記」とあり、尚かつ、箱に附された「証書」一葉には、「金森氏所蔵祥貞禅師真蹟論語／実世上希有物也偶持来教予管見之／真偽観之則手沢温雅凡眼区窺寧容／思慮雖然神者以崇敬増威物者以証明／為宜幸君勿疑加信仰因弥則加護報／豈薄手若能如是信受如是奉行得福必矣／　于時文政七申四月二十六日／幻住成高三十七世興本禅隆　〈興／本〉〈禅隆／印〉（陰刻）印記」と墨書されている。

木村・千洲、いずれも何人であるかをつまびらかにしないが、伝承の言い伝えの内容は尋常なことではない。先ず、吉田篁墩（一七四五～九八）の『論語集解攷異』（寛政三年刊）に引用される尾州本についてであるが、拙論慶長刊本の研究において、吉田氏が攷異に用いた古刊古鈔本『論語集解』のテキストについて、提要に挙げられたものと現存のものとの同定を行ったが、計七種の伝本を用いて攷異を作成した吉田氏が、尚求めて得ることができなかった二種のテキストを挙げていう、「嘗て聞く、西京に建武中写本有り、尾州に楠河州手録本有り、皆求めて未だ得ざるものなり。」このくだりを挙げて千洲は本冊を尾州本にあてているのである。建武中写本は、大東急記念文庫現蔵のもので、南北朝の初、建武四年（一三三七）に清原頼元が識語を認めた鎌倉時代末期を遡ると見られる古写本を指す。一方、楠木正成（?～一三三六）の手写本の存在を伝える謂われは不詳であるが、また本冊がそれに相当するという確証もない。ただ、各冊尾に蔵印乃至は署名を削去した痕跡があり、千洲のいう竹苞楼の仕業を裏付けるものではあるようだ。しかしながら、本冊の書写年代は、書誌学的に室町時代の後期、遡っても中期の後半を上限とするであろうことから、南北朝の人の手に係ることは考えられない。

注意するべきは、興本禅隆の識語に見えることがらで、「金森氏所蔵祥貞禅師真蹟論語」という根拠は、本冊に附されたもう一つの文書である「鎮火墨蹟記」と題するメモ書きである。この記は、面山和尚（面山端方・一六八三～

一七六九）広録から祥貞禅師（永正八年＝一五一一寂）に関する記事を抄出し、金森正五郎に与えたもので、光明鋏山の署名で文政六年（一八二三）に記したものである。そもそも、本冊が、祥貞禅師の書写『論語』と伝えられることをうけて、所蔵者金森氏が、その禅師の伝や真蹟の真偽を証書として求めたものであろう。それによれば、祥貞禅師は、道号を天英といい、永平寺十一世（祖機禅師）の法裔で、文明・明応年間（一四六九～一五〇〇）に宇都宮の成高寺に住し、信州の龍雲・正眼・興禅・妙笑・興国などの古刹の開山であった。禅師が書に秀でていたので、神の化身が現れ、その右手を借りて写経をした。後日、右手を返して鎮火の霊験をもって報謝した。これで、右手が短くなり、短手祥貞とも称され、また、師の墨蹟があるところ火災無しという効験があり、鎮火の墨蹟といわれるようになった、と。また、舜政というのは別号であろうともいう。こうした言い伝えが『論語』古鈔本の伝承と重なったものであろう。なお、舜政禅師は、庚類に挙げる斯道文庫蔵本（092―52）の書写者と伝えられ、祥貞禅師・天英と同様の事跡が伝わる。彼此混同して伝わった可能性がある。その真偽はともかくとして、こうした地方の由緒ある寺院・高僧の営為が、由緒ある『論語』鈔本の伝来を裏付ける事自体に、『論語』古鈔本の地方伝播と文化史への浸透を感得できるのではなかろうか。

縹色の古表紙（二十六×十九・五㎝）に五冊の中、第一・四冊に古い室町期の題簽を遺す。「論語　自一之四」「論語　自十三之十六」と墨書する。魏何晏の序は、

　論語序

　叙曰漢中塁校尉劉向言魯論語二／

と題し、巻頭は、

　学而第一　　　　何晏集解　凡十六章（章数は小字双行）

子曰学而時習之不亦悦乎　馬融曰子者男／（馬融以下は小字双行）

と始まり、この種の伝本が「論語学而」と題するのとは様子を異にする。しかし、本文の系統は助字の有無などを除けば正平版の系統であることは間違いがない。本文・訓点書き入れ・匡郭など全て一人の手になるもので、単辺有界（十九・八×十五・六㎝、界幅二・一㎝）に毎半葉七行毎行十四字で書写する。柱には何も記さず、訓点書き入れは、返点・送仮名・縦点・附訓を墨で加え、朱引きを附す。欄外には簡単な注釈を書き入れ、それには後筆になるものもあるようだ。また、薄墨の附訓（後筆）もまま見うけられる。字様・筆画は精勤で一字を忽せにはしない。独特の略字もあり、特色ある書き方もあり、それらが型にはまって思いつきでないところが、並々ならぬ筆写の迫力を感じさせる。この、室町時代の中期から後期にかけての特徴ある字勢は、刊経や正平版などの版刻体の影響と、南北朝以来の柔らかな、鎌倉時代以前の書写体風を受け継いだものの影響とが混然となって、表面的には荒々しく感じさせるものの、熟覧するとその画一的な深みを感得できる不思議な魅力を持っている。恰も、日本中世の版刻史を担った五山版が、一見粗雑な彫刻に見えるが、よく見るとそこに中国の古版（宋元版）の味わいが色濃く遺されていると思えてならない感覚とよく似ている。紙質はやや白みを帯びた厚手の上質紙で、尾題は、「論語巻第一　経一千四百七十字／注一千五百一十三字」　などと経注字数を附す。図18を参照。

慶應義塾図書館蔵（110X—249）　応永六年（一三九九）写　竹中重門旧蔵　三冊

本冊は、竹中半兵衛重治（一五四四～七九）の嫡男、竹中重門（一五七三～一六三一）の旧蔵と伝える。重門は『豊鑑』の著者として知られる学問武士であった。「竹裏館文庫」の印を捺すことがあるが、これには捺さず、弘文荘の伝来書きが外木函に記されていることによる。慶應義塾図書館には弘文荘伝来の重門旧蔵書が他にも所蔵され（慶長刊、下村生蔵版『中庸章句』など）、由来の正しさを証している。中世の古い古鈔本が近世に近づく武士の手によって厚く信奉される姿は、古鈔本流伝の時代による変化を示す事実として見逃す事ができない。

五針眼の綴じによる縹色古表紙（二十三・五×十五・五㎝）は、前記祥貞禅師本によく似る。茶色の古い題簽も祥貞本に似るが、そこに「六藝喉衿」と墨書するのも古い筆蹟である。これは『論語』を雅な言い方に改めたもので、清原博士家がよく用いるもので、ここに少しく清家本の影響をみることができる。何晏の序・巻頭は、次の如し。

論語序

叙曰漢中塁校尉劉向言魯論語二／

論語学而第一　　何晏集解　凡十六章（章数は小字双行）

子曰学而時習之不亦悦乎　馬融曰子者男／（馬融以下は小字双行）

ただし、本文と同筆と思われる筆蹟で、「世論語序有注……」「疏曰以学為首……」「才本別有論語巻第一五字……」など他本との校合がなされ、『義疏』を引いているところは諸本との交流という点で注目される。「疏曰以学為首……」は各篇の章旨をまとめた文で皇侃『論語義疏』中のもので、日本の古鈔本にはよく書き入れられ、また、「世論語序有注……」という、何晏の序に注が付されるのも『義疏』本の特徴である。「才本別有論語巻第一五字……」という、「才本（摺本＝印刷本の略）」との巻頭題の違いも、実は『義疏』との違いに酷似する。応永年間は室町時代の前期で、この時代に遡る『論語義疏』古鈔本は確としたものが実見できず、受容の実態はなお漠然としている。このように、依然として正平版系統のテキストを中心としながらも『義疏』系統の『集解本』が流行する以前に各テキスト間で交流があった事実を物語る本書の価値は極めて甚大であるといわねばならない。

書式は単辺有界、毎半行七行毎行十四字、匡郭内は十七・一×十二・五㎝。界の幅は一・八㎝。薄手の楮紙で、柱には「論語巻幾　丁付」と墨書、尾題は、「論語巻第一終　経一千四百七十字／注一千五百一十三字」などと経注字数を付す。朱のヲコト点・墨の訓点（返点・送仮名・縦点・附訓・声点）を付し、朱熹の新注や、『義疏』・音注などを墨筆で書き入れる。書写字様は、謹直というよりは軽快な筆致であるが、一定の規範性を最後まで崩さない。

末尾の奥書も本文同筆で、「于時応永第六仲冬日　書写之了」と記す。室町時代の『論語』古鈔本中、最も古い奥書を有するものである。

東洋文庫所蔵（1C42）　存巻一～五　室町時代中後期写（寄合書）　永正十二年（一五一五）校訂奥書本　一冊

本文と共紙の表紙（二十五・五×十八・五㎝）で仮綴じの装訂にしてあり、次の古い書き外題がある。「永正拾貳年／論語　何晏集解自一至五（この八字小字双行）」と。末尾に永正十二年の奥書があることによってこのように記される。昭和六年の大阪府立図書館『論語』展覧会、また、昭和初期の大橋図書館『論語』展覧会に「永正十二年鈔本」として出品されたもので、爾来その年号が書写年代であると考えられてきた。しかし、本文・後補補筆・奥書などの墨痕を仔細に検討すると、永正の奥書は本文より後筆に係る可能性が高く、本文書写は永正よりもかなり遡るのではあるまいかと推測されるのである。

何晏の序は次の如く首に置かれ、また巻頭も他の伝本と同じように題する。

論語序

叙曰漢中塁校尉劉向言魯論語二十篇皆孔子弟／

論語学而第一　　　何晏集解　凡十六章（章数は小字双行）

子曰学而時習之不亦悦乎　馬融曰子者男子之通称謂孔子也王粛曰時／（馬融以下は小字双行）

書式は、単辺有界の墨界（二十二・五×十四・九㎝　界幅二・二㎝）に毎半葉七行毎行二十字で全書一筆にて書写する。料紙は楮紙で、やや茶色味を帯びる。また、本文と同時と思われる墨の返点・送仮名・附訓を加え、朱引き・朱点をも添える。尾題は「論語巻第一」の如く記し（但し巻五は欠く）、その下に、「経一千四百七十字／注一千五百一十三字」などと経注字数を記す。

巻五の尾題から改丁せる紙葉末尾に、「于時永正拾貳年　乙亥　南呂吉日」と朱による奥書が記される。この手は或いは本文に加える朱点朱引きと同筆かとも思われ、更に、巻九の首題「論語子罕巻第九」の下に加えられた「何晏集解　凡三十一章／皇三十章」の文字が朱による後筆と考えられ、尚かつ奥書と同筆であることから、奥書は本文とは同時期ではなく、本文書写より時代が降って、朱筆によって講読校訂した際に加えられた年号であるとするのが自然であろう。実際、紙質墨痕を按ずるに、永正（一五〇四～二〇）よりも古い感触を覚え、書写年代は室町時代の中期から後期に遡り、或いは応仁の乱（一四六七）以前に属することもあり得る。

本書の特徴と意義は、正平版系の類にありながら、本文とは別筆でなされた書き入れがあり、皇侃『論語義疏』と邢昺『論語正義』の、各篇の趣旨をまとめた解説文を抜き書きして欄外等に遺していることである。例えば、雍也篇の首に次のように書き入れる。

雍孔子弟子也、明其才堪南面而時不与也、所以次前者、其雖無横罪、亦是不遇之流、横罪為切、故公冶前明、而雍也為次也。

正義曰此篇亦論賢人、君子及仁、知、中庸之徳、大抵与前篇相類、故以次之。

という具合で、前者が『義疏』で、後者が『論語正義』に相当する。すなわち、この時代に『論語義疏』の影響は色濃く正平版系テキストにも反映されていたのであり、『義疏』『正義』は当年の『論語』講読には欠かせないものであったことが理解される。と同時に、こうした痕跡からも、義疏系の鈔本が正平版系の鈔本よりも後出ではなかろうか、という想像を可能ならしめるのである。

書写字様は略字が多く、やや粗に見えるが、一字一字に丁寧な力を現している。「雲邨文庫」（和田維四郎）の印記あり。

お茶の水図書館成簣堂文庫蔵（1140082）　存巻七～十　室町時代末期写　二冊

後補薄朱色古表紙を附す。縦二十七・二×横十八・三cm。「魯論　五之十」などと墨書。本文巻頭は次のように題す。

論語巻第九

陽貨第十七　　何晏集解　凡二十四章（凡以下は小字双行）

陽貨欲見孔子々々不見　孔安国曰陽貨陽虎（孔安国以下は小字双行）

尾題は、「論語巻第七」などとあり、「経二千三百九十四／注二千五百五十六」などと経注字数を添える。書式は、厚手の楮紙に、無辺無界、毎半葉七行、毎行十四字、字面高さ約二十二cmで書す。本文同筆の訓点（返点・送仮名・縦点・

附訓）を墨にて、また朱点朱引きをも加える。また、後筆の書入れに、「朱註……」と朱熹の新注を参照しているのが見える。訓は概ね清家点と思われる。巻十の末に「建長七年乙卯仲春十二月　書写畢」と本文別筆にて奥書を加えるが、これは後人の技で、本文書写とは関係がない。建長七年は一二五五年で鎌倉時代の前中期に当たる。鈔本としては古い時代に相当し、本書の書写年代とは考えられず、本奥書としても、建長のテキストは存在が知られてはいない。

「横地氏／珍蔵記」「靄隅文庫」などの印記あり。「蘇峰／学人」印あり、徳富蘇峰の旧蔵。

お茶の水図書館成簣堂文庫蔵（1140089）　存巻六～十　室町時代末～近世初期写（寄合書）　一冊

薄茶色、江戸時代前期頃の改装表紙（二十七・二×十八・八㎝）に「論語」「冬」と墨書。巻頭は、

論語先進第十一　何晏集解　鄭二十三章／皇二十四章（鄭以下は小字）

子曰先進於礼楽野人也後進於礼

と題す。書式は毎半葉七行、毎行十四字、界の幅は二・五㎝で、巻六、巻七、巻八、巻九～十がそれぞれ異なる筆蹟で四手からなる寄り合い書きである。書き入れは墨の返点・送仮名・縦点・附訓に朱のヲコト点が加えられる。訓法は清家点に忠実である。本文と同時頃と思われる。尾題は、「論語巻第六」のように題し、下に「経二千六十二字／註一千九百四十六字」と字数を附す。

「天祐」（陰刻）「宗挙」の印記を捺す。また、「蘇／峰」（陰刻）の印記あり、徳富蘇峰の旧蔵。

国会図書館蔵（WA16―12） 巻一～五 室町時代写 巻六～十 室町時代末～近世初期源昌勝入道徳庵写
賀茂三手文庫旧蔵 四冊

四冊とも同じ後補の江戸期、茶褐色表紙（二十六×二十・三㎝）。首に何晏の序を冠し、取り合わせ本のそれぞれの首、巻一と巻六の巻頭は次のように題す。

論語学而第一　何晏集解　凡十六章（章数は小字）
子曰学而時習不亦悦乎　馬融曰子者男子之通称（馬融以下は小字双行）

論語先進第十一　何晏集解　凡二十三章（章数は小字双行）
子曰先進於礼楽野人也後進於礼楽

書式は単辺有界に、毎半葉九行、毎行十六字で書す。辺の大きさは二十二・四×十七・六㎝。巻六以降は、無辺無界で七行十五字、字面の高さは約二十一・五㎝。尾題は、「論語巻第一」などと記し、下に経注字数を双行で付す。これは、巻十まで同じ様式である。本文への書き入れは、巻五までが墨の返点・送仮名・附訓、朱のヲコト点、縦点、朱引き、巻六以降が墨の返点・送仮名・縦点・附訓に朱のヲコト点と朱引きを加えている。いずれもそれぞれの本文書写者と同一人かまたは同時代の人によって加えられたものであろう。訓読はいずれの鈔本も、ほぼ博士家の読みを基礎としていて、ヲコト点も経伝に属する。

学而篇最終章「子曰不患人之不己知」に、「王粛曰」の注を一文添え、正平版『論語』とは異なる一面を持つ。『論語義疏』の系統を引くものに存する注釈である。これは、斯道文庫蔵永禄三年本などと共通する本文系統の要素であるが、『論語義疏』系のテキストが影響しあった名残である。

巻一～五の写本は、やや茶色を帯びた古色の料紙で、字も太く落ち着いた感じを抱く。巻六以降の鈔本は、明るい感じの料紙で、柔軟な字様を保ち、室町末期に常見の字画曲線を有している。後述のように、この部分の鈔本は、源昌植の曾祖父が書写したと証されていて、元禄十五年（一七〇二）から辿ると、仮にこの時源昌植が四十歳として、四十歳ずつ遡っていけば曾祖父が四十歳の時は天正十年（一五八二）にあたり、室町時代末期頃の書写にかかることは間違いがない。

「賀茂三手文庫」（陰刻）の印記を捺すが、何故かみな上下転倒している。上賀茂神社の旧蔵。上賀茂社の東手・中手・西手を合わせて三手と称し、その文庫は江戸時代の中期に再興された。明治には散佚したものが多く、本書は、明治四十二年に帝国図書館が購入した。

上賀茂社への奉納識語が以下の各所に見られる。

第一冊前表紙見返し

論語集解四冊奉納

上加茂社文庫

元禄十五年壬午八月釈菜日

山城州石清水神職

宇治大路安之進　源昌植

巻二末

論語集解四冊内自学而篇至里仁篇　奉納

上加茂社文庫
元禄十五年壬午八月吉旦　山城州石清水神職
宇治大路安之進　源昌植

巻五末
論語集解四冊内自公冶長篇至郷党篇　奉納
上加茂社文庫
元禄十五年壬午八月吉旦　山城州石清水神職
宇治大路安之進　源昌植

巻七末
論語集解四冊内自先進篇至憲問篇　予曾祖父昌勝入道
徳庵真筆也　奉納　上加茂社文庫
元禄十五年壬午八月吉旦　山城州石清水神職
宇治大路安之進　源昌植

巻十末
論語集解四冊内自衛靈公篇至堯曰篇　予曾祖父昌勝入道
徳庵真筆也　欲伝不朽今茲奉納　上加茂社文庫
元禄十五年壬午八月吉旦　山城州石清水神職
宇治大路安之進　源昌植《タネ》

静嘉堂文庫蔵（101―20）　天文十五年・十六年（一五四六・四七）写　一冊

新補表紙（二十六×十七・九㎝）は、もと二冊であったのを改装したものである。首に、何晏の序を冠す。

論語序

叙曰漢中塁校尉劉向言魯論語二十

本文は序の後に改頁せずに一行を空けて続く。

論語学而第一　　何晏集解　凡十六章（章数は小字双行）

子曰学而時習之不亦悦乎　馬融曰子者男子之通称謂孔子也王粛／（馬融以下は小字双行）

書式は、無辺無界で毎半行八行毎行十七字、注は小字双行で毎行二十七～八字、字面の高さは約二十一㎝、料紙は薄手の楮紙を用い、後に全紙裏打ちを加えている。本文は全巻一筆で、また、書写時と同時同筆の書き入れ（返点・送仮名・縦点・附訓・声点・朱引き・序のみに朱のヲコト点）を加える。後筆の訓点もあるが、全体として丁寧な訓点課本となっている。尾題は、論語巻第一　経一千四百七十字／注一千五百一十三字　などと経注字数を附す。巻十まであり。

巻五・十にそれぞれ本文同筆にて次の奥書がある。

天文十六年丁未二月五日書之畢

天文十五年丙午十二月二十八日書之畢

天文十五年は一五四六年で、室町の後期にあたる。字様は墨痕濃密なるも、室町末期の風を既に感じさせる。正平版系の古い異体字と近世初頭の木活字体の風格が混在している。

正平版との関係は、文字の異同の点では、初刻本・双跋本・単跋本いずれの要素も窺い知れるのであって、この時期のテキスト成立の緩やかな受容を示しているようである。

日光山輪王寺蔵（85―2―1467）存巻七～十　文亀二年（一五〇二）写　天海蔵　一冊

天海（一五三六？～一六四三）は天台僧で、慈眼大師。徳川家康・秀忠・家光三代に仕え、寛永寺を創建、寛永十四年（一六三七）木活字一切経（天海版）を印行した。早く、永禄三年（一五六〇）から四年間、足利学校で学んだとされ（川瀬一馬『増補新訂足利学校の研究』講談社・昭和四十九年）、その際に蒐集したものかも知れない。縹色古表紙（二十二×十五・五cm）に、「四十六／天海蔵／論語　従七至十」と墨書する。表紙見返しにも「天海蔵」と墨書する。いずれも同筆に見える。

本文の首は次のように題する。

論語巻第七
論語子路第十三　何晏集解　凡三十章（凡以下は小字双行）
子路問政子曰先之労之　孔安国曰先導之以徳（孔以下は小字双行）

この題の様式は、『論語義疏』の影響を受けた「辛類」に似ているもので、本文に『義疏』の竄入はないものの、『義疏』系のテキストとの往来が見て取れる。書式は、単辺有界毎半葉八行の墨界に毎行十四字に記し、界の大きさは縦十七・一cm、横十二・三cm、毎界の幅は一・五cm。料紙は楮紙で、本文は一筆、更に本文と同時同筆の墨による返点・送仮名・縦点・附訓を加え、また、朱筆によるヲコト点・朱引きをも加える。本文の書写字様は略字が多く、やや拙に見えるが筆画には由るべきものがある。テキスト・訓法には既に諸本校訂混在するものがあり、何と特徴づけるものがないが、京都や足利などの学問を柔軟に伝承した学僧の手になるものであろう。巻末には、「論語巻第七」などと尾題を記し、その下に「経二千三百九十四字／注二千五百五十六字」などと経注字数を附している。

巻十の末には、「于時文亀二年四月五日書之終」と本文同筆の書写奥書を添える。文亀二年は、鈔本の年代から考察すると、室町時代の中期の末に当たる時で、それは、博士家の清原宣賢（一四七五～一五五〇）が活躍し、定本を定める永正年間よりやや前に属し、正平版が覆刻された明応年間にやや遅れる頃である。正平版を中心とした古いテキストを中心に、爛熟した鈔本の伝播がもう至るべき処に達していた感を抱かせる。

某家蔵　巻三・四・九・十　近世初期写　二冊

原本の所在は未確認であるが、斯道文庫に所蔵する写真によって、その姿が想像される。仮綴じで、公冶長第五第十一章「剛　孔安国曰慾／多情慾之也（孔以下は小字）」から泰伯第八第十四章「子曰不在其位不謀」まで、陽貨第十八第三章「莞爾而笑」から堯曰第二十尾までを存し、

論語雍也第六　何晏集解　凡三十章

子曰雍也可使南面也　苞氏曰可使南／面者言任諸侯（苞氏以下は小字双行）

などと題す。また、尾題は「論語巻第三」などと記し、下に経注字数を双行で附す。書式は単辺有界で、辺の大きさは二十・五×十六・三㎝。毎半葉七行十五字。本文は一筆で、訓点（返点・送仮名・縦点・附訓）も同筆に見える。朱点もあるようだ。また、附箋に本文同筆にて『論語義疏』の各章の総括文を抽出して書写して貼付する。室町時代後

期には『論語義疏』の流布影響が甚大であったことを示す一例である。しかし、本文は、忠実ではないが、正平版系のテキストを受け継いでいるものと想像される。全体として字様は粗であるが、講読修習に熟した筆勢を感じさせる。

阪本龍門文庫蔵（230　二の七）　室町時代中後期写　四冊

全体として古い写本の風格を醸し出している。縹色の表紙（二十四・六×二十・五㎝）は室町時代末期の古表紙で、「喉襟　春〜冬」と外題墨書するのも或いは室町時代の末期に係るか。何晏の序は、

論語序

叙曰漢中塁校尉劉向言魯論語

と題す。「論語」には「リンギョ」と仮名を振る。引き続き改頁せずに、本文が始まる。

論語学而第一　凡十六章　何晏集解

子曰学而時習之不亦悦乎　馬融曰子（馬融以下は小字双行）

と、学而篇は題する。「凡十六章」の章数が、「何晏集解」の上に来るのは清家本の様式であるが、為政篇以降は皆、章数が「何晏集解」の下に来ている。尾題は「論語巻第一」以下巻第十まであり、下に経注字数を双行で附する。

書式は、単辺有界の墨界に、毎半葉七行、毎行十三字で書す。辺の大きさは、縦十九・二×横十八㎝。界の幅は二・五㎝。複数の書写者による寄り合いと思われ、墨の訓点（返点・送仮名・縦点・附訓）を附し、これは本文と同時の手になると思われる。朱筆で、墨の訓点をなぞるのは、後筆のものか。料紙は厚手の楮紙を用いるが、全体として明るい感じの紙色で、室町時代中期頃の正平版の紙質に似ている。墨質濃厚で異体字が多く、その様相など、正平版『論

語』の風格を持し、訓は、述而篇の「述べて作せず」「執鞭の士といふとも吾れ亦た之をせん」「威あって猛からず、恭しふして安し」などの例を見ても、清家本の読みと青蓮院本などの寺院系の読みを混在している状況を見て取れよう。

冊一の末に「従四位下清原宣光」と墨書する。所持署名である。宣光は清原氏舟橋家庶流の伏原家の明経博士で一七五〇（寛延三）～一八一八（文政十一）。古く博士家に伝わったものかは定かでないが、宣光は本書を講義に用いたらしく、書入れが少々見える。清家も近世を降ると、家伝のテキストに付加される秘伝性に厳格さが薄れたため、寺院系の要素を持つこうしたテキストも受容の範疇に含まれていた。他に、「豪仙之」「長満丸」などの墨書署名が見えるが詳細は不明である。

斯道文庫蔵（091―68）　単経本　室町時代中後期写　二冊

漆黒の古表紙（二十五×二十一㎝）を添え、古い「□論（おそらくは魯論、一文字剝落する）」の墨書外題を有する。紙縒で綴じ、冊子を上下にはさんで表紙を糊付けする一種の包背装のごとく仕立てる。紙質・墨痕は古色を漂わせ、力ある全巻一筆の書写は緇流の精力的な読習を物語る。別に一紙を添付してあるが、それには本文と同筆にて何晏の序文を書し、総ルビを振って読習に備えるものである。やや横長の外形といい、注を省いた簡便な内容といい、常に座右に置いて暗唱の為に参照する教科書の類を想像せしめ、身の一部となった実用書で、中世講読の一つの形を象徴する。序・巻頭は次の如し。

論語序

叙曰漢中塁校尉劉向言魯論語二十篇皆孔子

論語学而第一　　何晏集解

子曰学而時習之不亦悦乎　有朋自遠方来不

墨の単辺（十九・五×十七・五㎝）に有界（界幅一・八㎝）、十行十七字内外不等。本文と同時同筆の訓点（返点・送仮名・縦点・附訓）を墨で加える。朱引き朱点も同じ頃に加えたものである。訓読の附箋が多く遺る。訓法は清家点を踏襲

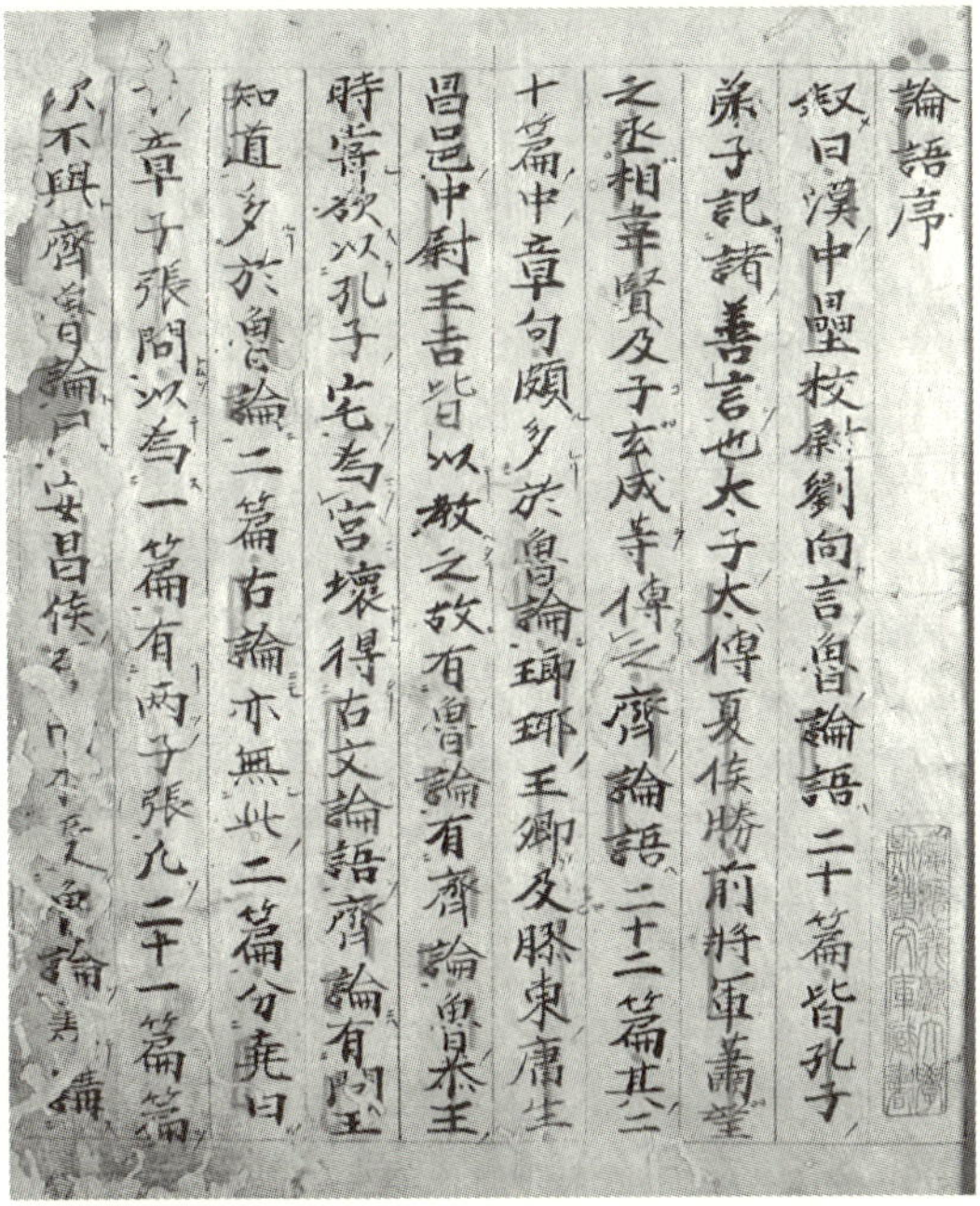

図34

正平版系古鈔本　己類

室町時代中後期鈔本　単経本

斯道文庫蔵（091—68）２冊

本文202頁参照。書写年代は古く、出自は明確でないが、寺院系の手になるもので、本文は正平版系により、訓は博士家系に学んだものである。

している。尾題は最後に「論語巻終」とのみある。書式からこの鈔本の系統を判断できる材料はないが、純然たる清家本に拠らず、正平版系のテキストに拠って博士家の訓を学んだものと推測する。第一冊末に古墨印がある（印文不明）。図34を参照。

第三節　結　語

以上、正平版『論語』より派生した古鈔本を、戊類・己類に分類してその伝本を検討した。室町時代中期、夥しく書写講読された『論語』とりわけ『論語集解』が、正平版という、禁裏から開放された公《おおやけ》の刊本の恩恵によるものであることは、従来、伝本実査をもとに論じられることがなかった。そして、その派生した古鈔本の実態はといえば、次に述べる『義疏』系のテキストとの交流往来を経たものであることも、文字校勘の結果、明らかなところである。更には、そのテキストをもって読習に励んだ学徒の流行は、この頃、依然、清原博士家の訓法になびくものであったことも当年の特徴としてとらえることができた。次第に、自由闊達な学問を是とする緇流の台頭は、こうした中期の成果を『論語』古鈔本の活性化へと導き、己類に見る変化に富んだテキストの発生を促した。顧みれば、軸装巻子本を中心とする秘説の訓詁学が、最高の経典解釈に達した南北朝以前の王朝風の豪華な学問を支えてきたのであった。室町時代は最早、その高く築かれたそびえ立つ塔壁を、打ち壊すことなく徐々に解体していったのである。清原宣賢の新しい博士家儒学がやってくる頃には、既に、緇流の間では相当に独自の『論語』講読が行われていたことが、以上の調査で認識できる。裏を返せば、清家も宋学の新たな導入なくして、経典解釈の主導権を握ることがかなわぬ情勢となったともいえるであろう。室町時代中期から後期にかけて、『論語』講読の展開はかかる鈔本を柱として、大きな転換期を迎え、日本に於ける儒学の動向についえぬエネルギーを与えたのであった。そして、その力は、『論語義疏』を加味した新たなる古鈔本の潮流を生み、更なる発展を遂げて、錯綜して講読の裾野を広げて行くことになるのである。

第三章　室町時代後期『論語義疏』より派生した古鈔本の展開

さて、既に第一部総論において、室町時代の古鈔本『論語集解』のテキストは、清原博士家系統・正平版系統・論語義疏系統と三種の分類に集約されることを論じたが、前章にも詳細なように、その分類は時空性を帯びて受容階層の変化とともに発展してきたものであった。そこで、室町時代の古鈔本成立の最も特性的といえる、日本人の手を経た改編本である一群の鈔本、すなわち『義疏』竄入本の現存本と意義について、ここに仔細に検討論述を加えたい。

第一節　『論語義疏』竄入の『集解』テキスト

庚類と辛類に分類される『論語義疏』の影響を蒙る古鈔本『論語集解』のテキストは、室町時代後期に書写成立したものが殆どである。大陸で早くから滅んだ『論語義疏』が何時の頃にわが国に伝来したのか確とした年代を定かにはできないが、室町時代の後期に、勃然として数多の鈔本が生まれ、読まれ、『論語』の通行テキストであった何晏の『論語集解』の中にもその注釈が混入されるようになった。その経緯は明らかではないが、室町時代の中・後期に巨大な漢学の勢力を誇った関東の足利学校と密接な関係があろうと思われる。

博士家の清原家本とは一線を画し、また訓法においても違いが明確な、この類のテキストは、無論、版に興されることもなく、一世を風靡して近世初頭には無くなってゆく。主に、寺院系の学僧によって受け入れられたもので、中世の漢学のどれだけ礎となって存在したか、現在の所在本からもその意義は充分に感じ取ることができよう。書写の字様、速度、訓読の簡繁、書き入れの密度、など様々な要素から当年の『論語』講読への執念が伺い知れるからである。

学而篇劈頭、「不亦悦乎」の「悦」字（清家本「説」）、述而篇第十三章「三月不知完味」の「完」字（清家本「肉」）、など本文に於ける、また、学而篇最終章注釈「王粛曰但患己之无能知也」が付加されるなど、注釈に於ける『義疏』系テキストの特徴は、皆、足利学校本にその源流を辿ることができるようである。訓読も述而篇首章「述して作せず」（清家本「述べて作らず」）など、方々細かいところに特徴を有し、それは、正平版系の古鈔本（戊類・己類）に相通じるものがあるのである。

いずれにせよ、『論語』二十篇のそれぞれの章の持つ意義を簡単に纏めた皇侃の一文を珍重し、各巻・篇の首に挿入して一本の課本となした一群のテキストは、日本人による独自の編纂に係るものとして、わが国漢籍史上、特記するべき存在であることは、重々強調されねばならない。

第二節　『論語義疏』の流通と足利学校

第二部に既述したように、室町時代の中後期に書写された古鈔本『論語義疏』が、おしなべて足利学校乃至その近隣で書写された漢籍古鈔本と同様の風格を持していること、なおかつ、中世期に流行した仮名書き解釈書『論語抄』

と並び、解題参考書として通行した『論語発題』と称する小冊子もまた、足利学校と関連することが現存する資料の奥書などから推測されることなどを根拠に、『義疏』のテキストそのものが、足利を中心として発信されたものであると考えるならば、『義疏』と『論語』の基礎的課本である古鈔本『論語集解』との融合・相互の影響もまた足利を起点としているであろうことは容易に想像できるところであって、この分類（庚類・辛類）に属する古鈔本『論語集解』が多く足利学校系の風格内容を呈しているのは、その想像を首頷せしめるところである。従って、とりわけ足利で講読に使われた古鈔本、乃至はそれに準ずる転写本については、これを特に分離して、一つの類として考究しなければならない。これによって、幾重にも円を描くような伝播を遂げて行く室町時代後期の古鈔本『論語集解』の実態が、正平版系の存在とあいまって、より鮮明に、当年の知識人の織りなす左右縦横の交流活躍の土俵を形成して行く姿として、とらえることができるのである。

第三節　足利学校に於ける『論語集解』の書写講読

現存する足利学校による書写講読と断定できる特徴ある古鈔本は次の通りである。

国会図書館蔵（WA16—19）　室町時代後期写（九華）　附論語発題　〈辛類〉　合一冊
史跡足利学校蔵（505—1）　存巻一・二　室町時代後期写（九華）　〈辛類〉　一冊
史跡足利学校蔵（509—1）　室町時代末近世初期写（九華等寄合）　〈庚類〉　五冊
史跡足利学校蔵（505—1）　存巻五～十　近世初期写　寒松写か　睦子所持　〈庚類〉　一冊

以上四点は、足利学校による『論語』書写講読が最も盛んであったと思われる九華を中心とした頃の書写本である。

国会図書館蔵（WA16―45）　室町時代末期写　外題「一寸明珠」　〈辛類〉　二冊
斯道文庫蔵（091―11）欠序　室町時代後期写　外題「魯論」南葵文庫・島田篁邨旧蔵　〈庚類〉　五冊
斯道文庫蔵（091―51）欠序　室町時代中後期写　伝天海舜政禅師筆　〈庚類〉　三冊
お茶の水図書館成簣堂文庫蔵（1140080）　欠巻一・二・七・八　室町時代後期写　〈庚類〉　三冊
慶應義塾図書館蔵（110X―67）　欠巻六～十　室町時代後期写　青谿書屋旧蔵　〈辛類〉　一冊
神宮文庫蔵（516）　室町時代末期写　外題「魯論」　〈庚類〉　二冊

以上の六点は、書写様式などから、足利学校の近辺やそこに学んだ学徒による書写本である。また、やや遠巻きの系統と判断されるものとして、都立中央図書館蔵本（特6253）、日光山輪王寺蔵本（85―1―1466）は字様や書式が学校系の特徴を伝えているものであるが、上欄の注釈はない。従って、この二本は第四節に譲る。

一、第七世庠主九華による書写本

国会図書館蔵（WA16―19）　室町時代後期写（九華）附論語発題　〈辛類〉合一冊

江戸前期のものによく見かける縹色表紙（二十八・四×二十㎝）を用い、全紙裏打ち補修を施す。遊紙に、「生后為孩童之時常陳俎豆設礼容以為嬉戯至十／七歳仁義已彰自二十一歳聖徳益着三十五歳為／魯司空四十歳為中都宰五十歳為大司寇六十歳／摂相事六十歳去魯不仕六十七歳帰魯国遂删詩／書定礼楽讃易道修春秋説孝経至七十歳卒時在／周敬王四十一季魯哀公十六年夏四月十八日巳／季庚戌冬」と、孔子の一生を墨書する。本文と同筆ではなさそうだが、本文と同じ時期のものであろう。こうした解説講述のメモが劈頭にあることが、本書の特徴で、足利学校特有の雰囲気を醸し出している。続いて、このメモと同筆による『論語発題』が記される。第二部第二章第三節に『論語発題』の意義は既述したが、室町時代の学僧に流行した『発題』の如き解説書は、仮名交じり抄物による解説の流行と相関するもので、とりわけ、こうした鈔本の存在から、その編纂成立に足利学校の学術活動が深く関わっていたことが想像されるのである。前掲、阿部論文、室町以前注釈書研究を参照。

本書の『発題』は、何晏の集解序に皇侃の注釈（『論語義疏』に所収）を附したもの、即ち、

　　論語発題

　論語序

　　　何晏集解　南陽人也字平叔魏文帝之臣也／

　　　　言諸家説何晏取集而曰集解也（南陽以下小字双行）

叙曰漢中塁　東西南北四人有将軍耳北方之／夷官也校尉者考古以奏事官也（東西以下小字）校尉／

と始まる序、そして、

孔子者姓孔名丘字仲尼古之魯国今兗州郰県平昌郷闕里人也……

と、孔子の経歴を纏めた小字二十行の小文とからなる。学ぶものにとってこれほど便利なものはない、今日に於ける参考書に類するものである。

この後に、本文同筆、即ち九華（明応九～天正六＝一五〇〇～七八、天文十九年＝一五五〇から没年まで庠主）の手になる書き入れが満紙続く。これも、『論語』を読むための補釈である。

発題目題論語之両字以為此書之名也但先儒后学釈不同凡通此之論字大／判（「大判二字はおおむねと附訓」）有三途……

凡論語之濫觴自孔子而起之、孔子生於周之末居魯国出於襄公昭定哀之四君之代也……

疏云子曰子者指孔子於之是有徳之称也……

私云凡八歳入小学先洒掃応対進退礼学車御書数等之事学也八年又十五入大学……

などなど数十条に亙る。そして最後に、

又侃是梁人也昺是宋人也宋梁ヨリ五代後也一本載事義不穏后人蓋日本載也／九華洛東福寺（不二岐陽）講論語時

皇侃疏不載邢昺正義本見之也

と加える。皇侃の『論語義疏』は足利学校の講義形態からして、甚だしく有益であったと思われ、本書の書き入れにも頻繁にこれを引用する。しかし、古鈔本の『論語義疏』には不思議にも宋の邢昺の『論語正義』が混入しているものがあり、梁代の著作に後世の宋代の著作が何故に混入しているのか、既に九華以前の学人からその混入実態には疑問を抱いていたようである。それは、古鈔本成立時に邦人の手によって便宜的に混入してしまったものであろうと想像している。川瀬一馬博士の『足利学校の研究』（講談社・昭和二十三年、増補新訂・昭和四十九年）によれば、九華は天文六年（一五三七）に入洛、東福寺の彭叔守仙（善慧軒）に参禅したという。右の文中に見える不二岐陽は同じ東福寺の不二軒・岐陽方秀（一三六一〜一四二四）で宋朱熹『四書集注』に和点を付けたわが国に於ける『四書』受容の先駆者であったが、九華が東福寺にあった時も依然として岐陽方秀の『論語』講読本が使われていたのであろうか。いずれにせよ、九華は『論語正義』の混入しない正統的な『論語義疏』を東福寺にて実見したというのである。九華の時、『論語義疏』の研究は相当な水準に達していたと思われ、こうしたメモの端々からも、『義疏』混入の『論語集解』のテキストの成立が足利学校と深く関わっていたことを伺うことができるのである。

巻題は以下のように幾つかのパターンを有する。

論語巻第一　　　　　　　　　　何晏集解
学而第一　論語是此書捴名学而為第一篇別目／
中間講説多分為科段侃昔受師業自／
学而至堯曰凡二十篇首末相次无別科重而持学／
而最先者言降聖以下皆須学成故学記曰王不／（論語以下小字双行）
子曰学而時習之不亦悦乎　馬融曰子者男子通称／
也謂孔子也王粛曰時／（馬融以下小字双行）

即ち、「学而第一」の下に一章の章意を纏めた『義疏』の一文が竄入加えられている。これは全篇に貫かれている。但し、ここでは、一章の章数は記さず、巻一（学而篇第一・為政篇第二）、巻二（八佾篇第三・里仁篇第四）、巻六顔淵篇第十二、巻七憲問篇第十四、巻八季氏篇第十六、が同様に題している。また、巻三は次のように題す。

論語巻第三　　公冶／雍也（公冶以下は小字）　凡二十七章（小字）
公冶長第五　公冶長者孔子弟子也此篇明詩无／
明君賢人獲罪者也所以次前者言／
公冶長雖在杻濫縲紲而為聖師証明若／
……………………………………（公冶長者以下小字双行）
子謂公冶長可妻也雖在縲紲之中非其罪也以其

即ち、「巻第三」の下に「公冶・雍也」と篇名を加え、更にその下に一篇の章数を附している例である。雍也篇・巻四述而篇第七も同じである。そもそも、その一篇の章数を加える題式のテキストを「辛類」として、加えないものを

「庚類」として区別したが、本書はその両様を兼ねていて、言わば、題式が定まるまでの過渡期の草稿に近いテキストと考えることもできる。章数は、巻四泰伯篇第八・巻第五郷党篇第十・巻九微子篇第十八・巻十堯曰篇第二十のように、章意を纏めた『義疏』の一文の後に附される場合もある。更に、

論語巻第五　　子罕／郷党（子罕以下は小字）　何晏集解　凡三／十章（凡以下は小字双行）

子罕第九　子孔子也罕希也此篇明詩感者既少／

故聖応亦希也所以次前者外遠富貴／

既為枇粃糠故還反凝寂所／

以希言故子罕次太伯也／（子孔子也以下は小字双行）

子罕言利与命与仁　罕者希也利者義之和也命者／

天之命也仁者行之盛也寡能（罕者以下は小字双行）

の様に、巻題の下に篇名・何晏集解の四字・章数を備えた「辛類」の典型を呈している箇所もある。これには、他に、巻六先進第十一、巻九陽貨第十七、巻十子張第十九の例がある。

論語巻第七　子路／憲問（子路以下は小字）　何晏集解

子路第十三　子路孔子弟子也武為三千之標格／

者也所以次前者武劣於文故子路／

次顔淵／

也（子路孔子以下は小字双行）

子路問政子曰先之労之　孔安国曰先導之以徳使／

　民信之然后労之易曰説／（孔安国以下小字双行）

の如く、巻題・篇名・何晏集解ときて、その下に章数を記さない箇所もある。巻八衛霊公第十五が同様の形式をとっている。以上、全体の約半分が章数を持つ形式となっており、本書の分類は、「辛類」とするべきであろう。

　書式は、単辺有界（墨界）、毎半葉九行、毎行二十字、辺の内側は縦二十・五×横十五・二㎝、上欄は四・六㎝。やや厚手の楮紙に深い墨色が染み、重量感ある鈔本となっている。尾題は「論語巻第一終」などと記し、「終」字の無い場合や「―第九之終」と記す場合もある。書き入れは、訓点が墨の返点・送仮名・縦点・附訓、朱の合点・句点・固有名詞への縦線、また足利学校特有の月・花などを象った記号がある。上欄・附箋は満紙のメモがあり、「正義」「義疏」「集注」（宋朱熹）「大全」（四書大全）など、皇侃の疏から宋明の注釈書までを幅広く引用している。偏りのない学校の学風をよく表していよう。これらの書き入れは全て本文同筆かと思われ、九華の頃の、足利学校の『論語』講読の根幹をなした一本であると考えられ、本書の存在は古鈔本『論語集解』の流伝を考える上で、その源流を定めることができるまことに貴重なものであるといわねばならない。
「帝国／図書／館蔵」印記を捺し、明治三十八年三月三十日に国が購入したものである。

史跡足利学校蔵（505―1）　存巻一～二　室町時代後期写（九華）　〈辛類〉一冊

　前出の国会図書館蔵本と全くの同筆である。ともに、九華の手になる義疏竄入本の原始ともいえる貴重な伝本である。欄外の書き入れメモの内容も、国会本と出入あるも類似の引用が見られ、その成立の前後は決めがたいが、書式などは本書の方が整っているかに伺える。

淡香色の新補表紙（二五・三×一八・二㎝）で、何晏の序を欠き、本文巻頭は次のように始まる。

論語巻第一　学而／為政（小字）　　何晏集解

学而第一　論語是此書捴名学而為第／

一篇別目中間講説多分為／

科段侃昔受師業自学而至堯曰凡二十

篇首末相次無別科重而持学而最先／（論語是此以下小字）

…………………………

凡十六章（疏文の最後に小字）

子曰学而時習之不亦悦乎　馬融曰子者／

男子通称也／（馬融以下小字）

即ち、巻題の下に篇名を置き、「何晏集解」の四字、そして混入『義疏』一文の後に章数を加える。巻第二・八佾篇第三は、「何晏集解」の下に「凡二十六章」と章数を入れる。そして、為政篇第二・里仁篇第四については、「何晏集解」の四字を欠き、混入『義疏』一文の最後にそれぞれ「凡二十四章」「凡二十六章」と章数を加える。書式としては整然としているが、巻三以降の闕逸が惜しまれる。単辺有界（墨界）、毎半葉八行、毎行十六字、辺の内側は縦十八・二×横十四・二㎝、上欄は四㎝。楮紙に古色蒼然たる墨色が滲む。尾題は「巻第一終」「論語巻第二」と記す。

書き入れの内容は、『論語義疏』『論語集注』が主であるが、国会本に比べて『義疏』の引用が甚だしく多いように思われる。墨の訓点（返点・送仮名・縦点・附訓）、朱引きなどおそらくは皆、九華の一筆で、足利学校特有の記号も見うけられる。九華以外の手による書き入れ注釈も確認され、注意するべきは、第九世庠主三要（閑室元佶、一五四八～

一六一二）の説（要云）も散見することである。学校に歴代受け継がれた講読本であったことが理解されるのである。返す返すも零本となったことが残念に思われる。

史跡足利学校蔵（509―1）　室町時代末～近世初期写（九華等寄合）〈庚類〉五冊

藍色の元表紙が遺るが、これも江戸期のもので、『易経』に使っていたものを流用している。縦二十九・五×横二十一・三㎝。各冊の首に「足利学校」の朱印を捺す。料紙は薄手の楮紙で、近世初期に代表される紙質で、何晏の序から巻五までと巻六から十まででは筆跡を異にし、前半は九華の筆に似る。本書は紙質墨痕などの書写風格から推すに、中世の極末期の書写にかかるものであり、九華の自筆ならば最晩年の手になるものとされよう。後半は別筆で近しい者の浄書にかかるであろう。墨の訓点（返点・送仮名・縦点・附訓）、朱引き・句点などの書き入れもそれぞれの本文の手と同筆である。但し、上欄や本文空白への注釈書き入れは一切無い。足利学校では、書き入れ講読を行うために、次から次へとこうした浄書テキストを生産していたものと考えられる。本書は未使用のまま遺ったものかも知れない。

何晏の序は次のように題す。

論語序　　　　　何晏集解

叙曰漢中塁　東西南北四人有将軍耳北／
　　　　方之夷官也校尉者考古以／（東西以下小字双行）

即ち、皇侃の『義疏』注を含んでいる。この序の後に、

論語起此書周王三十七主之中二十五代靈王二十一年　孔／子誕生……

以下、『論語』に関する解題総説を小字で記す。これは国会本の首（何晏序の後）に記された補釈と同様の箇所があり、お決まりの解説というわけである。

巻頭は、

論語巻第一　　　　何晏集解

学而第一　論語是此書捴名学而為／

　　　　第一篇別目中間講説多／

分為科段侃昔受師業自学而至堯曰／

凡二十篇首末相次無別科重而持学而／

……………………………………………………（論語是以下小字双行）

子曰学而時習之不亦悦乎　馬融曰子者／

　　　　　　　　　　　男子通称也／（馬融以下小字双行）

と題し、巻題の下に篇名を載せず、一章の章数も附さない。巻五の首は「何晏集解」の四字が無いが、おしなべて各巻この書式を守っている。尾題は、「論語巻（之）第一（之）終　経一千四百七十字／注一千五百一十三」などと経注字数を添える。巻六以降は「論語巻第六（之終）」などとして経注字数を附さない。

書式は墨の単辺（二十・二一×十六㎝）有界、毎半葉七行、毎行十六字。書写すること自体が学問の大きな柱であったことを伝える浄書本で、中世の鈔本の成り立ちと講読者の意識を感得する上で、誠に意義深い伝本である。

史跡足利学校蔵（505—1）　存巻五～十　近世初期写　寒松写か　睦子所持　〈庚類〉一冊

第十代庠主寒松（名は龍派・慶長七年＝一六〇二に庠主となる）の筆跡になるものか。毎冊の首に「龍」の印記を捺す。その上に第十一代庠主睦子（名は明徹・寛永四年＝一六二七に庠主）の署名がある。この署名と本文とは、同筆ではなさそうである。とすれば、寒松は九華に受業し、『論語』のテキストもまた九華のものを写して学んだものと想像される。内側の表紙には書き外題が「輨轄」とあり、この手は本文と同筆である。更に外側の表紙には「尺度権衡」と書き外題があり、こちらは別手のようである。「輨轄」は後漢の趙岐（?～建安六＝二〇一）の『孟子題辞』に見える『論語』の異称であり（但し、『孟子趙注』の諸本は両字共に金篇に作る）、「六藝喉衿」という異称も同様である。「尺度権衡」はその出所を明らかにしないが、『論語』の異称として用いているのであろう。

書式の体裁も上述の九華本と同様である。

論語巻第五　　何晏集解
子罕第九　子孔子也罕希也此篇明時感／
　　者既少故聖応亦希也所以次／
前者外遠富貴既為枇粃糠故還反／
凝寂所以希言故子罕次大伯也／（子孔子也以下は小字双行）
子罕言利与命与仁　罕者希也利者義之／
　　和也命者天之命也（罕者以下は小字双行）

と、巻題の下には「何晏集解」の四字のみを置き、篇名・章数を記さない。史跡足利学校所蔵（509—1）九華等寄合書本と同様である。学校に於ける『論語』講読は、九華の時代を最盛としそれが累々と受け継がれていたことを物語る遺品で、零本であることは、本書に於いても遺憾である。更に多くの伝本があったものと想像される。墨の単辺（十八・三×十四・四㎝）に有界九行、行十六字。上層幅五・五㎝。書き入れは、本文同筆で墨の訓点（返点・送仮名・縦点・附訓）や朱引き・朱句点を附す。欄外の書入れは本文の字義解釈が主で、九華の『義疏』や『集注』を引用する書入れに共通するものが多い。九華の講に参じた際の筆録に係るのであろう。紙質は薄手の楮紙。尾題は「論語巻第五」の様に作る。

巻十の末に、近藤守重（重蔵、守重は諱、号は正斎、文化五年書物奉行、一七七一～一八二九、著に『正斎書籍考』）の自筆識語が附綴される。

「学校所蔵論語集解係足利季世鈔本也其／籤題曰円珠経曰尺度権衡曰輨轄守重収／儲正平版古本其籤題曰六藝喉衿倶五岳／緇流之異称也按円珠経之名見曾我物語／其原蓋出皇侃義疏序善相公曰前代学者／多以此書喩之明珠取円通也源順曰先聖／微言円通如明珠可見八百年前既以円珠／称之也其如権衡輨轄喉衿他日当考其所／原耳／

文化十三年秋八月御書物奉行近藤守重識」

その末に「近藤／守重」（陰刻）「字曰／重蔵」の印を捺す。

二、足利学校周辺に於ける書写本

国会図書館蔵（WA16―45）　室町時代末期写　外題「一寸明珠」〈辛類〉二冊

本書は、前述の足利学校テキストに、形式・書き入れの内容、ともに最も近く、学校に於ける書写であることを示す奥書等がないが、或いは学校内で作られたものかとも推測される一本である。香色の表紙（二十七・五×十八㎝）は原表紙ではなさそうだが、古く、目録外題を墨書する。第二冊の表紙には室町期の書写に係る題簽を貼り付けてあり、「一寸明珠　地」と墨書してある。皇侃『論語義疏』の皇侃自序に見える「明珠一寸鑑包六合」の語によるもので、「円珠経」などと同様に「論語」の異称として用いられたものであろう。

首に何晏の序を附し、これには皇侃の義疏は付け加えない。

論語序　　何晏集解

叙曰漢中塁校尉劉向言魯論語二十／

巻頭は、

論語巻第一　　何晏集解

学而第一　論語是此書捻名学而為第／（論語二字ともに言偏なし）

一篇別目中間講説多分為／

科段侃昔受師業自学而至堯曰凡／

二十篇首末相次無別科重而持学／

……………………………………（論語是此以下小字双行）

凡十／六章（疏文の最後に小字双行）

子曰学而時習之不亦悦乎　馬融曰子／

者男子通（馬融以下小字双行）

と題する。巻題の下に篇名は附さず、一章を解説する疏文の最後に章数を加える。但し、為政第二・八佾第三・顔淵第十二・子路第十三・季氏第十六には章数が無い。また、巻第五子罕第九は、「何晏集解」四字の下に章数を置く。こうした多少のばらつきはあるが、これも前述足利本の特徴を受け継ぐもので、足利のテキストが、未だ形式の一定しない、なお流動的に活性化していた証として、単なる題式の変化という事実にとどまるものではない、興味深い現象である。

尾題は「論語巻第一」などと記し、その下に経注字数を双行で添える。本文の書式は、墨の単辺（十八×十三㎝）に有界八行十五字、上層五㎝。薄手の楮紙を用い、墨の訓点（返点・送仮名・縦点・附訓）、朱の合点・句点、朱引きなどを加え、これらは本文と同筆かまたは同じ時期の手になるものと思われる。行間・欄外・上欄に書き入れが密集し、ほぼ本文と一筆で、「正義」「疏（侃案）」「私云」「新注」などを引用し、前述九華の書き入れに類似している。更に、全体的にみれば、書写者の字様も九華のそれに似た風格を持し、学校に極めて近しい鈔本であることが確認できるのである。

帝国図書館が大正九年に購入したもので、学校から流出したものである可能性もなしとしない。「櫻山文庫」印（鹿島神社社司鹿島氏）を捺す。

斯道文庫蔵（091—11）　欠序　室町時代後期写　外題「魯論」　南葵文庫・島田篁邨旧蔵　〈庚類〉五冊

本書も、書写の由来を明らかにしないが、前掲の足利学校九華書写本を元にした、足利の講説に連なった学人による鈔本である。書写形態や欄外書き入れは九華本に類似し、九華の講説を簡便化した書き入れとなっている。例えば、開巻劈頭、上欄の書き入れに、「凡学有三時、一是就人身中為時、二者就年中為時、三者就日中為時也」のくだりが見えるが、これは史跡足利学校蔵九華本（505―1）に見える講説である。国会図書館蔵九華本（WA16―19）には見えないが、同じ九華の書き入れ本でも講説の内容は一でなく、それを更に選んで抄写するものにも、それぞれの観点があり、このように選ぶ講説の内容も同一でない。似て非なる類似のテキストが数多存在する所以である。こうした、解釈を中心とした書き入れの姿勢は、比較的自由で、とらわれない、幅広い取捨選択を身につけることによって漢学を吸収してゆくもので、これこそが、中世足利学校の学風と見られ、同じ中世の博士家を中心とした縉紳の学風と明らかに一線を画するように思われるのである。

薄い青色の表紙（二十五・一×十九）は古く室町のもので、書写時の原装に近いものである。五針眼。表紙と同時期の古題簽に「魯論　一之二～九之十」と墨書（本文と異筆）。何晏の序を欠き、巻頭は次のように始まる。

論語巻第一　　　　　何晏集解
学而第一　論語是此書捴名学而為第一篇別目／
　中間講説多分為科段侃昔受師業自／
学而至堯曰凡二十篇首末相次無別科重而持学／
而最先者言降聖以下皆須学成故学記云玉不／（論語是此以下小字双行）
…………………………………………
子曰学而時習之不亦悦乎　馬融曰子者男子通称／
　也謂孔子也王粛曰時／（馬融以下小字双行）

巻題の下に篇名を記さず、章数も無い。形式的には簡略化されたものである。書式は、墨の単辺（十七・八×十四・三cm）、上層四・二cm、有界九行二十字。料紙は薄手の楮紙を用いる。本文は全巻一筆で、右上がりで堅い感じの癖あ

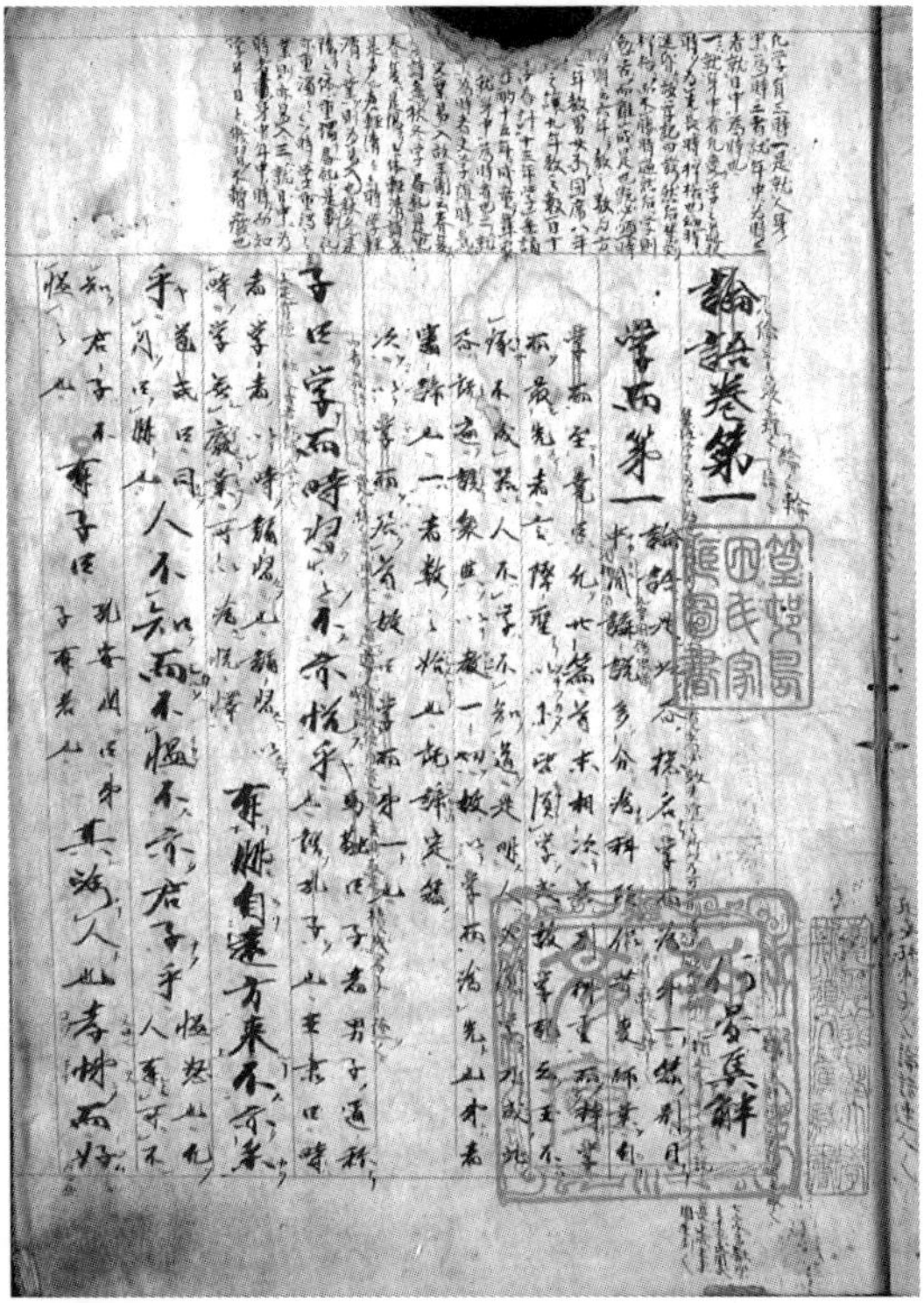

図35
義疏竄入本系　庚類
足利学校系
島田篁邨旧蔵・南葵文庫本
斯道文庫蔵（091―11）５冊（欠序）

本文220頁参照。篇題に章数を加えない。足利の書式がはっきりと見て取れよう。この類は序を欠くものが少なくない。図８（31頁）をも参照。

る字様である。書き入れも本文同筆の訓点（返点・送仮名・縦点・附訓）が全巻を貫き、欄外書き入れは、巻三までで巻四に少々、以後は無い。数手によると思われるが、本文とは手が違うようである。朱点・朱引きはその際に付されたものか。その内容は『義疏』『朱熹注』『正義』を引用するのが殆どである。

毎冊の首に朱印「篁邨島／田氏家／蔵図書」「南葵文庫」（大印）を捺し、巻二・四・十の首に「島田翰字彦楨精力所聚」の墨印を捺す。島田篁邨（名は重礼・一八三八～九八）は海保漁村（松崎慊堂門、考証学者一七九七～一八六六）門下の漢学者で、東京大学教授。島田翰（一八七九～一九一五）はその三男で書誌学の鬼才であった。島田家の蔵書は、紀伊徳川家の徳川頼倫（一八七二〜一九二五・侯爵、貴族院議員）が明治年間に設立した南葵文庫（大正十二年、震災により蔵書を減じた東京帝大図書館に寄贈）や岩崎家の静嘉堂文庫などに分散した。

図35を参照。

斯道文庫蔵（091—51）　欠序　室町時代中後期写　伝天海舜政禅師筆　〈庚類〉三冊

本書は、第二部第二章第三節に述べた如く、伝来上、足利近辺の野州鶏足寺の開山となった舜政禅師の真蹟所持と伝えられ、その真偽はさておくも、足利学校の影響下にある産物であることを推測せしめ、尚かつ、その書写形態も足利学校所蔵九華写本（505—1）と同様の面影を遺している学校系のテキストである。

表紙（二十五×十八・五cm）は江戸期の後補に係り、厚手の紺紙に金銀の切箔砂子を散らし、豪華本の体裁に仕立てている。

巻頭は次のように題す。

論語巻第一　学而／為政（小字双行）何晏集解

学而第一　論語是此書捴名学而為第一篇別／（論語二字ともに言偏なし）

日中間講説多分為科段侃昔受師／

業自学而至堯曰凡二十篇首末相次無別科重而／

持学而最先者言降聖以下皆須学成故学記云／（論語是此以下小字双行）

……………………

子曰学而時習之不亦悦乎　馬融曰子者男子通称
　　　　　　　　　　　也謂孔子也王粛曰時（馬融以下小字双行）

即ち、巻題の下に篇名を記し、一章の章数は記さない。また、「何晏集解」の四字は巻一のみで、巻二以降には記さない。但し、章数は、後の筆で、為政第二・八佾第三・里仁第四・公冶長第五・子張第十九の、篇名の下に添えている。従って、この章数は当初の書式とは関係が無い。

書式は、墨の単辺（十九・四×十五・一㎝）に有界、毎半葉九行、毎行二十字。上層三・六㎝。料紙は厚手の楮紙を用い、墨痕は濃厚で、全巻を通じての一筆はやや早い速度の筆致を思わせ、独特の略字も多い。本文への書き入れも本文同筆で墨の訓点（返点・送仮名・縦点・附訓）、朱の句点・合点・朱引きを加える。やや後の訓点書き入れも散見する。欄外書き入れは、本文とは別筆（同時代）で、巻二までで以後はない。「抄云」の引用があるが、注釈書の引用ではなく、義理講義の抄出に終始している。尾題は、「論語巻第一之終」「論語巻第二～十」と題す。大小字数は附さない。

全体として、書写風格から、書写の時期は明応年間（一四九二～一五〇〇）にも相当するかと思われるが、書写者と伝承される舜政禅師の没年が大永七年（一五二七）であることも充分に本書の実態と整合するものであるし、足利学校九華（明応九～天正六・一五〇〇～七八・天文十九年＝一五五〇から没年まで庠主）の活躍時期をも勘案するべきであるかも知れないことなど、かれこれ、室町時代の中期から後期にかけて、義疏竄入テキストが書写されるようになってから早期に書写されたものと推測される。

江戸期の書写に係る舜政禅師の伝記六枚を別に附す。禅師は能筆で、ある時、山の神が異域の神と能力を争うとて、禅師の腕を借りに来て、勝つことを得、腕を戻し、印記を与えた。後、禅師の書とこの印記あるところあまねく火災を免れたという。舜政禅師の事跡は、正平版系の己類に掲げた斯道文庫蔵本（092―50）に伝承される祥貞禅師・天英（永正八年寂）の事跡と類似し、大永七年（一五二七）に六十歳で寂しているから、二人同時期の名僧であれば、伝記が混乱する可能性もなしとしない。

蔵印その他由来を示すものは無い。（図19を参照）

お茶の水図書館成簣堂文庫蔵（1140080）　欠巻一・二・七・八　室町時代後期写　〈庚類〉三冊

上層に『正義』『疏』『集注』『私云』を引く、正に足利学校特有の写本で、学校独自の記号も使われている。江戸時代初期の栗皮表紙（二十五・八×十七㎝）で、料紙は斐楮交漉紙を用い、墨の単辺（十九×十四㎝）に有界毎半葉八行、毎行二十字に書す。紙質はやや褐色を帯び、墨痕は濃厚で、全巻一筆の力強い筆写である。上層は四・二㎝。巻頭は次のように題す。

論語巻第三　公冶／雍也（公冶以下は小字双行）

公冶長第五　公冶長者孔子弟子也此篇明詩無／明君賢人獲罪者也所以次前者言／

公冶長雖在枉濫縲絏而為聖師証明若／……………………………………（公冶長者以下小字双行）

子謂公冶長可妻也雖在縲絏之中非其罪也以其

巻題の下に篇名を置き、その篇名の下には「正義曰」「疏曰」などの書き入れも存す。巻四の首には「凡三十七章」

と章数を加えるが、これは後の補筆である。また、巻五・六・九・十は、巻題の下に「何晏集解」の四字を附す。上層に朱熹の『論語集注』を多く引くことは当時の足利の学風を示すもので、本書は講義筆録者の課本としてはよく整えられたテキストである。書き入れは本文に朱墨の訓点（返点・送仮名・縦点・附訓）を含み、いずれも本文同筆と思われ、「述して作せず」「徳を修めず、学んで講ぜず、義を聞きて徙（うつる）こと能わず、不善を改めること能わず」「道に志し（したい）」など、足利系の読みを忠実に伝えている。また、朱筆による丸印などの学校特有の記号が多く用いられていることは、学校内で成立した写本を思わせる。

川瀬一馬博士『新修成簣堂文庫善本書目』（お茶の水図書館・平成四年）の解説によると、同じく成簣堂文庫蔵本の『論語発題』（享禄四年＝一五三一写）と同一人の手になるとされ、実際、その『論語発題』には、「于時享禄四天大呂中澣／之日越人源朔書之」と本文同筆の奥書があり、実査に拠れば、本書と同時同筆の書写に係ることは疑いを入れない。このことはまた、『論語発題』と義疏混入の『論語集解』の成立が、足利学校と密接な関係にある証左といえるだろう。

享禄は足利学校では第六代庠主文伯の時代で、この頃、学校では講堂書院が火災に遭うという不幸を得ている。営々と営まれる書写講読の様子が想像される。この『論語発題』は源朔なる人物の書写に係り、毎冊末に「源」の印記が捺されるが、本書にもまたその印記が捺される。

尾題は「論語巻第三」などと記し、大小字数は無い。「蘇峰／学人」（陰刻）印記あり。徳富蘇峰の旧蔵。大阪府立図書館『論語善本書影』の五番、大橋図書館主催『論語展覧会目録』の六番に収載された、室町時代後期の鈔本としては最も古いものの一本に数えられる。

慶應義塾図書館蔵（110X―67）　欠巻六～十　室町時代後期写　青谿書屋旧蔵　〈辛類〉一冊

本書は満紙欄外書き入れを特徴とする足利本とはやや異なり欄外書き入れが無いが、上欄は設けられており、書写の風格は足利本のそれである。

香色の古表紙（二十四・五×十七・五㎝）は室町期の原装と思われ、首に何晏の序を備えるが本文とは別筆で紙質も異なり、後の補筆である。巻頭は次のように題する。即ち巻題の下に篇名を添え、その下と、「何晏集解」四文字の下、の両方に章数を加える。

　論語巻第一　学而／為政（此四字小字双行）凡十六章　何晏集解　凡十六章（この四字は小字双行）
　学而第一　論語是此書捴名学而為第一篇別目／（論語二字ともに言偏なし）
　　中間講説多分為科段侃昔受師業自／
　学而至堯曰凡二十篇首末相次無別科重而持学
　而最先者降聖以下皆須学成故学記曰玉不／（論語是此以下小字双行）

……………………………………

　子曰学而時習之不亦悦乎　馬融曰子者男子通称／
　　也謂孔子也王粛曰時／（馬融以下小字双行）

書式は、墨の単辺（十九・五×十四㎝）に有界、毎半葉九行、毎行二十字。上欄は三・五㎝。茶色を帯びた薄手の楮紙に一筆で書し、本文と同筆の墨による訓点（返点・送仮名・縦点・附訓）が加えられ、また、同時期、朱による別筆のゾ式の訓釈書き入れが施される。読みは足利本と同様であるが、後筆で新しい別訓が附される（例えば、述而篇第一章

「述して作せず」に「述べてなさず」などと）。尾題は「論語巻第一」などとし、経注字数を添える。巻五末に朱の書き入れと同筆にて「主沙門顕清也」と朱書する。足利で講に連なった学僧の署名であろう。

「青谿／書屋」印を捺す。蔵書家大島雅太郎（一八六八～一九四八）旧蔵。


神宮文庫蔵（516）　室町時代末期写　外題「魯論」〈庚類〉二冊

本書は、書き入れの内容から、前掲、足利学校九華のテキストに拠り、本文内容もそれに同様で、九華の講義内容を筆録したものとみられ、足利の地にかなり近い距離で成立した写本であろうと推測される。

後補の茶色空押し唐草文様表紙（二十八×十九㎝）。内側に本文共紙の原表紙があり、「魯論　上下」と墨書する。

続いて何晏の序がある。

論語序　　　　　　　　　　　何晏集解
叙曰漢中塁　東西南北四人有将軍耳北方之／
　　　夷官也校尉者考古以奏事官也（東西以下小字双行）校

即ち、皇侃の『義疏』注を含んでいる。この序の後に、

論語之起者此書周王三十七主之中二十五代霊王二十一年　孔／子誕生……
……………………………………………………………………………
凡此書有三本之異曰魯論斉論古文論也魯論者孔子門人在魯教授魯人済南伏生秦焚／
……………………………………………………………………………十三家見発題／

と『論語』に関する総説を細字で書き入れる。下に「発題」というのは『論語発題』を指す。この書き入れと同じ内容のものは、九華本の国会図書館蔵本（WA16―19）、史跡足利学校蔵本（509―1）に見える。巻頭は次の如く題する。

論語巻第一　　　　何晏集解
学而第一　論語是此書捴名学而為第／
一篇別目中間講説多分為／
科段侃昔受師業自学而至堯曰凡二十／
篇首末相次無別科重而持学而最先／
…………………………………………（論語是以下小字双行）
子曰学而時習之不亦悦乎　馬融曰子者／
男子通称也／（馬融以下小字双行）

即ち、巻題の下に篇名を記さず、「何晏集解」の四字を置き（巻二・五のみ無し）、章数を記さない形式で、足利学校蔵（509―1）九華等寄合書に同じものである。尾題は、「論語巻第一～十」と題し、一部「論語巻之三終」「論語巻第四（五）之終」「論語巻九」などとも題し、大小字数は挙げない。書式は、辺・界を記さず、毎半葉八行、毎行十六字で書し、字面の高さは約二十㎝、上欄は約五㎝。薄手の楮紙を用い、全巻を通じて、本文・書き入れともに一筆である。書き入れは、『義疏』『正義』などを引く欄外の補注（ゾ式の仮名講説も見える）以外に本文への訓点（返点・送仮名・縦点・附訓）校合を墨で、また朱点・朱引きを加える。

「林崎／文庫」「林崎文庫」印を押す。江戸時代中期、内宮文庫をもとに林崎の地に設立された伊勢神宮の文庫で本書は天明四年（一七八四）京都の勤思堂村井古巌の奉納によるものである。書写由来を明らかにしないが、足利より戻った京都の学僧の手になるものと見られる。

第四節　庚類鈔本の伝鈔

かくして、皇侃『論語義疏』の注釈の一部を混入した『論語集解』のテキストは足利学校を中心として、室町時代中期の後半から後期に全国に波及して、『論語集解』講読の最もポピュラーなテキストに発展し、再生産を繰り返していった。その伝来から見れば、前述の直接足利学校系統の影響を受けたテキストと、そうでないものとに分別することができるが、書写の形態から見たときには、一章の章数を巻題や篇題の下に備えたもの（辛類）と章数を記さないもの（庚類）とに大別することができるのであって、それぞれが類をなして転写されていった。伝本は庚類の方が多く、便宜上、第四節に庚類を、第五節に辛類を論ずることとする。

斯道文庫蔵（091—6）　欠序　室町時代後期写　外題「円珠」　林泰輔旧蔵　五冊

新補の紺色表紙（二十五・三×十八・三㎝）で、第一・四・五冊は香色の原表紙を備え、その第四・五冊に室町期の古い外題があり「円珠」と墨書する。これは皇侃『義疏』の皇侃自序に見える語（「論語小而円通、有如明珠、諸典大而偏用」）で『論語』の異称に用いられた。国会図書館蔵本（WA16—45）外題に「一寸明珠」とあるのと同様である。何晏の序を欠く。因みに庚類に属するこの種の伝本には何晏序を欠くものが幾つかを存し、他に斯道文庫蔵の南葵文庫旧蔵本（091—11）・伝舜政禅師書写本（092—51）、成簣堂文庫蔵本（欠巻三・四1140072）がこれに相当する。本書は、旧蔵者の林泰輔が後述東洋文庫蔵池田光政旧蔵本（1C37）に拠ってこの序を移写し、四枚別添にしている。

巻頭は次の如く題する。

論語巻第一　　　　　　　　　何晏集解

学而第一　論語是此書捴名学而為第／

一篇別目中間講説多分為／

科段侃昔受師業自学而至堯曰凡二十／

篇首末相次無別科重而持学而最先／

………………………………………………（論語是以下小字双行）

子曰学而時習之不亦悦乎　馬融曰子者／

男子通称也／（馬融以下小字双行）

巻題の下に篇名・章数を加えない。書式は墨の単辺（十九×十四・一cm）に有界、毎半葉八行、毎行十六字。薄手の楮紙に全巻一筆で書し、字様は室町後期の特色あるもので、当年独特の略字も多い。書き入れは本文への訓点のみで、欄外の補注は無い。即ち、墨の返点・送仮名・縦点・附訓、朱点朱引きがある。訓読は足利本と同様で、この類のテキストが一群であることを象徴している。尾題は「論語巻第一〜十」とし、巻一・二のみに大小字数を添える。図36を参照。

蔵印は毎冊首に「北總林氏蔵」（林泰輔）「江風山／月荘」（稲田福堂）、毎冊尾に「福堂」、巻十末に「浩／卿」（林氏）あり。林泰輔（一八五四〜一九二二）は漢学者で前述『論語年譜』（大倉書店・大正五年）があり種々『論語』の伝本の図版を載せて便利である。稲田福堂は本名政吉、明治の書肆山城屋、蔵書家。

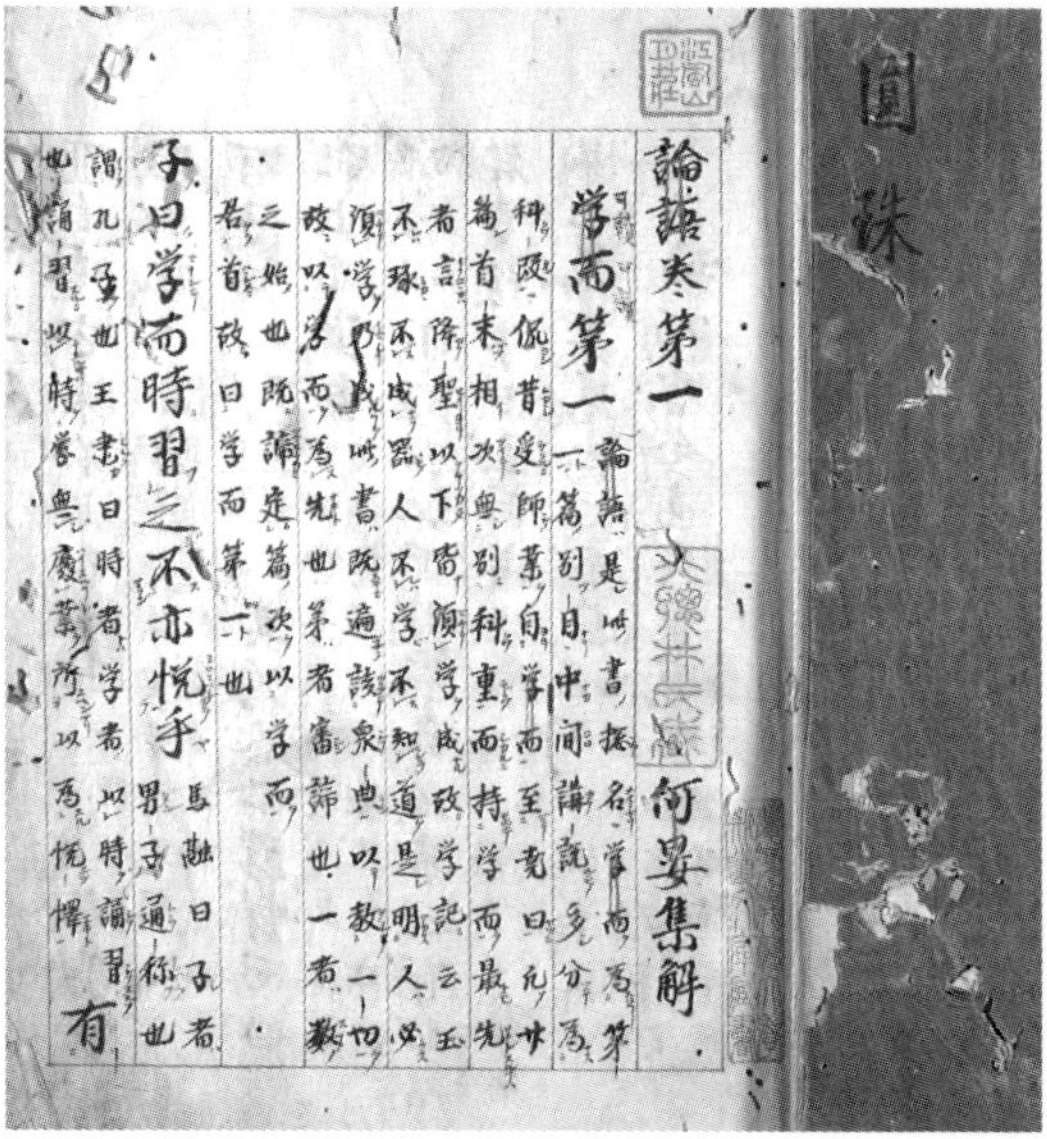

図36
義疏竄入本系　庚類
林泰輔旧蔵、外題「円珠」
斯道文庫蔵（091—6）５冊

本文230頁参照。足利の書風は見えないが、図35と同様章数を附さない類型。右に見える外題が『論語』の異名「円珠」。

斯道文庫蔵（091—9）　存巻四～六　室町時代後期写　尾崎雅嘉・青谿書屋旧蔵　一冊

茶褐色の空押し花紋艶出し表紙（二十四・七×十七㎝）に「論語古写本　尾崎雅嘉蔵」と墨書。巻四の巻頭は次の様に題す。

論語巻第四

述而第七　述而者明孔子行教但祖述堯舜自比／
老彭而不制作也所以次前者時既夷／
嶮聖賢地閉非唯二賢之不遇而聖亦失常故／
以聖不遇証賢不遇非賢之失所以述而次雍也／（述而者以下小字双行）
子曰述而不作信而好古竊比於我老彭　苞氏曰／
老彭殷／（苞氏曰以下小字双行）

即ち、巻題下に何も記さない。転写も繰り返されると次第に省略する要素が多くなっている。書式は墨の単辺（十九・七×十四・五㎝）に有界で毎半葉九行、毎行二十字、上層は三・二㎝。上層の書き入れ注は本文と異筆であるが、同時代頃のもので、ゾ式の簡単な語義解釈である。本文への書き入れは墨の返点・送仮名・縦点・附訓・補注（音注・義注）で本文同筆、他に薄墨の別手もある。朱引き・朱点を附す。料紙は薄手の楮紙で、本文は一筆、達筆とはいえぬが室町時代後期の特色を持つ充実感溢れる筆致である。略字も多い。尾題は「論語巻第四（五）之終」「論語巻第六終」。

末尾に次の墨書あり。

「此論語零冊者蘿月菴　尾崎雅嘉　蔵本也」

巻四の首に「蘿月庵」（尾崎雅嘉）、「青谿書屋」（大島雅太郎）の印がある。尾崎雅嘉（一七五五～一八二七）は国学者、『群書一覧』で知られる博学の士である。大島氏は慶應義塾図書館蔵本（110X―67）に既出（二二八頁参照）、日向延岡藩士・慶應義塾・三井の出身で、古鈔本・古活字本の蒐集で著名。他に、「落合氏／図書記」（落合直澄・一八四〇～九一、国学者）「林氏珍賞」印がある。

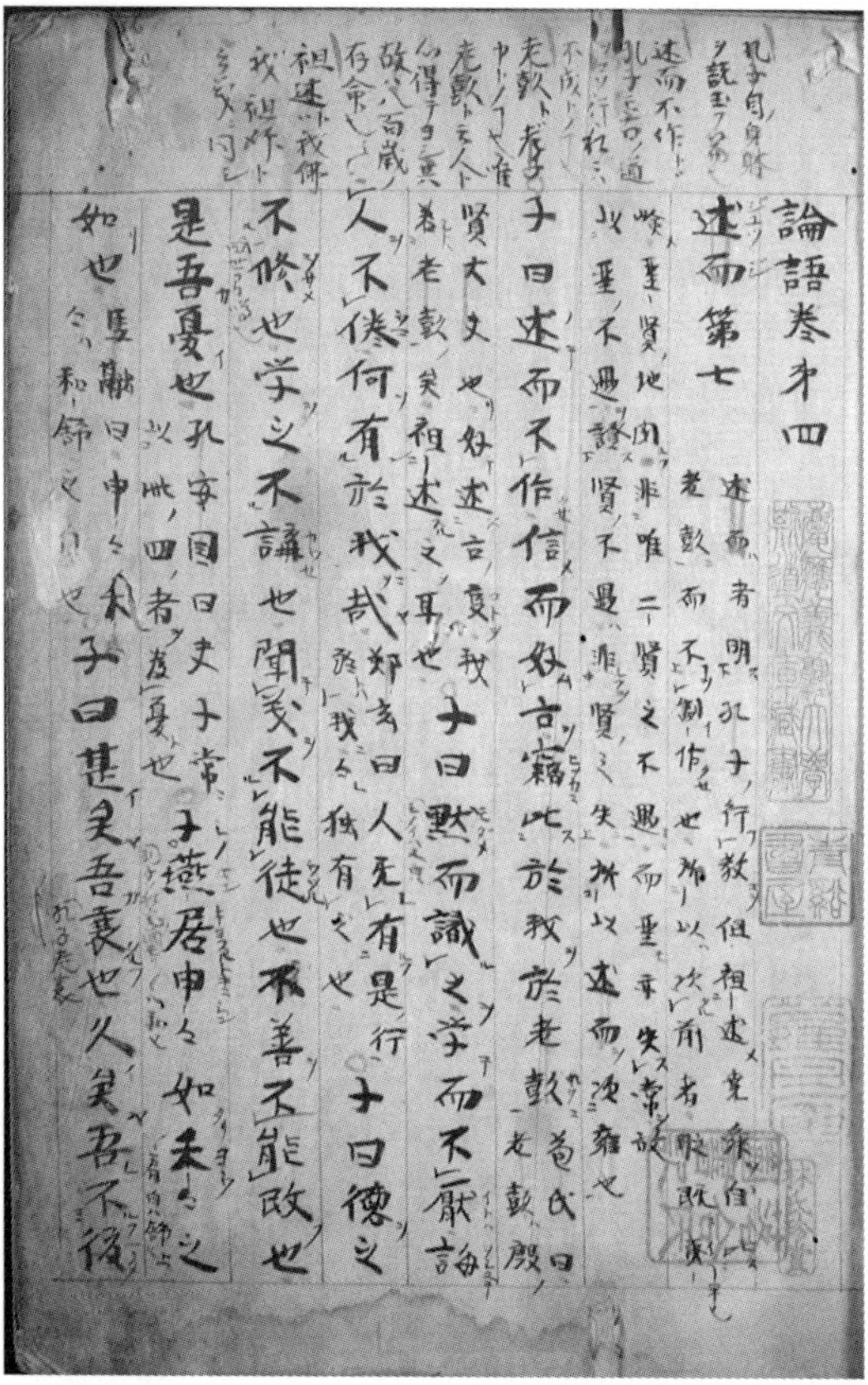

図37
義疏竄入系　庚類
尾崎雅嘉旧蔵
斯道文庫蔵（091—9）１冊

本文232頁参照。零本であるが、室町後期の『論語』講読をよく示す。寺院系の伝本であろう。

図37を参照。

東洋文庫蔵（1C37）　室町時代後期写・室町末期移点応永等奥書本　池田光政旧蔵　二冊

香色の絹表紙（表紙見返しは厚手地に金箔を散らす）は五針眼に綴じる。二十三・七×十六・六㎝と小振りである。「論語上（下）」と外題を墨書する。何晏の序を冠し、『義疏』の注釈を双行で挿入する。前掲神宮文庫本に同じである。

論語序　　何晏集解
叙曰漢中塁　東西南北四人有将軍耳北方之
　夷官也校尉者考古以奏事官也（東西以下小字双行）校尉

更に、巻頭は足利学校九華書写本と同様に巻題の下に篇名を附し、「何晏集解」の四字を添え、章数は附さない。但し、この様式は、巻第一学而第一（第一冊首）と巻第六先進第十一（第二冊首）にのみ見え、他は、「為政第二　為政／述而（ママ）」などと篇題の下に篇名を記し（記さない箇所もある）、「何晏集解」の四字は記したり記さなかったりで、要するに学而先進両篇以外は、一篇の義を総括する『義疏』の注解を混入しない。その注解は後の書き入れ者によって欄外に付加されているのである。このように、講読に際して便利を追究し、『義疏』の必要な部分を借り挿入するという姿勢は、次第に煩雑な部分を取り去ってスリムなテキストにと逆戻りする現象が見られ、読者の学力が次第に向上している証といえるであろう。巻頭は、次の如く題す。

論語巻第一　学而／為政（小字双行）何晏集解
学而第一　論語是此書捴名学而為第一篇別目中／（論字言偏なし）
　間講説多分為科段侃昔受師業自学而／
至堯曰凡二十篇首末相次無別科重而持学而最／
先者言降聖以下皆須学成故学記云玉不琢不／（論語是此以下小字双行）
……………………………………
子曰学而時習之不亦悦乎　馬融曰子者男子通称／

也謂孔子王粛曰時者／（馬融以下小字双行）

尾題は、「論語巻第二」、また冊一末に「論語巻上」、冊二末に「論語巻第二十　自六／至十　下　（経注字数）」と題し、要は、篇題の区切りは明確であるが、巻題の仕立ては明確でない。

書式は墨の単辺（十八×十四・一㎝）に有界、毎半行九行、毎行二十字。上層は三・五㎝。料紙は楮紙で上層は本文とは別筆の補注を加える。足利本から比べると簡略なものである。本文は一手で速度ある筆致で室町時代後期の典型的な、乱雑に見える字様である。

本文への墨の訓点（返点・送仮名・縦点・附訓）書き入れは、一気に同時に加えられたと思われるが、清家点とは違う読みで、寺院系の訓読である。この書き入れを証する奥書に次のものがある。

巻第二里仁篇末（本文の筆勢とよく似ている）

応永十七年（一四一〇）庚寅十二月閲了時大雪初晴氏秋記之也

巻第四述而篇首（『義疏』の篇題注解を書き加えている手と同筆）

永享七年（一四三五）乙卯秋日記

巻二十（ママ）堯曰篇末（附訓や音注書き入れの一部と同筆）

寛正元歳（一四六〇）庚辰二月灌仏会日卒業斯波朝臣手録畢

しかしながら、これらの墨跡は、応永・永享・寛正という室町時代中期に属する筆跡とは思われず、室町時代後期にあって、これらの本奥書を重録したものと判断されるのである。

更に、朱筆による点が加えられているが、それを証する奥書に次のものがある。

巻五郷党篇末（朱点と同筆）

大永二年（一五二二）壬子九月重陽日加点畢　清原朝臣（花押）

巻二十（ママ）堯曰篇末（大永二年のものと同筆か）

弘治乙卯（一五五五）夷則残炎加焼加朱点少□清原陶氏（花押）

これもおそらく、室町時代後期に、同じ手によって大永・弘治の本奥書が移写されたものであろう。朱点を施し、清家点の奥書を移写して、一の課本としたもので、訓読に清家点を反映しているものではなさそうである。このように、本書の書き入れ成り立ちは複雑で、年号のある奥書がこれほど時代を広げて記されると、混乱を極めるが、筆勢や墨痕から推察して、要は室町時代の後期から末期にかけて、幾つかの古い奥書を持つテキストを参照して、寄り合わせ、書写された写本であるということになろう。室町後期の熟した講読本と位置づけられるだろう。

「中原／光義」「光義／私印」（陰刻）「趨古斎／鑑賞之一」「栗山／堂記」（陰刻）「池田新太郎」「雲邨文庫」印記がある。備前岡山藩主池田光政（一六〇九～八二）旧蔵。明治大正間、和田維四郎（雲邨は号、鉱山学者・蔵書家、一八五六～一九二〇、『訪書余録』を著す）の蒐集に係る。

東洋文庫蔵（1C39）　欠序　存巻一～五　永禄六年（一五六三）義住写　一冊

後補香色表紙（二十三×十七・二㎝）。何晏の序を欠き、巻一巻頭は次の如くに題す。

論語巻第一　　何晏集解

学而第一　論語是此書捴名学／（論語二字ともに言偏なし）

而為第一篇別目中／

間講説多分為科段侃昔受師／
業自学而至堯曰凡二十篇首末／
……………………………（論語是此以下小字双行）
子曰学而時習之不亦悦乎　馬融／
曰子／（馬融以下小字双行）

即ち、巻題の下に「何晏集解」の四字を置き、篇名や章数などは記さない。書式は墨の単辺（十六・六×十四・一cm）に有界毎半葉八行、毎行十三字。上層三・八cm。料紙は楮紙で、本文は一筆、流麗な能筆である。そして、本文同筆の墨による訓点（返点・送仮名・縦点・附訓）を附し、また、同時代の薄墨による訓点も見える。更に、朱引き・朱点も加える（本文と同時代）。訓読はこの類の他の伝本に同じく、遠く足利本の系統を引いている。上層には本文同筆の注が少々。尾題は「巻第一終」「論語巻第二」「巻第三」「論語巻四」「論語巻之伍畢」などと記し、定型はない。巻五尾題後に「永禄六年菊月九日書之／筆者義住（花押）」と本文同筆ではないが薄墨の訓点と同筆の奥書が存する。この奥書は本文と密接に関係するもので、即ち、本文は、義住なる学僧の近辺が書写したか、と想像するが、講読に用いたのは義住であって、こうした背景によって奥書を記した古鈔本はしばしば見られるのであって、釈義住の書写本と称するに足るものである。「雲邨文庫」の印記がある。

お茶の水図書館成簣堂文庫蔵（1140072）　欠序・巻三〜四　室町時代後期写　四冊

後補紺色表紙（二十四×十六cm）、総裏打ちを施す。原紙は二十一・三×十五cm。何晏の序を欠く。巻一巻頭は次の様に題す。

論語巻第一　　何晏集解
学而第一　論語是此書捴名学而為第／
　一篇別目中間講説多分為／
科段侃昔受師業自学而至堯曰凡二十／
篇首末相次無別科重而持学而最先者／
……………………………………（論語是此以下小字双行）
子曰学而時習之不亦悦乎　馬融曰子者／
　男子通称也／（馬融以下小字双行）

巻題の下に「何晏集解」四字を附し、章数・篇名を記さない。そして、本書の場合、巻題の『論語』と篇名の「学而」の四文字上に中形の方印（蔵印）が捺され、後人によってそれが擦り消されている。その印は島田篁邨（前述二二二頁参照）のものと想像する。書式は、墨の単辺（十六×十二㎝）に有界、毎半葉八行毎行十六字。上層は五㎝。斐楮交漉紙に全巻一筆で朱墨訓点（返点・送仮名・縦点・附訓）を書き入れる。訓点は濃墨と薄墨と二種あるが、同筆に見える。上層の書き入れ注は、右上がりの小字とやや大きめの別手がある。継続的講読を経た課本である。訓読のあり方は詳細で、「曰く」に「ノトウハク」「ノトンバク」の両読を振る如く、通用の読み方とは異なり、また多岐に亙る。古鈔本による『論語』講読も爛熟した柔軟性を持つに至った時代を象徴するものである。川瀬一馬博士『新修成簣堂文庫善本書目』（お茶の水図書館・平成四年）の解説によると元亀天正頃（一五七〇～九一）の鈔本という。

尾題は「論語巻第一」などとあり、その下に経注字数を双行で附す。蔵印に「読杜草堂」（寺田望南、名は盛業、明治の薩摩出身の収蔵家、この印あるものは悉く善本である）、「増島氏／図書記」「洒竹文庫」（大野洒竹、一八七二〜一九一三、俳人・医者、この印は没後に書肆が捺したものと伝えられる）、「蘇峰審定」（徳富蘇峰）がある。箱書きに大正四年蘇峰が洒竹文庫中のものより得た旨、記される。

お茶の水図書館成簣堂文庫蔵　室町時代後期写　清見寺旧蔵　四冊

全紙に襯紙を施し、上下裁断され改装。「安政四年丁未年二月／論語集解　全」と墨書する、安政時の藍色原表紙を一枚のみ存し、それに「騰」と朱書、書写時に近い本文共紙の元表紙（あるいは扉か、二十八×二十cm）を添える。また、首に何晏の序を冠するが、皇侃の注は加えない。

論語序　　何晏集解

叙曰漢中塁校尉劉向言魯論語二十篇皆孔子弟／

本文巻頭は巻題の下に篇名を記し、「何晏集解」四字を添える。

論語巻第一　学而／為政（小字双行）何晏集解

学而第一　論語是此書捴名学而為第一篇別／（論語二字言偏なし）

目中間講説多分為科段侃昔受師／

業自学而至堯曰凡二十篇首末相次無別科重而／

持学而最先者言降聖以下皆須学成故学記云／（論語是此以下小字双行）

……………………………………………………

子曰学而時習之不亦悦乎　馬融曰子者男子通称／
　也謂孔子也王粛曰時／（馬融以下小字双行）

庚類の他の伝本とほぼ同様の面貌である。書式は単辺の墨界（二十三・七×十七・三㎝）に毎半葉七行、毎行二十字で記す。界の幅は約二・二㎝、上層は三・四㎝、柱にはもと何も記さず、後筆による朱の篇題のみを記す。書き入れは室町期の訓点（返点・送仮名・縦点・附訓）や補注を加え、別筆による室町末期の書き入れもある。訓法は足利学校の系統をひくものである。尾題は「論語巻第一〜十」と題し、巻五は「論語巻第五之終」、また、巻九には経注字数（経一千六百五十字／注一千七百七十八字）を加える（これは後の補筆）。紙質はやや明るい薄手の楮紙で、全巻一筆の字様は室町末の、略字を含めた典型である。足利本の影響を多分に受けていると思われる。永禄元亀頃（一五五八〜七二）の鈔本と推定する。

第四冊の末に、柱の朱筆と同筆で、「論語正文上巻之二十／清見興国禅寺蔵本」と朱書、同じく「明治四十一年九月四日／贈與徳富氏／清見寺十八世真浄（印）」とある。清見寺より徳富蘇峰が譲り受けたもので、「蘇／峰」「青山草堂」「天下之公／宝須愛護」の蘇峰印がある。また明治四十一年九月蘇峰が譲られた際に記した感得識語が首・末・帙にある。

清見寺は静岡市の古刹。巨鼇山清見寺、臨済宗妙心寺派。中国に逸した宋版の『石林先生尚書伝』（南宋紹興二十九年＝一一五九東陽魏十三郎書鋪刊本・重要文化財）が伝わることで有名である。

宮内庁書陵部蔵（555―131）　欠序　室町時代中後期写　新見正路・水野忠央旧蔵　五冊

本書は、『図書寮典籍解題　漢籍篇』（昭和三十五年）に南北朝時代写とされているもので、書写の古樸は言をまたない。しかしながら、『義疏』を混入したテキストの流伝は他の伝本もみな一様に室町時代の後期に属し、中期の後半、文亀永正年間（一五〇一〜二〇）くらいを上限として発展している様子を鑑み、また、料紙が茶色を帯びた薄手の横紋楮紙で、墨痕がやや落ち着いた風格を示すことから、南北朝の、厚手料紙に濃厚な墨を使う荒手の風格がなく、いまここでは、室町時代中期を境としたやや時代を降る書写と審定した。

字様は軟体流麗で、「ゾ」式の訓読も古く、勢い古さを感じさせるが、訓法は清家本系統と足利本系統が混在するようで、系統は明確ではない。このこともやや時代の降る一要因と言えるかも知れない。本文は学而篇最終章の王粛注を備え、述而篇第十三章「肉」を「完」に作るなど『義疏』竄入系の典型を示している。

室町期の濃い縹色古表紙（二十七・二×十九・二cm）に飛び雲紙題簽を貼り「円珠経　自一／至二」と墨書する。円珠経については『論語』の異名で、前述斯道文庫蔵本（091—6）二三〇頁に解説した。この類に多く見られる現象で、何晏の集解序が欠している。巻頭は、『義疏』の疏文が竄入している。

論語巻第一　　　　何晏集解

学而第一　論語是此書捴名学而為第／

一篇別目中間講説多分為／

科段侃昔受師業自学而至堯曰凡二十／

篇首末相次無別科重而持学而最先／

……………………………………（論語是以下小字双行）

子曰学而時習之不亦悦乎　馬融曰子者／

男子通称也／（馬融以下小字双行）

巻十までこの形式で、巻二は「何晏集解」の四字が無い。書式は、薄墨の単辺（十九・三×十四・五㎝）に有界（界の幅は一・八㎝）、毎半葉八行、毎行十六字。上層は四・二㎝を設け、書き入れは無い。全巻一筆で、同じ頃の書き入れに墨（返点・送仮名・縦点・附訓）、朱点・朱引きを附す。尾題は「論語巻第二」などと記し大小字数は無い。「賜蘆文庫」（新見正路）「新宮城書蔵」（水野忠央）「宮内省／図書印」印記を捺す。新見正路（一七九一～一八四八）は幕臣で大阪町奉行、蔵書家。水野忠央（一八一四～六五）は紀伊藩家老、新宮城主。

都立中央図書館蔵（特別買上6353）　存巻一・二（欠序）　室町時代後期写　二冊

巻一・二のみの零巻であるが、裏打ちを施してあり、墨付きの料紙は、目の細かい楮紙で、時代も古さを感じさせるもの。墨痕も濃く深みがあり、字様も特徴ある線・画を示し略字も多い。一定の字様を持続する筆致は相当なる能筆と思しく、本文・墨の訓点（返点・送仮名・縦点・附訓）・朱点朱引き、全て同筆であり、充実したテキスト作製の姿勢は、足利学校系のものに拠ると推定する。勤勉な学僧の学績であろう。書写年代も室町時代後期の天文年間を降らない。墨の単辺（十七・八×十三・七㎝）に毎半葉九行、毎行十六字で書写する。上欄は五㎝を設けるが書き入れは殆どない。

こうした字様整然、附訓精密な経書の書写本は室町の後期から慶長ころにかけて比較的多く見うけられ、急激に激しく読習した時代からやや落ち着いて充実した余裕ある読習へと、学問受容の精力に変化が到来した様子を示す、貴重な鈔本である。

首に何晏の序を欠き、巻頭は次の様に題す。

論語巻第一　　何晏集解

学而第一　論語是此書捴名学而為第一／

篇別目中間講説多分為科段／

侃昔受師業自学而至堯曰凡二十篇首／

末相次無（他本ここに「別」字あり）科重而持学而最先者言別／

……………………………………（論語是以下小字双行）

子曰学而時習之不亦悦乎　馬融曰子者／

男子通称也／（馬融以下小字双行）

篇名・章数を記さない。また、尾題は「論語巻第一（二）」。後補縹色空押卍つなぎ表紙（二十六×十八・六㎝）。昭和二十七年の入蔵である。

日光山輪王寺蔵（85―1―1466）　室町時代後期写（寄合書）　天海蔵　三冊

前述（一九九頁）の如く、天海は早く、永禄三年（一五六〇）から四年間、足利学校で学んだとされ（川瀬一馬『増補新訂足利学校の研究』講談社・昭和四十九年）、やはり本書も、その際に蒐集したものかも知れない。

本書は香色古表紙（二十五・八×十八㎝）で、外題に「論語　自一至三（四―六／七―八）　何晏集解」と「四十六天海蔵」とそれぞれ別筆にて墨書がある。首には何晏の序を欠き、巻頭は次の様に題する。

論語巻第一　　何晏集解
学而第一　論語是此書揔名学而為第一篇別目／
中間講説多分為科段侃昔受師業自／
学而至堯曰凡二十篇首末相次無別科重而持学／
而最先者言降聖以下皆須学成故学記曰玉不／（論語是此以下小字双行）
……………………………………
子曰学而時習之不亦悦乎　馬融曰子者男子通称／
也謂孔子也王粛曰時／（馬融以下小字双行）

巻題の下に、篇名・章数を記さない。書式は墨の単辺（十八・一×十三・七㎝）に界の幅は一・四㎝の罫に、毎半葉九行、毎行二十字で書する。上層に四㎝を設けるが書き入れはない。巻七以降は同じ書式であるが別筆である。書き入れは詳細な訓点（返点・送仮名・縦点・附訓）でそれぞれ本文の手と同筆である。朱点・朱引きも見える。足利学校系の読みである。尾題は「論語巻第一」と記し、巻十のみは「論語巻第十終」としてその下に経注字数を加える。室町後期に頻見する略字が多い。「宥円」なる署名がある。墨痕濃麗、力ある鈔本である。

日光山輪王寺蔵（85—1—1464）　室町時代後期写　天海蔵　二冊

本文共紙表紙（二十三・八×十七・五㎝）に「四十六」「論語集解一ヨリ五（六ヨリ十）」と墨書。第一冊の後ろ表紙に縹色の元表紙を遺す。前者（1466）と同系統、かつ同じ頃の書写に係るテキストである。首に何晏の集解序を欠き、巻頭は次の様に題す。

論語巻第一　　　　　　　　何晏集解
学而第一　論語是此書捴名学而為第／
一篇別目中間講説多分為／
科段侃昔受師業自学而至堯曰凡二十／
篇首末相次無別科重而持学而最先／
者言降聖以下皆須学成故学記云玉／（論語是此以下小字双行）

……………………………………

子曰学而時習之不亦悦乎　馬融曰子者／
男子通称也／（馬融以下小字双行）

篇名や章数を附さないこと、また前者と同様である。書式は墨の単辺（十七・五×十三・二cm）、界の幅一・七cmに毎半葉八行、毎行十六字で記す。上層は四・三cmをとり、『疏』『正義』『新注（朱熹集注）』などを引用する、本文とは別筆の書き入れがある。本文内には、本文同筆の訓点（返点・送仮名・縦点・附訓）が墨にて加えられる。訓は足利本の系統だが、少しく新しい訓を混じているようである。朱引きも見える。料紙は薄手の楮紙で、略字が多いことまた前者と同様にして、やや速度ある乱筆かとも思われる筆致は読習の速度をも物語るようで、室町後期の雰囲気をよく醸し出している。尾題は「論語巻第一」などと題す。

日光山輪王寺蔵（90―1―1886）　存巻一～六　単経本　室町時代末期写　一冊

本文共紙の表紙（二十二・七×十五・五㎝）に、後人の筆で、『論語』「一ヨリ六マデ」と墨書、「端本」と朱書する。仮綴じ。何晏の序を欠き、巻頭は、

論語巻第一　　　何晏集解
学而第一
子曰学而時習之不亦悦乎有朋自遠／

と題し、章数を附さない。巻四以降は「何晏集解」の四字もない。巻題と篇題を分けるのは清家本のあり方ではなく、寧ろ『論語義疏』系統のテキストに似る。書式は、墨の単辺（十八・八×十二・七㎝）に八行十五字で書す。界の幅は一・五㎝。本文同筆と思われる墨の訓点（返点・送仮名・縦点・附訓）、朱点・朱引きを加える。料紙は薄手の楮紙。全巻一筆で、略字が多く、軟体の室町末期特有の字様は見る者をして好感を抱かせる。書写の由来を示す題材は見えない。尾題は「論語巻第一終」とし、巻二・三が無く、「論語巻第四〜六」とする。

天理大学附属天理図書館蔵（123・3―19）　室町時代写　秋葉義之旧蔵　五冊

本書は虫損があるということで、現在閲覧ができない。写真によってこれを分析するに、厚手の空押花紋の灰色表紙を添え、外題に「論語　巻一　二」などと墨書する。首に何晏の序を冠し、次の様に題す。

論語序　　　何晏集解
叙曰漢中塁校尉劉向言魯論語二十篇／

また、本文巻頭は、巻題の下に篇名を添えて次のように題す。

論語巻第一　学而／為政（この四字小字双行）何晏集解
　学而第一　論語是此書捴名学而為第／
　　一篇別目中間講説多分為／
科段侃昔受師業自学而至堯曰凡二十／
篇首末相次無別科重而持学而最先／
者言降聖以下皆須学成故学記云玉／（論語是此以下小字双行）

……………………………………

子曰学而時習之不亦悦乎　馬融曰子者／
　男子通称也／
謂孔子王粛曰時者学者以時誦習／（馬融以下小字双行）

書式は墨の単辺に毎半葉九行、毎行十六字で書し、上層を充分に広く設けているが、書き入れは無い。本文はやや字様の不統一が見うけられるようであるが、一筆であり、訓点（返点・送仮名・縦点・附訓）も本文同筆である。訓法は概ね足利本の系統であるが、「述べて作〈ら〉ず」「信あって古へを好む」「道に志し（道をねがうて）」（いずれも述而篇第七）など、学僧による独自の訓法の変化が固定化されつつある、多様性を代表するテキストといえる。本文字様も室町時代後期の典型で、柔らかな流動性に富む活気ある字勢である。尾題は「論語巻第一終（二以下は終字無し）」などと題す。

「如白所持」（第一・二・四冊末）、「成立寺　花押」（第二・三・四・五冊末〈第五冊は塗沫〉）と墨署名あり。「下総崎房

／秋葉／孫兵衛／蔵書」「秋葉／義之／之印」「石明図／書之記」の印記がある。
また、巻五の末に、「慶應四年戊辰仲秋於橋東之楽是／園分夕軒読一過　蔣潭鰕侶（印）」の識語あり。

第五節　辛類鈔本の伝鈔

斯道文庫蔵（092—9）　存巻六～十　室町時代後期写　勝海舟旧蔵　一軸

本書は巻子装であるが、もと冊子装のものを改装した痕跡が見られる。即ち、二十八・五×十七・五㎝の薄手の楮紙を繋ぎ合わせて一巻としている。紙質から、室町も後期から末期、天正年間（一五七三～九一）から慶長年間（一五九六～一六一四）の書写本と推察され、中世の荒々しさからやや時代を経た落ち着いた筆勢を示している。栗皮表紙（二十八・三×十八・五㎝）も元の冊子のものを流用している（裏打ち修補を加える）。貼り題簽に「論語先進何晏集解」と墨書するがこれは改装後のもので、古い打ち付け書きがあるが、「……何晏集解」とだけしか見えない。本文巻頭は次の様に題す。

論語巻第六
先進第十一　　何晏集解　凡二十三章（凡以下小字双行）
疏　先進者此篇明弟子進受業者／
先後也所以次前者既還教郷／
党則受業者宜有先／

後故先進次郷党也／（先進者以下小字双行）

子曰先進於礼楽野人也後於礼／

即ち、何晏集解の下に章数を加え（但し、顔淵篇第十二以降は章数が無い）、一章を纏める『義疏』の文の冒頭に「疏」の一字を冠して、『義疏』の文であることを明かにする。こうした形式を持つ伝本は他に無く、中世末期に、それまでのように拠るテキストを移写するのではなく、中世の総括として整った型を持つテキストを再整理、課本として読みやすくするという、一種の余裕ある学風が主流となっていたことを示す貴重な資料である。こうした学風は『論語』に限らず諸書にいえることであるが、近世初期の、華々しい、慶長刊本の時代がもうそこに見える、その前兆を、我々は感得するのである。中世の鈔本の歴史と講読の精神が順を追って変化していく様子を如実に現代に語りかけてくれるのが、まさに『論語』古鈔本の最も大きな存在意義であることを、改めて認識させられる。

書式は毎葉ごとに、九行十四字。墨（薄墨）の単辺（二十・五×十七・五）に界の幅は約二cmをとり、上層は四・五cmを設けるがそこへの書き入れは無い。本文書写は書き入れ訓読（返点・送仮名・縦点・附訓）を含め、一筆で、縦長の伸びある能筆である。略字も一定の法則を持ち、実に清涼な感じを与える。尾題は「論語巻第六」などと題す。訓法は、例えば、顔淵篇第十二（巻第六）の二十三章、「子貢友を問ふ、子の曰く、忠告（ただしくつげて）、善を以て之を導く、否なるときんば、止む、自ら辱（はずかしむること）無し」と読み、清家本が「善く道（みちびく）、不可なるときんば、止む」と読むのと異なり、概ね足利本の系統をひいている。朱点・朱引き・朱の訓点もあるが、これも本文同筆である。

「勝安芳」（勝海舟）の印、「読杜／草堂」（寺田望南）の印がある。勝海舟（一八二三〜九九）の蔵書は昭和二十二年十一月に散じた。図20を参照。

斯道文庫蔵（092—16）　室町時代後期写　高木文庫・安田文庫旧蔵　二冊

第三部第二編第一章第二節に後述。但し図38を参照。

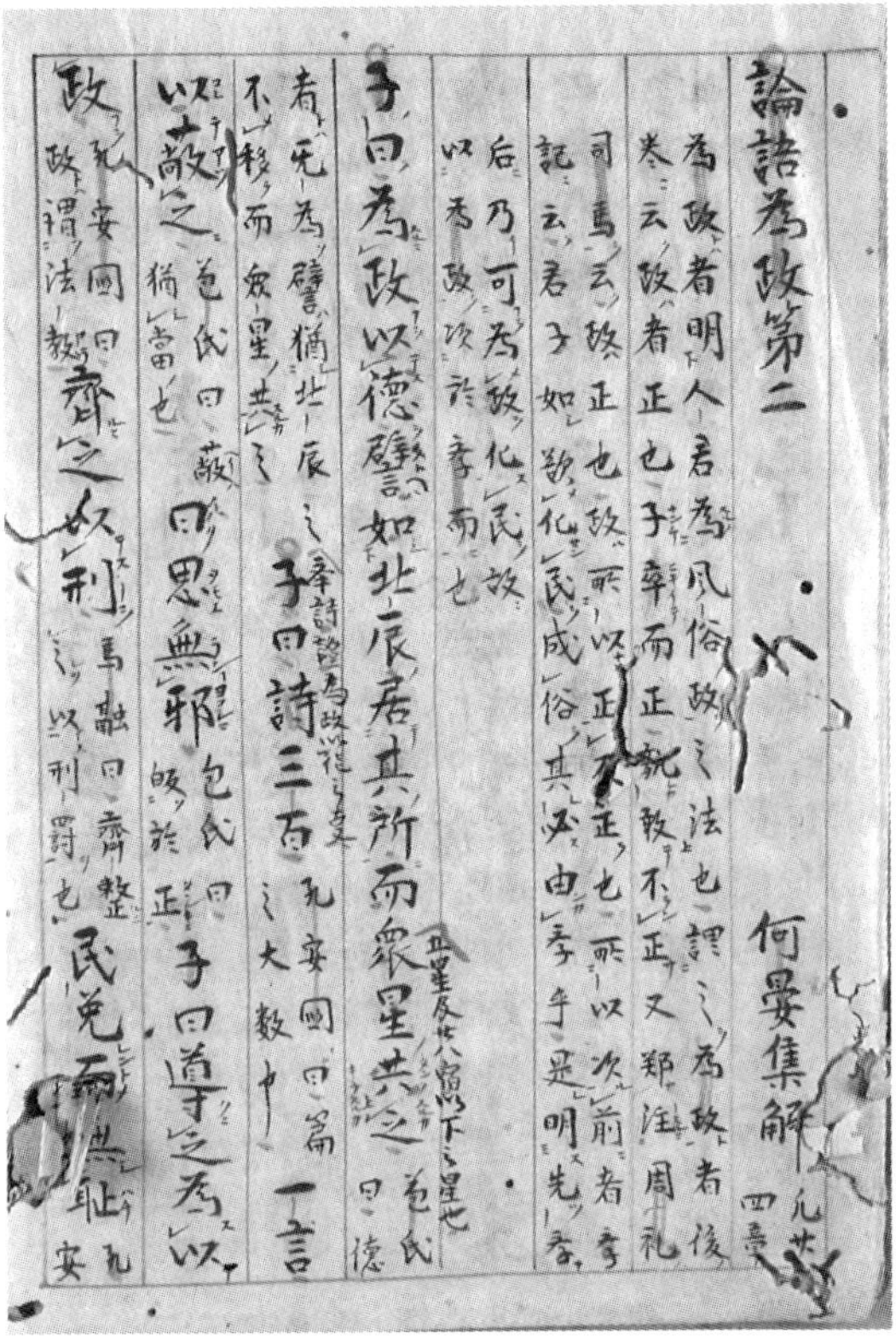

図38
義疏竄入本　辛類
高木文庫・安田文庫旧蔵
斯道文庫蔵（092—16）２冊

本文251・283頁参照。篇題に章数を加える。図20（68頁）をも参照。寺院系の伝本。

斯道文庫蔵（092―52）　慶長十五年（一六一〇）写　五冊

本書は栗皮表紙（二十五×十五cm）の原装で、本文料紙の紙質も白みを帯びた薄手の楮紙で、典型的な近世初期、即ち慶長期（一五九六～一六一四）の鈔本である。各冊に附す丹色の題簽も室町時代末期に流行した典型で、「魯論　一之二～九之十」と或いは本文同筆かと思われる墨書外題がある。表紙右上には各冊に「全五巻」と朱書し、これも本文と同時期のものと思われる。また、表紙内側の本文共紙の扉には、各冊に「魯論　一之二～九之十　光」と墨書があり、これも本文同筆であろう。

首に何晏の集解序を冠す。

論語序

叙曰漢中塁校尉劉向言魯論語二十篇皆孔子／

序が終わると、改丁して本文が始まるが、序末に、『義疏』の一章を総括する疏文、即ち、

「論語是此書捴名学而為第一篇別目中間講説多分為科段侃昔受／

師業自学而至堯曰凡二十篇首末相次無別科重而持学而最先者言／」

の一文が補われる。また「ゾ」式の解説も附される。全て本文と同筆である。かように、本書では、『義疏』の疏文や『正義』が本文欄外に全篇に亙って本文同筆で補われている。前の勝海舟旧蔵本に於いても述べたように、経書の古鈔本受容は、古いテキストの影鈔から始まって、次第に義理解義を主とし、便利な注釈を取捨選択して加え、一課の定本となす営為を繰り返し、その学問が落ち着いてくると、こんどは逆に煩雑な注釈を省き、スマートな定本にし

て、随時必要な覚え書きとして注釈を補写する学風へと変化を来してゆくのである。慶長時代はその到達点で、この鈔本はその到達途上の動向をよく物語っている。従って、本文巻頭は疏文を省いて、尚かつ、巻題と篇題を合体して次のように題す（図39を参照）。

論語学而巻第一　何晏集解　凡十六／章

子曰学而時習之不亦悦乎　馬融曰／子者男／（馬融以下小字双行）

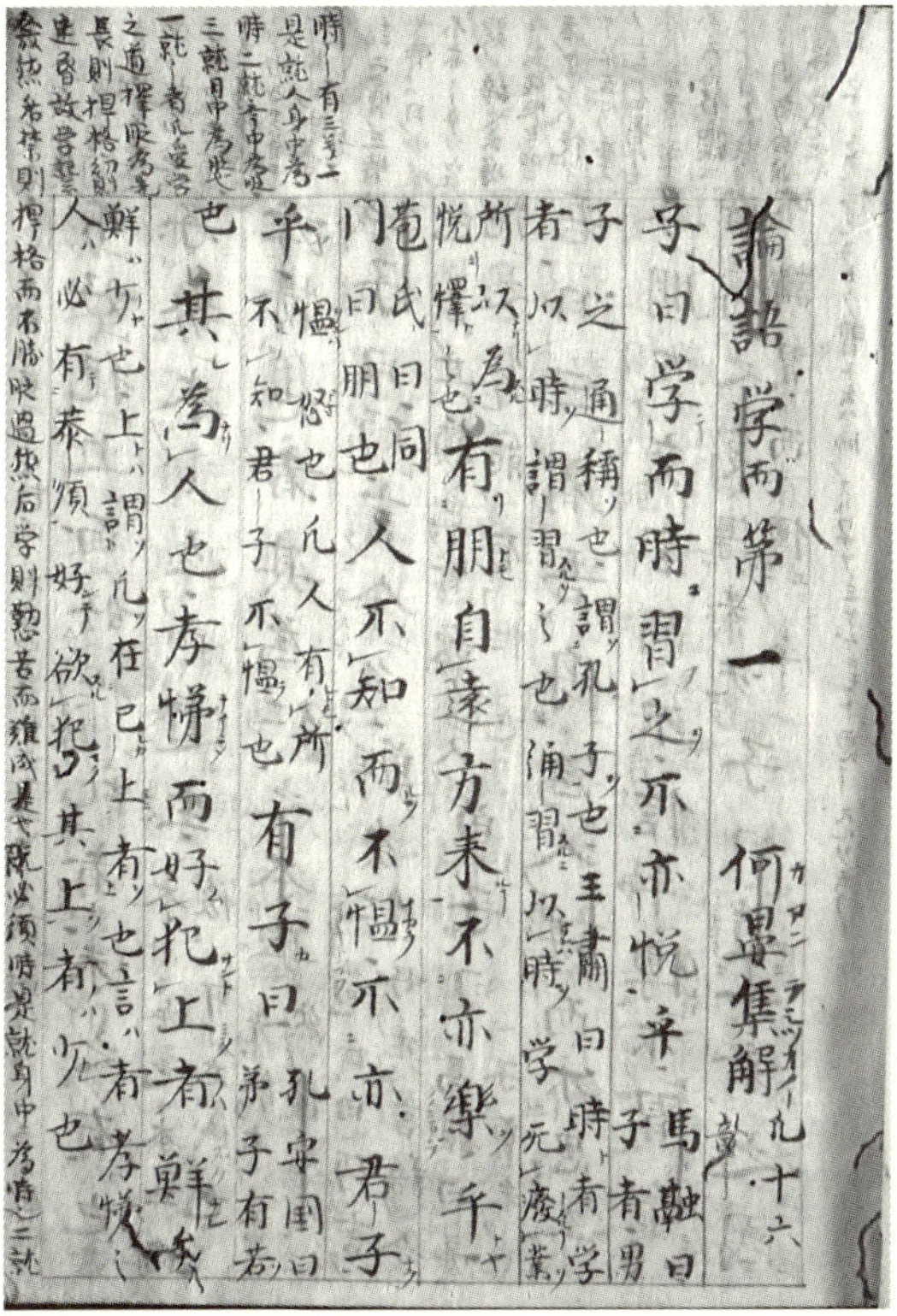

図39
義疏竄入本　辛類
慶長15年（1610）鈔本
斯道文庫蔵（092―52）５冊

本文252頁参照。中世末近世初の流伝を示す一本。『義疏』系であるが、再度、疏文を削り、簡便化をはかった柔軟な受容を体現する。古鈔本は時代による講読の変化を物語る。

但し、巻三・四・五・六は、

論語巻第三　（巻四のみ述而／泰伯と篇題を加える）　何晏集解（巻三・六は無い）巻四章数あり

公冶長第五　公冶長者孔子弟子也此／

篇明時無明君賢人獲罪／（公冶長者以下は小字双行）

……………

子謂公冶長可妻也…………

と題し、疏文を本文中に付加している。

書写型式は、墨の単辺（二十一×十五㎝）に毎半葉八行、毎行十四字で書写する。界の幅は一・八㎝で、全書、本文・墨の書き入れ（返点・送仮名・縦点・附訓〈ゾ式〉・欄外補注）、一筆で、朱筆の、点・朱引き・附訓・合点なども同様である。欄外は、『義疏』が中心であるが、朱熹の注や諸経書などの引用を少々加え、訓法は概ね足利本の系統を汲む。字様は伸びがあり、異体字も散見するが柔軟・美麗な性質を持つ。尾題は「論語巻第一終」などと題し、経注字数を加える。巻三・四・五・六は経注字数がない。

本文書写者による識語が各冊の末に次のように墨書される。

第一冊末　慶長十五庚戌歳季春下旬　書之
依望斯写之畢

第二冊末　慶長十五庚戌歳弥生上旬　書之
依深執心写之畢

第三冊末　慶長十五庚戌歳初夏上澣　書之

依嘱望写之畢

第四冊末　慶長十五庚戌歳衣更着上澣　書之

依執心写之畢

第五冊末　慶長十五庚戌稔衣更着上旬　書之　祐怡二九歳

各冊首に「稽古／堂記」の印記がある。

本書はまた、台湾故宮博物院所蔵楊守敬観海堂旧蔵の古鈔本『論語』のうち（四）「庚類――論語義疏本系　無章数」の、「⑧室町時代末近世初期写　八行十八字　栗皮表紙　今出川蔵書　二冊」（第三部第二編第二章第二節を参照）に風格が非常によく似ている。近世初頭の古鈔本の特徴を以てよく知ることができる。

東洋文庫蔵（1C38）　室町時代後期写　五冊

渋引き茶色の古表紙（二十二・六×十六cm）に「論語集解一之二　学而　為政　八佾　里仁」などと墨書する。首に何晏の論語序を置く。

論語序

叙曰漢中塁校尉劉向言魯論語二十／

巻頭は、巻題の下に篇名・何晏集解の四字・章数を置く典型的な辛類のテキストである。

論語巻第一　学而／為政（この四字小字双行）　何晏集解　凡十六章（この四字小字双行）

学而第一　論語是此書揔名学而為／（論語二字言偏なし）

第一篇別目中間講説多／
分為科段侃昔受師業自学而至堯曰／
凡二十篇首末相次無別科重而持学而最／（論語是此以下小字双行）
……………………………………
子曰学而時習之不亦悦乎　馬融曰子
者男子通／（馬融以下小字双行）

書式は墨の単辺（十七×十二・四㎝）に八行十五字で書し、全巻一筆である。料紙は粗めの楮紙で、字様は力強く清朗である。上層は四㎝を設けているが上層への書き入れは殆ど無い。本文への書き入れは本文同筆で、墨の返点・送仮名・縦点・附訓〈一部ゾ式〉、朱点朱引きを加える。訓法もほぼ本系統の他書と同様の状況を示している。尾題は「論語巻第一終」などとありその下に経注字数を加える。巻十末には「本経字数一万七千三百六十八字也」とある。書写に関する識語等一切ないが、毎冊の首に鼎型の印がある。室町時代後期、大永から天文（一五二一～五四）の時期頃にその成立期を推定するが、足利学校系の写本をもとに地方に於いて伝鈔されたものであろう。中世後期のエネルギッシュな、漢字文化に対する知識欲を今に生々しく伝えている。

「雲邨文庫」印記がある。

宮内庁書陵部蔵（457―207）　室町時代後期写　三冊

本書は『義疏』竄入本であるが、一章の梗概を示す疏文は、学而篇のみに附し、それ以後には見えない。拠ったテキストがそうなっていたのか、省略を試みたのかは定かではないが、本文料紙はやや白めの薄手で、それほど古さを感じさせず、永禄・元亀年間（一五五八～七二）頃を目安とする前後の書写と推定する。従って、この頃の自由な編纂省略の書写風潮を体したものであるかも知れない。ただ、本書の特徴は、字様がやや硬く字の横止めや払いに力がこもる、ゆっくりと速度の遅い筆致であること、いわば唐以前写経の字風を得ていることである。その手は中国人のものになるかと思われるほどである。おそらくは巻子本に基づいたか、それを倣って編集したか、と想像する。異体字も見え、また、巻二以下は「巻第二」などの巻題を記さず、為政第二などと篇名で始まる。

日本の中世にはきっぱりと類型化されるテキストと、そうでないテキストが散在し、後者は様々な点で改良や改編を加えているものが少なくないが、そうしたテキストの成立には大陸から渡来した人々の関与と背景があるものと想像する。本書もこの想像の範囲に属するものである。

全体に上下をやや裁断し、茶褐色の古表紙（二十六・五×十八・五㎝）に厚手の艶だし紙を用いた題簽を貼り、「魯論」と墨書する。「魯論」は『論語』の異名として室町時代に通用され、特に『義疏』の影響を受けたテキストにこの異称が使われることが多い。首に何晏の集解序を冠す。

論語序　　　　何晏集解

叙曰漢中塁校尉劉向言魯論語二十篇皆／

巻一の巻頭は次のように、『義疏』の疏文を附載する。

論語巻第一　学而／為政（この四字小字双行）　何晏集解

学而第一　論語是此書捴名学而為第一篇／（論語二字言偏なし）

別目中間講説多分為科段侃昔／

受師業自学而至堯曰凡二十篇首末相次无／
別科重而持学而最先者言降聖以下皆須／（論語是此以下小字双行）
……………………………………………………
子曰学而時習之不亦悦乎　馬融曰子者男／
子通称也謂孔／（馬融以下小字双行）

これは乃ち辛類の典型である。しかしながら、為政篇は、

為政第二　　何晏集解
子曰為政以徳譬如北辰居其所而衆星拱／

と、疏文無く本文に入る。これは八佾篇第三・里仁篇第四・公冶長篇第五・述而篇第七が同様。また、これ以外の篇は、雍也篇第六と同様に章数を加える。すなわち、

雍也第六　　何晏集解　凡二十九／章（凡以下は小字）
子曰雍也可使南面也　苞氏曰可使南面者／
言任諸侯可使治国／（苞氏以下小字双行）

となっている。述而篇第十三章「肉」を「完」に作るなど本文上は『義疏』系のテキストであることは間違いがない。書式は、墨の単辺（二十一×十五㎝）に有界、毎半葉八行、毎行十七字で書し、全巻一筆。また、本文と同時期と思われる書き入れ、墨（返点・送仮名・縦点・附訓）、朱点・朱引きがある。訓読は「ナリ」式で、清家本系や足利系と比べても新しいものである。

尾題は「論語巻第一」などとし、巻四〜七・九・十は、「論語巻第四　経一千五百五字／注一千二百八十字」など

と経注字数を小字双行で加えている。

「宮内省／図書印」あり。

日光山輪王寺蔵（85―1―1468）　欠巻一・二　室町時代末期写　天海蔵　四冊

本文共紙の表紙（二十六・六×十八・五㎝）に「四十六／　三／四／　論語集解」などと墨書。仮綴じ。本文巻頭は、巻題の下に篇名、何晏集解、章数（巻五以降は章数なし）を加え、疏文を竄入する。

論語巻第三　公冶／雍也（この四字小字双行）　何晏集解　凡二十九章（凡以下小字双行）

公冶長第五　公冶長者孔子弟／

子也此篇明時無／

明君賢人獲罪者所以次前者／

…………………………………（公冶長者以下小字双行）

子謂公冶長可妻也雖在縲紲／

墨の単辺（二十・九×十六㎝）に毎半葉六行、毎行十二字で書す。界の幅は三㎝と広く、余裕あるスペースに附訓も見やすく配置できるように本文を書写し、返点・送仮名・縦点・附訓が本文同筆によって加えられる。他に朱引きも見られる。料紙は厚手の楮紙で、字様は室町時代末期の柔軟な筆致である。訓もこの系統本と同様。尾題に「論語巻第三」などとあり、巻三・四に経注字数を加える。各冊の末に「豪舜之」の署名がある。おそらくは本文と同筆の書写者であろう。足利学校に学んだ人かまたはその流れに列する学僧の伝鈔本であろう。

日光山輪王寺蔵（85―1―1465）　室町時代末期写　天海蔵　五冊

本書も、室町時代末期か近世の初期に降る書写年代の写本で、前掲の斯道文庫蔵勝海舟旧蔵本（092―9）や斯道文庫蔵慶長十五年鈔本（092―52）と同様に、テキストの煩雑性を簡略性に変えようとする意識が浸透してきている時期のもので、『義疏』の疏文の竄入も、有り無しと、一定していない。

本文共紙の表紙（二十三×十六㎝）に「四十六／一　二　何晏集解」と墨書。前書と同様に仮綴。この表紙は内側に論語本文が書写されており、反故紙を用いている。首に何晏の論語序を冠す。

論語序

叙曰漢中塁校尉劉向言魯論語二十／

更に本文巻頭は、巻一が次のように『義疏』の疏文を付加しない。そして「何晏集解」の四字の下に章数を加える。

論語巻第一

論語学而第一　　何晏集解　凡十六章（この四字小字双行）

子曰学而時習之不亦悦乎　馬融曰子／

者男子通／（馬融以下小字双行）

そして、巻三～六は巻題の下に篇名を附し、「何晏集解」四字があって章数は無い。

論語巻第三　公治／雍也（この四字小字双行）　何晏集解

公治長第五　公治長者孔子弟子此篇／

明時無明君賢人獲罪者／
也所以次前者言公冶雖在生枉濫縲紲／……………………………………（公冶長者以下小字双行）
……………子謂公冶長可妻也雖在縲／
更に巻七～十は巻題の下に篇名を加え、「何晏集解」四字があって章数はなく、『義疏』の疏文も混入しない。
論語巻第七　子路／憲問（この四字小字双行）　何晏集解
子路第十三
子路問政子曰先之労之　孔安国曰先／
導之以徳使／

書式は墨の単辺（十六・二×十二・八㎝）に毎半葉七行、毎行十五字。界の幅は二㎝。やや白みを帯びた楮紙に全巻一筆で書し、規格ある、端正で丁寧な字様である。訓点書き入れは一切無く、読習に備えた課本として作られ、そのままになったものであろう。尾題は「論語巻第一」などとして、巻二のみに経注字数を添える。

六地蔵寺蔵（戊19）　存巻一～四　室町時代後期～末期写　一冊

後補の濃い茶色表紙（二十五×十八・五㎝）があり、内側の本文共紙の原表紙には、「見意」「論語巻第一　二」と墨書する。もと二冊を合冊して一冊とする。扉には「主御勝丸」と墨書する。首に何晏の論語序を冠す。
論語巻序

叙曰漢中塁校尉劉向言魯論語二十篇皆／

巻頭は、次の如くであるが、巻題の下に巻二以降は「何晏集解」の四字を置き、かつ巻三のみはその四字の下に章数を附す。

論語巻第一

学而第一　論語是此書名学而為第一篇／（一般には「名」は「捴名」に作る）

別目中間講説多分為科段侃／

昔受師業自学而至堯曰凡二十篇首末相／

次無別科重而持学而最先者言降聖以／（論語是此以下小字双行）

……………………………………

子曰学而時習之不亦悦乎　馬融曰子者男／

子通称也謂孔／（馬融以下小字双行）

書式は、墨の単辺（二十×十五・五㎝）に毎半葉七行、毎行十七字に書写する、界の幅は二・三㎝で、全巻を通じて一筆である。墨の書き入れ（返点・送仮名・縦点・附訓）や朱点朱引きも本文と同筆で、上欄などには少々書き入れがあるのみである。附訓は丁寧で、足利本の系統と同列である。尾題は「論語巻第一」などとあり、その下に「経一千四百七十字／一千五百一十五字」などと経注字数がある。巻三・四は字数が無い。

字様は、達筆で、柔軟性に富み、古い異体字を遺し、書写年代はそう古くなく、永禄・元亀年間（一五五八～七二）以降と思しいが、書写者は相当熟練した能筆で、足利に学んだ学僧か、或いは京都の由緒ある寺院の学僧によるテキストの系統を引いているであろう。いずれにしても天海蔵などとともに室町時代末期の寺院系の『論語』受容の実態をよくあらわしている。阿部隆一『六地蔵寺宝蔵典籍について』（『斯道文庫論集』五輯・昭和四十二年）を参照。

六地蔵寺（茨城県水戸市）は、真言宗倶胝密山聖宝院六地蔵寺、大同二年（八〇七）の開山で室町時代永享年間（一四二九〜四〇）、宥覚上人を中興第一世とする。将軍家・水戸徳川家に厚遇され、学僧を輩出した。慶長十八年（一六一三）徳川家康の推挙で第八世宥義上人が長谷寺第三世に補され、中央との関わりが一層密接になっていったようである。

六地蔵寺蔵（戊8）　室町時代後期写　二冊

薄い香色表紙（二十五・五×十七㎝）。首に何晏の論語序を冠す。

論語巻序

叙曰漢中塁校尉劉向言魯論語二十篇皆孔子弟／

巻頭は様々な形式を持つが、各巻によって次のように異なる。前掲の輪王寺蔵本（1465）と同様に、次第に形式に拘らない自由な書写による寺院系講読特有の風格を持す。

論語学而第一　　何晏集解疏

子曰学而時習之不亦悦乎　馬融曰子者男子之通／

称謂孔子之王粛曰時／（馬融以下小字双行）

論語巻第二（四・五・六・九）

論語八佾第三　　　　　何晏集解　凡二十六章（凡以下小字双行）

論語巻第三（八）

論語公冶長第五　　　　何晏集解

論語巻第七

論語子路第十三

論語子張第十九　十巻／幷堯曰　何晏集解

即ち、各章の一章を括る総括文である『義疏』の一文は省かれている。しかしながら、学而篇第一、最終章に注釈「王粛曰患己之無能也」が添えられることなどから見て、『義疏』の影響を蒙るテキストの系列であることは間違いがない。とはいえ、述而篇第七、第十三章経文「三月不知肉味」は、『義疏』系のテキストは「肉」を「完」に作るのであって、こうしたところは『義疏』系以外のテキストの影響もあるのであろうか。種々の要素を混入しているのがこの時期の古鈔本の特徴である。各篇の章数も有無が様々であるが、学而篇第一・為政篇第二・公冶長篇第五・郷党篇第十・子路篇第十三・憲問篇第十四・衛霊公篇第十五・季氏篇第十六・子張篇第十九・堯曰篇第二十には章数が無い。

書式は、墨の単辺（二十・八×十四・七㎝）に毎半葉九行、毎行二十字（界の幅は一・七㎝）で書し、全巻一筆である。本文と同筆の墨の書き入れ（返点・送仮名・縦点・附訓）、朱引き・朱点を加える。訓はこの類に属する他の伝本と同様、足利学校系統の流れを汲む。尾題は「論語巻第一終」などとし、下に「経一千四十字／注一千五十五字」などと経注字数を附す。一般にどのテキストも巻一の字数は、「経一千四百七十字／注一千五百一十五字」とする。おそらく、中間の「百七」「五百一」の字が抜けてしまったものであろう。

字様は能筆とはいえぬものの筆画に力あり、墨痕濃密、古色を帯び、巻十末に本文同筆と思しき「永正十□」の識語が有り、室町時代中後期、永正十年（一五一三）の書写と断じてもおかしくはない。更に、巻五・十のそれぞれ末尾に次の感得識語がある（本文とは別筆）。

元和六年ノ酉（巻十は辛酉）十月求是（巻十は是求）　六蔵寺常住

宥長松岩（「常住」二字の右）　宥長（「常住」二字の左）

元和六年は一六二〇年で庚申、翌年が辛酉である。『論語』古鈔本の入手が当時の学僧にとって大きな意味があったことを物語る。

阿部隆一「六地蔵寺宝蔵典籍について」（『斯道文庫論集』五輯・昭和四十二年）を参照。

築島裕氏蔵　存巻五・六　永正十三年（一五一六）写　一帖

昭和四十二年に阿部隆一博士が調査撮影した影本によると、本文共紙の表紙（十八・七×十三・八㎝）を綴葉装に綴じ、帖装とする。書写当時の原装である。外題に「論語巻第五六」と墨書するのは本文と同筆。墨の単辺（十六・五×十七・八㎝）有界に七行十七字で書写する。零巻でその総体が明瞭ではないが、二巻とも本文書き入れは一筆で、異体字が多く、墨痕濃厚、力強く雄渾な書写風格を持す。巻頭は次の如く題す（混入する疏文は他本と少異あり）。

論語巻第五　　何晏集解　凡三十一章／皇三十章（この章数は小字双行）

子罕第九　子孔子也第希也此篇明時感者既少故聖応／

亦希也所以次前者外遠富貴既為粃糠故還凝／

………子罕言利与命与仁………

また、巻六は疏文の竄入がなく、

論語巻第六　　何晏集解

論語先進第十一

子曰先進於礼楽野人也後進於礼楽君／

と題する。必ずしも統一しない書式はこの時期の緇流による自由な講読受容を示している。

尾題は「論語巻第五（六）」とあり巻六末には「経二十六百二字／注一千九百四十六字」と経注字数を記す。「二十」は「二千」の誤りか。巻六尾題と経注字数の間に、署名があるが、判読不明。また、巻六末、経注字数の次に本文と同筆の奥書がある。

永正十三天　丙／子（この二字小字双行）十二月十九日　雖悪筆也当月之巻／書畢中之　三十日ニテ書畢

永正は『論語』古鈔本書写年代の中後期に属し、庚・辛類の群に於いては古い時代のものに相当し、『義疏』竄入テキストがこの頃に既に盛んに行われていた証として、足利学校本とともに『義疏』系テキストの年代を推察する上で極めて興味深い伝本である。書き入れは、返点・送仮名・縦点・附訓を加える。訓法は、現存二巻のみでは一概に決めがたいが、清家本と足利本系の共通点を踏襲していることは確かで、清家本から派生した中世寺院系の標準的な読みを遺していると考えられる。

第六節　結　語

以上、足利本、庚類、辛類、とその所在本について解説を加えたが、『論語集解』古鈔本中、最も複雑で伝鈔も多い、『論語義疏』の影響を蒙ったテキストは、足利学校を中心とした学派の系統に属するものであることが、以上の伝本の書写の状況や訓読受容のあり方などから、推測できるのであって、室町時代の後期、とりわけ『論語』の伝播にとって、足利学校の存在は単なる一地方の勢力ある教育機関というのにとどまらず、当年にあって漢学の普及の拠点であったと理解されるのである。学問は高度になればなるほど、絶えず基本を確認していく姿勢が問われる。漢文の訓釈も、より深い読みを求める向学心は幅広い基礎知識が必要であって、基本を何度も何度も確認する足利の講読のあり方、課本として通用するテキストの形態と、誰ということなく転写が繰り返される、比較的自由な開放的テキストの生産性が、当時の学人に頗る歓迎されたものであろう。そして、この『論語』の伝播は、綿密に元のテキストを写し込む営為から、次第に自らアレンジを加える変化の営為へと移ってゆく。室町時代の後期、天文時代（十六世紀前半）頃を境として、それ以前と天正（十六世紀後半）頃の、末期とは随分とテキストの様式も変わっていることが、これらの伝本から伺えるのである。この系統のテキストはこうした時代の流れともいうべきものをよく現している。

逆にいえば、この一群の古鈔本『論語集解』を整理・把握しなければ、室町時代の儒学受容の成果は見えてこない。各方面の中世学術研究に示唆・資料を与える貴重な文化財であると結論付けることができるのである。

第二編　特殊な蒐集文庫による伝本研究

次に、以上述べた、テキスト成立上の分類、すなわち甲類～辛類に至る各類の伝本研究を承けて、古鈔本『論語』研究に貢献した特殊な蒐集家の旧蔵本につき、その蒐集の意義と蒐集された伝本の意義を、言及する。その一はわが国の旧安田文庫であり、もう一つは清の楊守敬、観海堂本である。

附言するならば、古籍の伝本研究は、縦横に錯綜する内容系統からの一面と、立体空間的に錯綜する流伝流通からの一面との、両面からのアプローチが必要とされるもので、それは一時代に群れをなした意義深いテキストの価値を過去から現在へと変わることなく評価温存した文化の根源的な営みを表す側面であるからである。

第一章　安田文庫蒐集室町時代古鈔本『論語集解』

第一節　安田文庫旧蔵古鈔本『論語集解』の意義

安田文庫は、安田財閥二代安田善次郎の蒐集に係る和漢の膨大な貴重書からなる個人文庫で、昭和十一年文庫主の没後、散佚したといわれる。その質と量は計り知れず、旧安田文庫の内実の復元は日本の書物史の大きなテーマであるといえよう。川瀬一馬博士の調査書目をもとにした岡崎久司氏の『旧安田文庫蔵書の復元』（『かがみ』三一～三三、大東急記念文庫・平成十年）はこのテーマの最大の拠り所である。『論語』研究のみに限らないが、安田文庫の恩恵無くして古刊古鈔本の研究は進展しないといっても過言ではない。

かつて網羅的に『論語集解』古鈔本を整理したものに、大正二年第七回釋奠を記念した『論語書目』（孔子祭典会）、昭和六年大阪府立図書館『論語善本書影』、昭和十年斯文会『論語秘本影譜』、昭和初期、大橋図書館『論語展覧会目録』等があることは前述したが、これらによって知られる昭和の初め頃の『論語集解』古鈔本の蒐集は、岩崎文庫（現東洋文庫）九部、徳富蘇峰（現お茶の水図書館）八部、安田善次郎三部・宮内省・帝国図書館・神宮文庫・高木利太各二部等となっていた。戦後の移動や新出による増加はあるが、古鈔本『論語』研究の基礎はこの頃に定まったものと総括される。それ以後の蒐集によって、安田文庫は『論語』全般に特色を顕し、質量ともに他の蒐集を凌駕していった。実際に安田文庫蔵本は、古鈔本だけではなく、正平版や『論語義疏』、また慶長刊本に至るまで、室町時代の『論語』講習を一手に把握できるほどの総体的鑑識眼を経て蒐集されたものであった。古鈔本蒐集は最も注目するべきで、清家本系の乙・丁類、正平版系の戊類が二種、己類が一種、『義疏』系の辛類、と類型の全貌を俯瞰できる蒐集となっているのである。そしてその古鈔本は、現存の全てが斯道文庫に所蔵されているのである。

以下にここで主題となっている古鈔本の『論語集解』についてその旧蔵書の具体例を分析する。

第二節　安田文庫旧蔵古鈔本『論語集解』の解説

先ず、清原博士家の訓点を移点したものから挙げる。

斯道文庫現蔵（091—10）　室町時代末期　三十郎盛政写　〈乙類〉二冊

本書は『論語善本書影』（大阪府立図書館・昭和六年）の第三十九に載せたもので、清原博士家の訓点の証本として、安田文庫中、最も価値ある伝本である。夙に、『経籍訪古志』に紹介された求古楼狩谷棭斎の旧蔵になるものである。『経籍訪古志』が編纂された幕末の当時、『論語』古鈔本は十四本が著録され、その殆どが求古楼の所蔵であった。まさに安田文庫は求古楼の再来であった。本文共紙の元表紙に縹色の覆い表紙を加える。包背装の形をとるが、背に糊付けはしていない。室町時代末期（十五～十六世紀頃）に流行した装丁である。外題は、元表紙に「論語　一之五」「論語　六之十」と墨書する。本文と同筆かほぼ同時代の筆であろう。覆い表紙には題簽（室町期）があり、「論語　六之十　何晏集解」と墨書し、第一冊は題簽が剥落し朱筆の異筆で、「論語　一之五」と記す。首に「論語序／叙曰漢中塁校尉劉向……」と、魏何晏の序が三丁ある。本文は「論語学而第一（低三格）何晏集解」と題し、次行から「子曰学而時習之不亦説乎」と始まり、何晏の注解は小字双行で書写される。ただし、巻二以降は、「論語為政第二　凡二十四章　何晏集解」と章数を記す。第七は、「論語述而第七　旧三十九章／今三十八章　何晏集解」、十一は、「論語先進第十一　鄭二十三章／皇二十四章　何晏集解」と題す。図11・12を参照。

薄墨による墨界を施し、単辺有界毎半葉五行十四字、界の高さは二十・四cm、半面の界幅は十六・四cm、毎行の幅は三・三cmである。実にゆったりとした読みやすい配字である。柱には何も記さず、墨付きが第一冊九十二枚（序を除く）第二冊百七枚である。料紙は薄手の斐楮交漉紙。尾題は「論語巻第一　経一千四百七十字／注一千五百一十五字」と各巻末にあり、巻第十までである。巻十の副紙に本文と同筆で、書写奥書を記す。

「右本清家秘点也則雪庵道白真筆写之／三十郎盛政（花押）／墨印」

三十郎盛政が清原家の秘本である雪庵道白の真筆本を写し取ったものである、と。雪庵道白は清原枝賢の法名。室町時代の清原家は、宣賢を中興の祖とし、枝賢、国賢（一五四四～一六一四＝天文十三～慶長十九、枝賢の男、前田育徳会尊経閣文庫に慶長六年の国賢元奥書を遺す慶長古活字版『論語』がある）、梵舜、秀賢（一五七五～一六一四＝天正三～慶長十九、国賢の男、静嘉堂文庫に慶長八年瀧川忠征が慶長古活字版に秀賢点を写し取ったものがある〈8183―2―101―20〉）と代々『論語』の訓読が継承されたことは、第二部第二章に既述した。

三十郎盛政は、阿部隆一博士の考証によれば、国賢の門人であるという。書写は一筆で、本文、訓点ともに同一人が同一時に一気に写し取ったものである。訓点の内容は朱のヲコト点、墨の返点・送仮名・縦点・附訓・声点・濁音符・音注・校合（正・オ・イ・本・摺・古本・音釈）である。京都大学の天文五年枝賢令写本（貴6ロ5）と字様もよく似、附訓や校合もほぼ同じ内容で、同一の祖本を持つものと判断される。即ち、枝賢系の清家本である。本書の方が校合の項目が多い。印記は、「月の屋」（横山由清）「安田文庫」が捺される。本書はまた、かつて財団法人大橋図書館が主催した『論語展覧会目録』の四十七番に著録されている。

斯道文庫現蔵（092―4）　室町時代後期～末期写　正長二年（一四二八）本奥書本　清原宣嘉旧蔵本　〈丁類〉二冊

本書は従来の諸書目に未載である。江戸時代の初期頃に改装したと見られる縹色の表紙（縦二十六・五横十八・七㎝）に古い題簽を附し「論語何晏集解　天・地」と墨書する。本文の紙質墨痕から想像するに室町時代の後期、即ち十六世紀初から十六世紀中以前の書写年代ではないかと思われる。古鈔本としての風格は上乗といえよう。首に何晏の「論語序」を二丁附す。巻頭題は「論語学而巻第一　何晏集解」と記し、巻二以降は「論語巻第二　何晏集解」等と篇名を記さず章数も記さない簡単なものとなっている。尾題も「論語巻第一」として第十まで、大小字数等の附属記述はない。

斐楮交漉紙に辺・界を墨書し、七行十四字注小字双行に書写する。界寸は縦二十一横十六㎝、界幅は二・三㎝。柱には何も記さない。本文の系統を鑑みるに、例えば、「学而」最終章、「不患人之不己知」に本書は「王粛曰但患己無能知之也」の注を附し、この一句は正平版以後の集解本（とくに清家本）には無いものが多く、『論語義疏』本はこれを存する。これは清家本以外の系統を示す例証で、即ち『論語義疏』本の影響を受けたものの系統である。また、為政篇の第三章「子曰導之……」を多くの集解本が「導」を「道」に作るのは正平版との一致を示し、逆に、第二十二章の注「小車駟馬車」の「駟」は正平版が「四」に作るのと相反する例である。従って本書は清家本とはいえ、正平版を含む家本の忠実なテキストを伝えたものではなく、自由な校訂を経た異質の清家本とするべきである。

巻四の末に「正長二年（一四二九）二月十四日読了（花押）」

巻五の末に「正長元年十一月二十八日以清原家秘本書写了／即朱点墨点畢　少納言藤原朝臣（花押）」

と、本文とは別筆の奥書があり、書写奥書ではなく、別本から写し取った奥書である。

本文への書き入れは、墨の返点・送仮名・縦点・附訓が本文と同筆で、後に、朱筆の句点・ヲコト点（少々）・附訓等が別筆で加えられている。訓法を「述而篇第七」を例に見てみると、

○「述べて作らず」（清家本）「述して作せず」（本書）

○「徳を脩めざる、学を講ぜざる、義を聞きて従うこと能はず、善からざるを改むること能はず」（清家本）

○「徳を脩めず、学を講ぜず、義を聞きてうつること（従うこと）能はず、善からざるを改むること能はず」（本書）

○「道をねがひ」（清家本）「道に志し」（本書）

○「執鞭の士といふとも吾亦為ん」（清家本）「執鞭の士といふとも吾亦之を為ん」（本書）

○「威あって猛からず、恭にして安し」（清家本）「威あって猛からず、恭し（恭にして）ふして安し」（本書）となって、括弧内の朱筆は清家の読みを踏襲するものの、墨筆の訓はやや清家点と異なり、清家本以外の訓点に近いものがある。

「澤殿／蔵書」印記を捺し、清原宣嘉の旧蔵であることを示す。宣嘉は舟橋庶流家の澤宣嘉、天保六～明治六（一八三五～七三）。静嘉堂文庫に澤宣嘉書き入れの古活字版の「孟子」（A種c）を存し、幕末に経書の講読を継続した清原家の学者であった。本書の正長の元奥書は、即ち宣嘉の書き入れの可能性がある。従って、本書は、第一冊首の墨印が示す旧蔵者（不明）の古鈔本を澤氏が入手して読習したもので、元来清家に伝わったものではないことも考えられる。本文や訓点の純粋な清家本との違いは、そうした原因によるものかもしれないが、前述のように室町末期の清家受容は変化に富む規範性のうすいものとなっていたことが主たる因果のもとかと想像される。

安田文庫の蔵印を捺す。図14・15を参照。

次に博士家の伝来ではない正平版系と『義疏』系の伝本について考証する。

斯道文庫現蔵（092―5）　巻五以下欠　応永三十三年（一四二六）写　広橋家旧蔵　〈戊類〉一冊

本書は従来の書目等に未載のもので、書写年代も古く、書写字様も古き様式を止めている。本書が安田文庫に入った経緯について、末尾に薄様の副紙一葉を附して、川瀬一馬博士が次のように墨書している。

昭和十年十一月中旬神田某書肆（洋本をひさぐもの）より応永の奥書有る論語あれば持参すべしとの状来る。直ちに赴き見るに烏丸家の反古より索め出でたるとて本書を示さる。零本なる事は惜しむべしと雖も、応永の筆なる事疑う可からざる。よりてこころみに其反古を出さしめて検するに、烏丸にあらで、実は広橋家なり（広橋家の旧蔵書は一括して東洋文庫にあり）。本書もと二冊にして第一冊の巻首を缺ける上、表帋をも失し、第二冊は表帋存せしなれど、凡て虫損甚しければとて、時に、張込帳二帖に改装せられ極めて不都合なる体をなししかば、まづ冊子に復元す可きをすすめぬ。告るところの價また我が意を得ざりしも、ややありて、我が言に従へるを以て、三日の後を約して去る。後日、文庫主人の許を得て、乃ち之を求む。命ずるか如く改装成りて、本日文庫に納むるに当り、本書所獲の次第を附記すと云爾。昭和十年乙亥十一月二十二日　安田文庫に於いて　川瀬一馬識

広橋家は藤原氏日野家支流の名家。虫損甚だしく反古紙に混じっていたため流れたものである。残存の茶褐色の元表紙（縦二十五・三横十八㎝）を用いて一冊に改装。総裏打ちを施す。「四之内」と古い墨書があり、或はもと四冊であったか。また、「承益」とふるい所持署名を墨書する。首の何晏の序を欠き、巻第一学而の第二章「有子曰、其為人也……」の「曰」からを存し、それ以前が缺している。また、子罕第九から堯曰第二十、乃ち巻五〜十も缺する。単辺有界（縦二十・八横十五・二㎝、毎行の幅二・五㎝）六行の墨界に毎行十三字で小字双行に書写し、全巻一筆である。柱には「一巻　四丁」等と、巻数・丁数を墨書する。料紙はやや厚手の楮紙を用い、墨色濃厚、字勢有勁、まさに南北朝書写本の遺風を感じ取ることができる。

首題は「論語為政第二　何晏集解　凡二十四章」という体裁。但し、述而第七は「論語述而第七　何晏集解　旧三十九章／今三十八章」と題す。尾題は「論語巻第一　経一千四百七十字／註一千五百一十三字」等と字数を記す。

巻第四尾題の後に次の、本文と同筆の書写奥書を存する。

「旹応永三十三季龍集丙午正月下澣／青華道人書于／防州白松大林蘭若客軒之下」

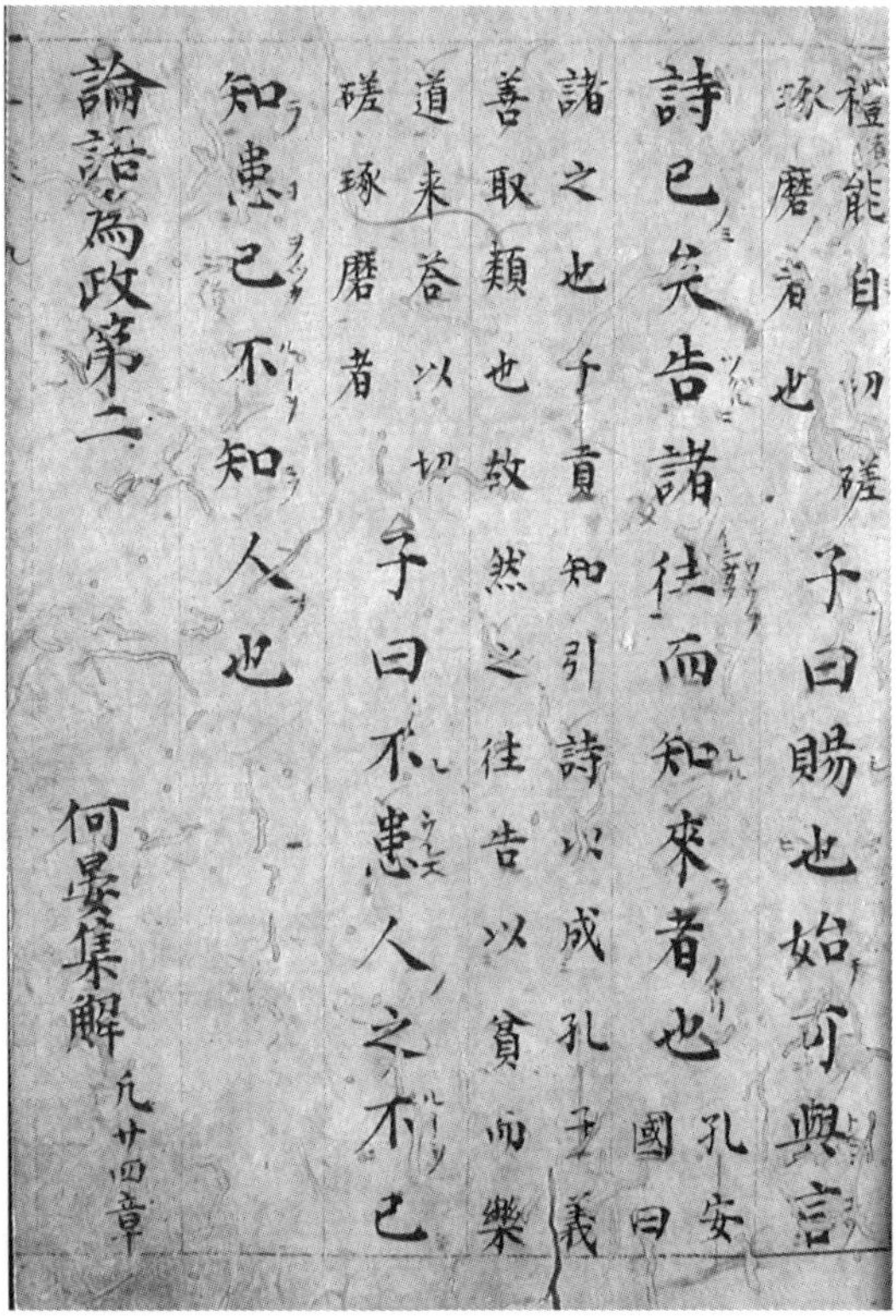
樫能自切磋琢磨者也　子曰賜也始可與言
詩已矣告諸往而知來者也　孔安國曰
諸之也子貢知引詩以成孔子義
善取類也故然之往告以貧而樂
道来荅以切磋琢磨者　子曰不患人之不己
知患己不知人也
論語為政第二　何晏集解　九廿四章

図40
正平版系古鈔本
応永33年（1426）鈔本
斯道文庫蔵　（092―5）１冊

本文274頁参照。紙葉・字句ともに古色あり、正平版に字様も似せる。室町時代の現存古鈔本のなかで、書写年代が最も古いと考えられる。

この奥書の左下に「主慶倍」「承益」というそれぞれ別筆で、本文とも別筆の署名がある。

本書の由来を想像する時、中世周防国の大内氏による文化事業を思わずにはいられない。平安時代末より周防の国を領した大内氏は、義弘（一三五六～九九）の時、朝鮮を通じた貿易で栄え、応永の乱で敗死するも、弟の盛見（一三七七～一四三一）が『蔵乗法数』を応永十七年（一四一〇）に刊行するなど、所謂大内版の名で知られる出版文化事業を担っていた。盛見はまた、香山国清寺を建立して兄義弘の菩提を弔った。国清寺は「香山常住」の墨印を捺す宋元版を多く所有し、今、各地に散在してしまったが、大内氏が日明・日朝貿易によって如何に多くの貴重図書を購入していたかの一端を伺い知ることができる。こうした富裕な文化を背景に持つ故に、京都から、学問に下向する学者も多かったといわれる。川瀬一馬博士『五山版の研究』（ＡＢＡＪ・昭和四十五年）の「室町初期に於ける開板」の章にこの事情は詳しい。『論語』に関していえば、正平十九年（一三六四）頃に堺で初めて刊刻された（正平版論語）事実とさほど時を経ていない書写に係る本書は、この頃の『論語』需要の伝播を如実に語る遺品であるといえよう。識語中、白松は瀬戸内海に面した阿知須町・宇部市の近辺を指し、その地に寄居した青華道人がここで書写したのである。

　本書はただ、テキストの由来を明らかにせず、為政篇の第三章「子曰導之……」を多くの集解本が「導」を「道」

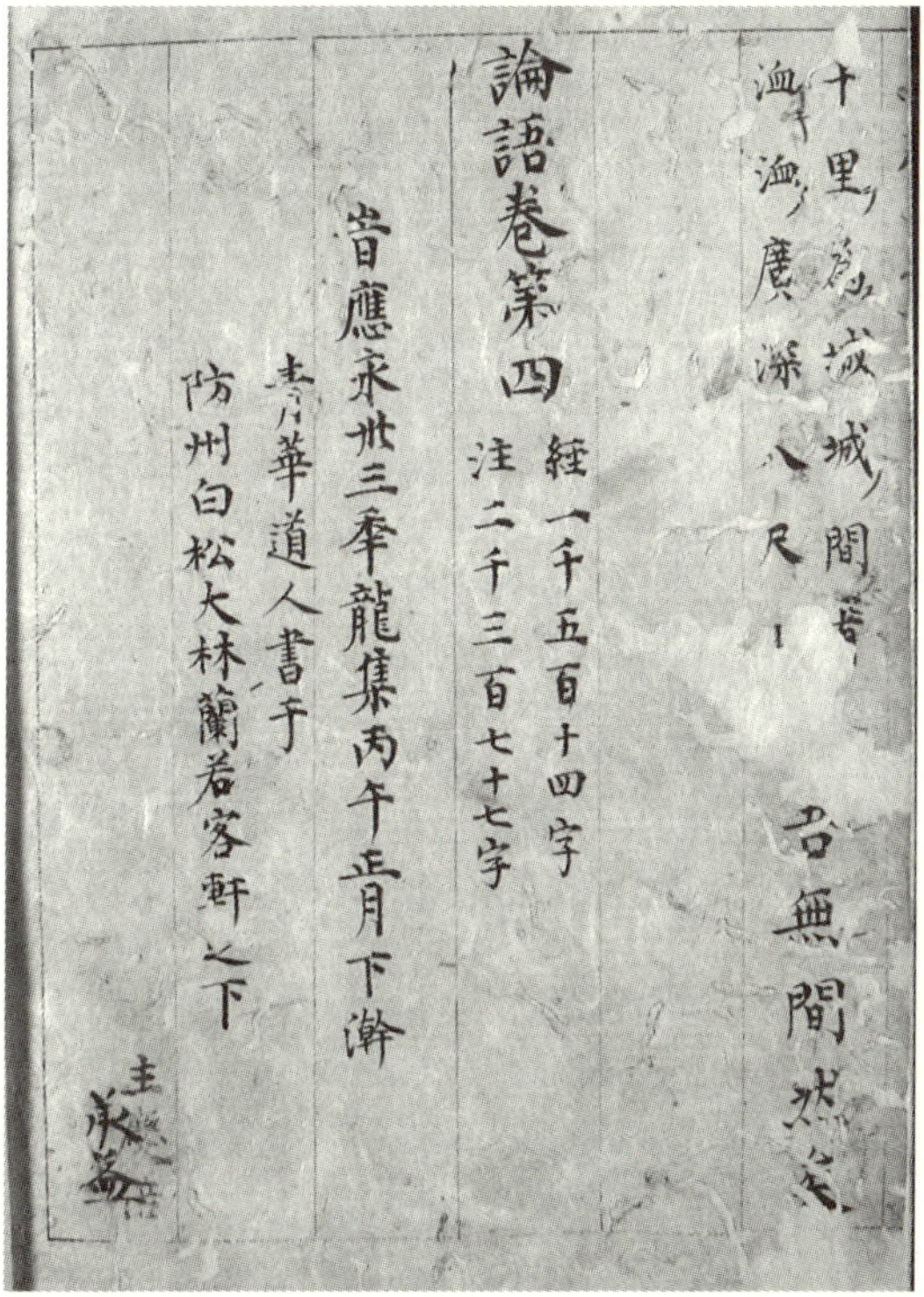

論語巻第四　経一千五百十四字
注二千三百七十七字
旹應永卅三季龍集丙午二月下澣
青華道人書于
防州白松大林蘭若客軒之下

図41
正平版系古鈔本
応永33年（1426）鈔本
斯道文庫蔵（092—5）１冊

前掲書の末尾に附された書写奥書。

に作り、第二十二章の注「小車四馬車」の「四」は多くの集解本が「駟」に作るの等は本書と正平版の一致を示し、『論語義疏』本の影響を受けた可能性も無しとしないが、字面、字句の異同などからして、やはり、正平版『論語』の写しである可能性が高い。本書への訓点の書き入れは、朱墨の二種あり、朱筆の方がやや古いか。朱はヲコト点と返点・送仮名を併用する。墨は返点・送仮名・附訓に校合や音注がある。少々上欄に墨による補注がある。おしなべて、清家点に依るが、置き字（「之」など）を本書は訓読する等、厳格な博士家点ではない。

「安田文庫」の蔵印がある。

図40・41を参照。

斯道文庫現蔵（092―2）　室町時代中期写　青蓮王府本　〈戊類〉五冊

本書は、『論語善本書影』（大阪府立図書館・昭和六年）の第四十一に載せたもので、財団法人大橋図書館が主催した『論語展観目録』の四十六番に著録されている。所謂、青蓮院本古鈔論語集解、である。第一冊の扉副紙、並びに第二冊目以降の各冊首（公冶長第五・子罕第九・子路第十三・陽貨第十七）に「青蓮／王府」の四方大印を捺すので、かく称されている。室町時代の儒学の趨勢は、清原博士家を中心とした公卿学士の大いなる牽引力によって、武士等の新たに興隆した新勢力をも教化して、公家秘本の文化を開放に向かわしめたところに大きな特徴を見ることができるのであるが、依然、上古以来の学問の旧勢力たる寺院学僧の蒐書講読は、学術界を支える動かしがたい実力を有していたことは申すまでもなく、加えて、彼らが、これら公卿学士勢力と明に暗に接点を持していたことが、中世の儒学に空前の活況を実現せしめた要因の一つであろうと想像されるのであって、『論語』講読の博士家伝本の現存と、かかる寺院所伝の古鈔本の現存状況が、そうした当年の儒学界の動向を如実に物語る証左である点、本書の如き由来の確かな優れた完本の存在の価値は、一言を以て之を蔽うことはできぬ奥深いものがある。毎冊の末に「靖齋／図書」の印があるのは、国学者谷森善臣（一八一七〜一九一一）の旧蔵を示す。谷森は伴信友の門下で、明治に御用掛として皇室系譜の調査等に従事したことから、或はこうした伝本を所持したものであろうか。

縹色の古表紙は原装。縦二十六・二横二十cm。第一・三冊のみに原題簽を存し、「論語　自一／二」「論語　自五／至六」と室町期の墨書がある。各冊に二巻四篇ずつを配す。何晏の「論語序」を二丁半、首に附す。乃ち墨付き三枚目裏葉から、「論語学而第一」と題し、「子曰学而時習之不亦悦乎」と本文が始まり、注釈は小字双行にて記す。墨付きは第一冊から、それぞれ、三十二・三十八・四十一・四十五・三十枚である。無辺無界の六行十三字。字面の高さ約十八・五幅約十五cm。柱は何も記さない。料紙はやや厚手の斐楮交漉紙を用いる。墨痕鮮やかで、全冊、一気呵成の一筆である。

巻題は第一篇学而と第十五篇衛霊公は同様の体裁で、書名のみ。第二篇以降「論語為政第二　何晏集解　凡二十四章」と第二十までを題し、第七は「論語述而第七　何晏集解　旧凡三十九章／今三十章」第九は「論語子罕第九　何晏集解　旧凡三十一章／皇三十章」第十九は「論語子張第十九　何晏集解　凡二十四章／凡二十五章」と題す。また、尾題は「論語巻第三　経一千七百十一字／註二千八百二十字」の如く、毎巻末に字数を添えている。

先の広橋家旧蔵本同様、字句の異同や、字面の様子からして、正平版『論語』の系統を引くものであることは疑いを入れない。ただ、「学而」最終章、「不患人之不己知」に本書は「王粛曰但患己無能知之也」の注を附し、この一句は正平版以後の集解本には無いものが多く、『論語義疏』本はこれを存する。こうした例から、本書は、正平版の系統に依りながら、『義疏』本の影響を受けている一本であると判断できる。『義疏』本は『集解』本との関連を別に置いて論じることはできない所以であるが、いずれにせよ、当年の学士たちは、中世とは言え、狭い見識にとらわれない開放的な柔軟性を以て、校合を行い、儒書の講読に当たっていたことを物語る事実といえるだろう。

本書の本文並びに注解の字体は、『古文尚書』に見るが如き異体を多く存し、それが、依拠せるテキストによるものなのか、はたまた書写習慣によるものなのかを審らかにしないが、淵源浅からぬものを感じ取ることができる。

本文への書き入れは、朱墨両様あり、しかし、本文書写時と同時の同筆によるものと思われる。朱は、句点・朱引きにして、墨は薄墨を用いて返点・送仮名・附訓・縦点・声点である。訓読のあり方は、大勢から言えば、清家本と同系と見られるが、尚、細部に亙っては、置字を読む等、清家本との違いを見ることができる。今、「述而篇」を例に取って、清原博士家本（前掲の三十郎盛政本）と比べてみると、

○「述べて作らず」（清家本）「述して作せず」（本書）

○「徳を脩めざる、学を講ぜざる、義を聞きて従うこと能はず、善からざるを改むること能はず」（清家本）
「徳を脩めず、学んで講ぜず、義を聞きて従う能はず、不善を改むること能はざるは」（本書）

○「道をねがひ」（清家本）「道に志し」（本書）

○「執鞭の士といふとも吾亦為ん」（清家本）「執鞭の士といふとも吾亦之を為ん」（本書）

○「威あって猛からず、恭にして安し」（清家本）「威あって猛からず、恭しふして安し」（本書）

というような違いが目につく。一概にこれを以てして本書を一家の点本と区分することはできないが、室町時代の縉紳細流の訓読の変遷を説明するには、いま少し緻密な整理が必要とされよう。

旧蔵である京都粟田の青蓮院は、天台宗の門跡寺院。粟田御所とも呼ばれた。鳥羽法皇の第七皇子が行玄大僧正門下となり、比叡山から京都に坊を移し、御所寺院を建立したことから、粟田宮となった。その後、第三世慈円の時に

最も栄え、また第十七世尊円法親王の書法は御家流として代々受け継がれた。最近では、『青蓮院門跡吉水蔵聖教目録』（汲古書院・平成十一年）が編纂されている。

「安田文庫」の蔵印がある。

図16・17を参照。

斯道文庫現蔵（092―1）　永禄三年（一五六〇）写　高木文庫旧蔵　〈己類〉五冊

本書は、高木利太氏の高木文庫から、安田文庫の有に帰したものである。高木氏は明治四年～昭和八年の人で、慶応義塾の出身。福沢諭吉と同郷、大分中津藩に生まれた。大阪毎日新聞社専務。古版地誌類、古活字版の蒐集は日本随一で、前者は自らが、後者は川瀬一馬博士が整理、それぞれ、『家蔵日本地誌目録』『高木文庫古活字版目録』としてまとめられた。しかし、後に各所に分散し、漢籍の古刊本類はかなり安田文庫に引き継がれた。奥ゆかしい「高木家蔵」の双辺長方の蔵印は、古活字版の代名詞の如く、今に、威厳を放っている。本書は、『論語善本書影』（大阪府立図書館・昭和六年）の第三十に載せたもので、財団法人大橋図書館が主催した『論語展観目録』の四十六番に著録されている。このときはまだ高木氏の蔵であった。

後補の茶表紙は縹色の元表紙の上に被せたもので、縦二十四・一横十八・五㎝。「論語　一」等と後人の墨書がある。首に何晏の序（三丁）があり、「論語学而第一　何晏集解　凡十六章」として本文が始まる。以下同様にして、第七は「論語述而第七　何晏集解　旧凡三十九章／今三十章」第九は「論語子罕第九　何晏集解　旧凡三十一章／皇三十章」第十九は「論語子張第十九　何晏集解　凡二十四章／凡二十五章」と題す。尾題は「論語巻第一　経一千四百七十字／註一千五百一十三字」等と字数を記す。

四周単辺の墨界に七行十三字、界内の寸法は縦十九・五横十四・七㎝。界幅は二・一㎝。小字双行。全冊一筆の書写に係り、墨付きは第一冊（巻一～二）二十七丁、第二冊（巻三～四）三十三丁、第三冊（巻五～六）三十五丁、第四冊（巻七～八）三十八丁、第五冊（巻九～十）二十六丁。料紙は楮紙。

巻末に「于時永禄三稔　庚／申　五月十七日五十歳　文彦」と書写奥書がある。

本文は、字句の異同から、青蓮王府本と同じ系統に属し、古い書体の文字を多く使用する様子も、王府本と類似するところから、清家本と一線を画す寺院系の伝本とみることができよう。ただ、訓点を比べると、青蓮王府本と同じながら、亦更に清家点の訓方をも参考に附している点は注目に値する。因みに、前掲の「述而篇第七」の同じ箇所の訓点を挙げてみると、

○「述べて作らず」（清家本）「述して作せず」（青蓮王府本）「述して作せず」（本書）

○「徳を脩めざる、学を講ぜざる、義を聞きて従うこと能はず、善からざるを改むること能はず」（清家本）「徳を脩めず、学んで講ぜず、義を聞きて従う能はず、不善を改むること能はざるは」（青蓮王府本）「徳を脩めず、学を講ぜず、義を聞きて従（うつる）こと能はず、不善を改むること能はざるは」（本書）

○「道をねがひ」（清家本）「道に志し」（青蓮王府本）「道をねがひ（こころざし／したい）」（本書）

○「執鞭の士といふとも吾亦為（せ）ん」（清家本）「執鞭の士といふとも吾亦之を為ん」（青蓮王府本）「執鞭の士といふとも吾も亦之を為ん」（本書）

○「威あって猛からず、恭にして安し」（清家本）「威あって猛からず、恭しふして安し」（青蓮王府本）「威あって猛からず、恭しふして安し（恭にして安し）」（本書）

なお、この訓点書き入れは、本文と同筆の、墨による返点・送仮名・縦点と朱引きである。永禄の頃は、天文の末、清原宣賢が没して程なくの頃であり、清家の学問も宣賢の講義を受けた筋等から、次第に自由に流布して行く時代を迎え、本書の訓点受容も、こうした趨勢と無関係ではないだろう。

「安田文庫」の蔵印がある。

図31を参照。

斯道文庫現蔵（092―16）　室町時代後期写　高木文庫旧蔵　論語義疏竄入本　〈辛類〉一冊

本書も前掲の一書と同じ、高木文庫から安田文庫へ移ったものである。『論語善本書影』（大阪府立図書館・昭和六年）の第三十八に載せたもので、財団法人大橋図書館が主催した『論語展覧会目録』の五十九番に著録されている。やはり、このときはまだ高木氏の蔵であった。その『論語善本書影』の解題には、足利中期の鈔であろう、と述べている。そもそも足利中期、つまり室町時代の中期か末期かという書写年代の推定は、比較上の問題で、本奥書が確かなもの以外は確としてその書写年代を決めることはできない。室町時代の『論語』古鈔本は、慶応義塾図書館所蔵の応永六年（一三九九）鈔本、前掲安田文庫旧蔵広橋家本応永三十三年（一四二六）鈔本、東洋文庫所蔵の寛正一年（一四六〇）鈔本が書写年代の明らかな前期の古鈔本で、しかし、南北朝の、例えば建武四年（一三三七）の清原頼元鈔本（大東急記念文庫蔵）等と比較すると風格に劣勢を感じないわけにはいかないのであって、かなり大局的な見方をすれば、十五世紀以降の鈔本は、室町時代鈔本として一括するのが無難ではあると考える所以である。永正年間以降、つまり、十六世紀以降は清家本の全盛を迎え、転写に転写をつぎ、却って奥書年代の明らかなものも増えることになる。室町時代の前中後は、一四〇〇年から一六〇〇年の二〇〇年を三等分するわけであるが、本書のように確とした書写年代がない場合、中後期なら永正頃、後末期なら永禄元亀頃を指そうが、審定には微妙な判断が伴う。しかし、こうした当時としては通行に近いテキストは、その時代の判定よりも、むしろテキストの分類由来にこそ焦点が当てられるべきなのである。乃ち、本書は毎篇の題に続き一篇の趣旨ともいうべき総括文が付され、『論語義疏』の影響を蒙るテキスト群に属するわけである。即ち、「義疏竄入本」として分類される一本である。『義疏』の現存する鈔本は少なくはないが、室町中期以降の写本が殆どで、『義疏』・『集解』両本の平行受容を考えれば、本書の書写も中期以降であることは明白で、細かく書写年代を区切ることに拘る必要は無い。

茶色の表紙（縦二十四・五横十七・八㎝）は原装で、前記、三十郎盛政写本と同様に室町当時流行した覆表紙・包背装に仕立てられる。題簽は第一冊が剝落し、第二冊には「論語　自六／至十」と墨書する。第一冊にはまた「百九十八ノ箱」と墨書。いずれも室町期のものであろう。首に何晏の序「論語序」二丁あり。巻頭は、

論語学而第一　　　　何晏集解　凡十／六章

論語是此書総名　学而為第一　篇別目　中間講読／……………

子曰学而時習之不亦悦乎………

と題し、本文の前に本章の解説を加える。しかして二十篇全てにこれがある。但し、述而第七・顔淵第十二は「何晏集解　凡幾章」の文字が無い。泰伯第八・郷党第十・先進第十一・微子第十八・子張第十九・堯曰第二十は「凡幾章」の文字が無い。子罕第九は「論語子罕第九　何晏集解　旧凡三十一章／皇三十章」。また、尾題は「論語巻第二」として経注字数を加えるが、「巻幾終」としたり、「巻幾之終」としたり、一定せず、巻三・四・八・九・二十（十の誤り）は経注字数が無い。墨付きは第一冊（巻一至五）四十七枚、第二冊は四十九枚。料紙は薄手の斐楮交漉紙で、本

文は二種類の手跡がある。

こうした鈔本は、底本を忠実に写す伝写本とは違って、学僧が自己の講読に備え、気取らずに写し取ったもので、台北の故宮博物院に所蔵される、養安院旧蔵の古鈔本『孟子趙岐注』と甚だ似通ったおもむきを呈している。気軽に荒く筆を流しているように見えるが、詳細に見つめてみると異体字を含んだ端正な字体と柔らかい筆の動きが感じられる。

墨書による単辺（縦二十・五横十三・五㎝）有界（界幅一・二㎝）の紙面に八行二十字、小字双行で記す。書き入れは、朱引き・朱点、墨の返点・送仮名・縦点・附訓を加え、本文同筆のものと、後に加えたものがあるが、おしなべて本文書写者の訓点本と見られる。その訓方は、前記同様、述而篇を例にとると、

○「述べて作らず」（清家本）「述して作せず」（青蓮王府本）「述して作せず」（本書）

○「徳を脩めざる、学を講ぜざる、義を聞きて従うこと能はず、善からざるを改むること能はず」（清家本）

「徳を脩めず、学んで講ぜず、義を聞きて従う能はず、不善を改むること能はざるは」（青蓮王府本）

「徳を脩めず、学の講ぜず、義を聞きて従（うつる）こと能はず、不善を改むること能はざるは」（本書）

○「道をねがひ」（清家本）「道に志し」（青蓮王府本）「道に志し（したい）」（本書）

○「執鞭の士といふとも吾亦為（せ）ん」（清家本）「執鞭の士といふとも吾亦之を為ん」（青蓮王府本）

「執鞭の士（鞭を執るの士）といふとも吾も亦之を為ん」（本書）

○「威あって猛からず、恭にして安し」（清家本）「威あって猛からず、恭しふして安し」（青蓮王府本）

「威あって猛からず、恭しふして安し」（本書）

ということで、清家本とはやや異なる青蓮院本などと一致することが見て取れる。室町期における『孟子』の古鈔本

のテキスト並びに訓読の状況と同様（拙論『旧鈔本趙注孟子校記』・『斯道文庫論集』二十四・二十五輯、平成二年・四年を参照）、清家本と寺院系鈔本の受容の違いが古鈔本の内実に如実に顕れているものである。「安田文庫」印記を捺す。図38を参照。

第三節　結　語

以上六部の伝本によって知られることは、室町時代の『論語』受容は、博士家清原家の訓法テキストを中心としたものであるが、その受容対象であった階層が、書物文化の流布から多様化し、校訂訓読に柔軟な変化を組み入れて行った形跡が見られるのであって、大衆性・地方性などの観点からも、近世の受容形態を既に裏付けていたとすることがみてとれる。『論語』文献の内容的本源を辿るよりもむしろ、自らの文化に如何に『論語』を融け込ませるか、と努力した当時の知識人の思考形態を知るために存在する資料ともいえるであろう。『論語』は日本人の精神の歴史を担ってきた重要な古典であることを、また物語っているのである。とりわけ、書写年代の複雑さ、訓読の多様性など、『論語』のみならず、室町時代古鈔本一般についての問題提起と考究に典型的な材料を提供する安田文庫の蒐集旧蔵本は、文献蒐集の学術的重要性を示しているといえる。

最後に、安田文庫旧蔵の古鈔本『論語』に永享三年（一四三一）の奥書を持つ一本があった。『論語善本書影』の二三に所載のものである。今、博捜してもその所在が知れない。何時の日か、それは姿を現すであろうか。

第二章　楊守敬観海堂旧蔵室町時代古鈔本『論語集解』

第一節　観海堂蒐集、室町時代古鈔本『論語集解』の意義

次に観海堂本であるが、これは、清末、楊守敬（湖北宜都の人・一八三九～一九一五）が日本の書誌学者森立之（一八〇六～八五）等を通じて購入した蒐集で、宋元版はもとよりあらゆる中国古籍の善本を揃えるが、とりわけ、日本の室町時代以前の、日本人による古鈔本・古刊本の蒐集がその大きな特色となっている。現在その大部分が台湾故宮博物院に所蔵される。その蔵書には、「飛青閣蔵書印」「星吾海外訪得秘笈」「宜都楊氏蔵書記」の蔵書印を捺し、毎書の首に楊守敬七十歳の肖像（写真）を添える。そもそも、楊守敬は金石・目録・地理の三門に秀でた功績があったとされるが、中国に亡んで日本に古くから伝わっている古鈔本や古刊本を翻刻、『古逸叢書』と名付けて出版した功績が人口に膾炙している。一八八〇年（清光緒六年・明治十三年）、駐日公使何如璋（広東大埔の人・一八三八～九一）に召され来日し、日本の漢学者と交わり、日本に伝わる中国古典籍の奥深さに驚嘆し、継いで翌年来日した公使黎庶昌（貴州遵義の人・一八三七～九七）に謀り、東京の使署にて上梓したのが『古逸叢書』である。また、その際に楊氏は、当時の日本で盛んとなって漸く衰えるかに見えた古書研究の風を、一身に担っていた森立之に日本の書誌学を学び、自らも古書の蒐集に努めていた。当時、森立之は、狩谷棭斎・小嶋宝素・多紀茝庭・渋江抽斎等が営んだ江戸時代後期の古書研究会の成果を、善本解題書である『経籍訪古志』に纏める作業を終え、あるいは増補や図録の編纂を企図していたころである。楊守敬にとっては、願ってもない知遇を得たわけで、一八八四年（清光緒十年）の帰国に際し

ては、『経籍訪古志』に著録する数多の古鈔本や古刊本を梱包船載して乗船したのであった。民国二十一年（一九三二）に編纂された『故宮所蔵観海堂書目』の袁同礼の序によれば、帰国後、民国四年（一九一五）七十六歳で世を去った楊氏の遺書は民国政府が三万五千円で買い上げ、一部を松坡図書館（一九一六年、袁世凱の帝制復活に抗した軍人蔡鍔を記念して梁啓超が設立した図書館）に分蔵し、主要なものは故宮の西側の寿安宮に移し、専用の書庫を設けて保存公開した。その後故宮の文物は政治の流れに押し流され、日本軍の侵攻を目前にして、民国二十二年（一九三三）北平から上海に遷すことを決定した。数ヶ月の間に五回に亙り、南京まで鉄道で運搬、一部を南京に残して水路上海のフランス租界に移送した。一六六七部一五九〇六冊の楊氏観海堂本は、こうして北平から上海に移動した。そして、間もなく戦況急を告げ、民国二十五年（一九三六）には再び南京に戻り、道観・朝天宮に保管された。更に、南京の陥落に伴って、重慶・成都へと移動、巴県・楽山・峨嵋の三箇所に分かれて避難した後に、日本の降伏を期にして、民国三十六年（一九四七）ようやく南京に戻ることができた。しかし、書物の運命はそれに止まることなく、翌年に南京中央博物院の設立を見るや、国共内戦の戦禍を避けて故宮の文物は台湾へと運ばれることとなった。民国三十七年（一九四八）から翌年にかけて二九七二箱の文物が台湾北端の基隆港に陸揚げされ、鉄路、台中へと運ばれた。霧峰県の北溝に新たな倉庫を設け、整理・展覧が企画され、漸く博物館事業が再開された。民国五十五年には台北の外双渓に建設された新館に遷され、ここに楊氏没後約半世紀を経て観海堂本は安住の地を得て、書誌学界に異彩を放つ蔵書となって、現在は、故宮博物院図書文献館を代表する所蔵品となったのである。

一、蒐集と縁起

上述の如く、楊守敬は、偶然の機会と出会いを得て、歴史上稀に見る収蔵家となったのであるが、自述の年譜『鄰蘇老人年譜』（『楊守敬集』・湖北人民出版社・一九八八に所載）によれば、清光緒六年（一八八〇）四十二歳にして来日、忽ち森立之らと書話に耽り、翌年の二月には『日本訪書志縁起』（清光緒二十三年＝一八九七刊刻『日本訪書志』に附載）を記し、公使黎庶昌の賞賛をうけ、光緒七年（明治十四年・一八八一）『古逸叢書』編纂の企図が起こったのであった。清光緒十年（一八八四）の帰国まで、『経籍訪古志』を手に入れて、そこに著録してある古鈔本を買い集め、また、官庫・寺院などの所蔵する入手できない貴重本はそれを影写せしめ、そして、特に大陸で目に触れることのない稀覯本（これを佚存書という）を覆刻出版したのであった。まさに、狩谷棭斎が実践した、蒐集・影写・校勘という書誌学を継承した中国の大学者蔵書家であったわけである。

その『日本訪書志縁起』には、次のような記述がある。

楊氏の家はもともと蔵書の趣向はなかったが、日本に来て、『未知佚而存者為何本』、大陸に亡んで日本に遺った漢籍の多さに感動し、一年足らずで三万巻余りを手に入れた。そのうち、『経籍訪古志』に未著録のものも少なくない。とりわけ、日本古鈔本は驚くべきで、経部の書が最も多く、皆、唐写本か北宋のテキストに拠っているものである。『七経孟子考文』がその古鈔本研究の始めであるが、山井崑崙が用いていない古鈔本はなお多く、これでは、日本の古刊古鈔本の全体を見ることはできない。また、日本の古鈔本には、「也・矣」などの虚字が多く、清の阮元はこれを日本人の妄補であるとするが、実は、こうしてたくさんの実物に接すると、けして妄補ではないことがわかる。すなわち、唐・北宋テキストの原姿なのである。日本の漢学は平安時代に盛んであったが、徳川政権誕生まで戦乱が続いた。室町時代以前のテキストは信じるべきで、『古文孝経』を『四庫全書総目』が後世の偽作と言っているのは、日本の典籍の実情を知らないからである。日本の古鈔本は繭紙の丈夫なものを使い、土蔵に保存するので、よく年月の長きに耐えるのである。日本の漢籍収蔵は足利学校・金沢文庫を最古とし、宋本の大半はここにある。近世初、曲直瀬養安院が之につぎ、宋元版と朝鮮本を多く有した。以下は、狩谷棭斎を第一とし、楓山官庫・昌平坂学問所も彼には及ばない。最近では、市野迷庵・渋江抽斎・小嶋宝素・森立之が著名で、今次入手した善本は殆ど彼らの旧蔵に係るものである。日本の医家は博学で、喜多村氏・多紀氏など小嶋・森以外の医家で蔵書に富むものが多い。また、日本の古刹は、高山寺・法隆寺など唐写本の系統に属する経典が頗る多い。

しかし、日本は明治維新の際に漢学を重視せず、結果、故家の旧蔵書が売りに出され、あるいは、大陸に買い手を求めるもの、数千万巻にも及んだ。数年前、蔡という姓の者が船一艘に書を積んで宜昌にやってきた。友人の饒氏は宋版『呂氏家塾読詩記』を手に入れた。その船載書には宋元版が多く含まれていたという。今、何処に所蔵されているのだろうか。やや遅きに失したか、もう少し早く来日していれば。悔やまれる。私が日本で旧籍を買い始めると、漸く日本の好事家も古書に食指を伸ばしてきた。これは古書の蒐集にとって喜ばしいことだ。また、『論語義疏』『群書治要』『古文孝経』『唐才子伝』『臣軌』『文館詞林』『難経集注』などの佚存書については最早有名ではあるが、これらも佚存というだけでなく、日本の古刊本古鈔本にはそれぞれ幾種類かの伝本があって、異同も少なくない。こうしたことも注意が必要である。

私が交際する収蔵家で嗜好を同じくし、最も親しいのは、向山黄村・島田重礼・森立之の三人である。

この『日本訪書志』に著録するもののうち、覆刻に急を要する最も重要な書は、単疏本『周易』・単疏本『尚書』・万巻堂『穀梁伝』・十巻本『論語疏』・蜀本『爾雅』・顧野王原本『玉篇』・宋本『隷釈』・台州本『荀子』・杜台卿『玉燭宝典』・邵思『姓解』・李英公『新修本草』・楊上善『太素経』・『文館詞林』十巻である。これらを彙刻した叢書は『士礼居叢書』『平津館叢書』にも劣らぬものとなろう。他に釈慧琳『一切経音義』百巻・釈希麟『続一切音義』十巻は今力及ばぬが、後の偉業を待ちたい。

この記述をもってしても、如何に楊守敬が日本の漢籍流伝のエキスを理解していたかが伺われる。短期間にほぼ日本の漢籍収蔵の要点を押さえ、いち早くそれを集めようとした功績は、第二者の模倣できぬところであった。

因みに、楊氏帰国直前、清光緒十年（明治十七年＝一八八四）、百部刷り上がった『古逸叢書』は、黎庶昌によって有力な識者に贈られたが、最も力添えをもらった森立之に送呈したものが斯道文庫に所蔵される。日本の上製美濃紙に大型に刷られ、刻字・印墨精善にして目の覚めるような美しさである。その『古逸叢書』の意義について以下に少しく贅言を加える。

（附説）校書と『古逸叢書』

ここでは、『論語』古鈔本の意義が主題であるが、上述の、楊氏の佚存書に向ける情熱と成果は文献史上特異なものであり、その全貌を把握した上で、はじめてその蒐集の意義が明らかになるのであって、繁を厭わず、その『古逸叢書』の首に附された『敘目』などを参照し、影刻した書名と底本についての梗概をここに挙げ、本節の論述理解の一助となしたい。

一、影宋蜀大字本『爾雅』三巻

『経籍訪古志』所載に京都高階氏蔵とある。五代蜀の国子監博士李鶚の書体を刻した北宋以前の蜀刊本の面目を伝えたテキストで、宋版は台湾故宮博物院に所蔵（張鈞衡旧蔵）されるが李鶚の署名は無く、日本の南北朝時代に渡来の宋版を覆刻したもの（五山版）が、いま、神宮文庫に一本のみ伝わる。高階氏旧蔵本もこの五山版であるが、現所在は未詳。楊氏は、高階本の影写本を入手して影刻したものであろう。末に光緒九年の楊氏跋がある。『日本訪書志』にも著録するが、この跋とはやや内容を異にする。

二、影宋紹熙本『穀梁伝』十二巻

『公羊伝』と同時期に出版された余仁仲万巻堂宋刊本。『公羊伝』は中国国家図書館現蔵。本書の原本宋本『穀梁伝』は、金沢文庫本で、柴野栗山の旧蔵、蜂須賀侯の阿波国文庫にあった時に、狩谷棭斎と松崎慊堂が相謀って影鈔本を作製していたものを楊氏は向山黄村から手に入れ、影刻した。『経籍訪古志』所載。その『経籍訪古志』への楊守敬批入によれば楊氏は原本未見という。『日本訪書志』に楊氏跋を所載。宋版は戦火に焼失した。

三、覆正平本『論語集解』十巻

単跋本（第一章参照）の覆刻。台湾故宮に観海堂の一本が蔵される。この底本と同版であるが、故宮本は刊記の丁が削奪されている。また、巻七に同版の別本が補配される。中村敬宇の旧蔵。『経籍訪古志』の楊守敬批入に「余得此書二部、以一部上木、仍蔵一部」とあり、一部は『古逸叢書』の底本として版下に用いたものである。本書の末と『日本訪書志』に光緒八年の楊氏跋を所載。

四、覆元至正『易程伝』六巻『繫辞精義』二巻

元至正九年（一三四九）積徳書堂の刊記がある。原本の所在は不明。本書の末と『日本訪書志』に光緒九年の楊氏跋を所載。

五、覆旧鈔巻子本唐開元『御注孝経』一巻

日本享禄四年（一五三一）に三条西実隆が手写したものを、寛政十二年（一八〇〇）屋代弘賢が覆刻した。その版本をもとに、さらに覆刊したものである。『日本訪書志』に楊氏跋を所載。

六、集唐字『老子経』二巻

宋の晁説之の旧跋を有する『老子道徳経』を日本の荻生徂徠派の儒者宇佐見灊水（一七〇一～七六）が、明和五年（一七六八）覆刻したものを底本にして、松崎慊堂が校刻した、唐開成石経の『五経文字』（唐・張参撰）『九経字様』（唐・唐玄度撰）から経字を集字して編纂したもの。

七、影宋台州本『荀子』二十巻

宋淳熙八年（一一八一）台州（浙江省）軍州事唐仲友の刊語跋を有する宋版を覆刻したもの。原本は金沢文庫本で狩谷棭斎の旧蔵。その原本は『経籍訪古志』に著録あり。現所在が不明。たまたま島田篁邨がその影写本を所蔵していたので、借りて影刻したもの。光緒十年楊氏の跋を付す。その跋は『日本訪書志』所載。後に、『四部叢刊』にも再影印された。現在中国国家図書館に所蔵される陳澄中旧蔵の一本が本版と版式を同じくするが、刊語跋もなく、刻工も異なり、同版ではない。

八、影宋本『荘子注疏』十巻

晋の郭象注に唐の成玄英が疏を加えたテキスト。十巻本のテキストは孤本。底本は静嘉堂文庫現蔵で、巻一、七～十のみ遺る。金沢文庫旧蔵本。もと、賜蘆文庫（江戸時代後期の幕臣・新見正路の蔵書）蔵本（『経籍訪古志』所載）で、一旦、散じた後、新見正路の孫旗山が再び買い戻した。たまたま、本書に欠けていた巻二の二十二葉を楊氏が市場で獲た（それらは現所在未詳）ので、旗山に所蔵本を売って欲しいと願い出たが、拒否されたので、旗山に借りて石印の版下を作り、影刻した。欠けている巻三～六は坊刻本を元に木邨嘉平が宋版の字体に模倣して刻した。その後、新見家から再び散じ、向山黄村・松方正義・竹添井々を経て静嘉堂所蔵本となる。その原本宋版の末には、光緒十年の黎庶昌跋、光緒九年の楊守敬跋を附す（『日本訪書志』に載せず）。

九、覆元本『楚辞集注』八巻『辨証』二巻『後語』六巻

宋朱熹の注本。十一行二十字の元刊本で、現在、幾種類かの同種版本が存在するが、本版と同版本が存在するか否かは確かでない。東福寺宝勝院の印があり、狩谷棭斎旧蔵で『経籍訪古志』著録。その原本は現所在不明。

十、影宋蜀大字本『尚書釈音』一巻

底本は咸豊の初（十九世紀半ば）、呉県の潘氏が影写したもの。原本は遺らない。『日本訪書志』によれば、黎庶昌の女婿張氏が之を得て刻入を希望したが、日本で得たものではないので、楊氏は反対した。陸徳明の旧を伝えたものではない、と本書を批判的に解説している。

十一、影旧鈔巻子原本『玉篇』零本三巻半

梁顧野王撰、後の増改を加えない原本。日本に九部の残巻が伝わり、神宮文庫の延喜四年（九〇四）鈔本を除けば、皆唐写本といわれる。『古逸叢書』では、巻九（言部〜幸部）＝田中光顕から早稲田大学現蔵、巻十八（放部〜方部）＝藤田平太郎氏蔵、巻十九（水部）残＝藤田平太郎氏蔵、巻二十七（糸部〜索部）＝高山寺・石山寺現蔵の三巻半を収める（高山寺本は得能良介の紹介による）。末に、光緒八年の黎庶昌跋、光緒十年の楊氏跋を附す。楊氏跋は『日本訪書志』所載。巻二十七は『経籍訪古志』所載。巻十八の部分は当時、柏木貨一郎の蔵書で、最初、石版影印法によって印刷したという。その初印本に楊氏が由来を記した抜き刷りが斯道文庫に所蔵される。その初印本をもとに、更に版木に上木したものを『古逸叢書』に収入した。

十二、覆宋本『重修廣韻』五巻

宋陳彭年等奉勅重修本。底本の宋本は「大宋重修」と題し、南宋初期の刊本（静嘉堂文庫、松方本）を南宋中期頃に覆刻したもので、同じ静嘉堂文庫に所蔵される陸心源旧蔵本と同版本である。底本の原本は、寺田望南が所蔵していた

ものを町田久成が手に入れ、楊氏は漢の古印数顆と之を交換して町田から手に入れた。石版影印し、後、木邨嘉平に上木を依頼した。その原本宋版は、潘氏滂喜斎に移り、今、上海図書館に所蔵される。末に、黎庶昌の校記『校札』を附す。楊氏の跋は本冊に附さず、『日本訪書志』の所載。また、光緒十年に原本に記した楊氏跋は、『潘氏滂喜斎蔵書記』に収載する。本書の初印本封面は「古逸叢書之十」に誤る。

十三、覆元泰定本『廣韻』五巻

『経籍訪古志』に「金槧本」と著録する。原本はその後、李盛鐸の所蔵となり、今、北京大学図書館所蔵。楊氏跋文等なし。

十四、覆旧鈔巻子本『玉燭宝典』十一巻

隋の杜台卿が古代の歳事に関する事項を編纂した書。加賀前田氏所蔵（現尊経閣文庫所蔵）貞和五年（一三四九）写本を佐伯の毛利高標が写し取ったものが、文政十一年（一八二八）毛利高翰によって幕府に献上された。その影写本は『経籍訪古志』著録のもので、今、宮内庁書陵部蔵。経緯は不明だが、これを元に影刻したものであろう。斯道文庫にその際の楊氏校正本が所蔵される。

十五、影旧鈔巻子本『文館詞林』十三巻半

唐・許敬宗編の総集。もと千巻。楊氏は、幕末金石家小林辰の編纂した「目録」をたよりに巻百五十六～百五十八、三百四十七、四百五十二～四百五十三、四百五十七、四百五十九、六百六十五～六百六十七、六百七十、六百九十一、六百九十九を輯佚して刻した。末に光緒十年楊氏の跋あり。『日本訪書志』にも収める。弘仁十四年（八二三）写本の影写本が伝わっていた。現在伝存本の詳細は『影弘仁本文館詞林』（汲古書院・昭和四十四年）の、阿部隆一博士の解説に詳しい。『経籍訪古志』は十巻を著録する。

十六、影旧鈔巻子本『琱玉集』二巻
人物故事を分類した類書。宋代以降亡んだものと思われ、日本では『日本国見在書目録』に十五巻と著録して、古くから伝わる。原本は、名古屋の大須観音真福寺の現蔵。『経籍訪古志』著録。楊氏跋なし。

十七、影北宋本『姓解』三巻
宋邵思編の姓に関する類書。原本は国会図書館現蔵。数少ない北宋版。『通典』『文中子中説』（以上は宮内庁書陵部蔵）『重広会史』（尊経閣文庫所蔵）『新彫入篆説文正字』（お茶の水図書館蔵）とともに、朝鮮高麗から伝わる北宋版。『経籍訪古志』著録、曲直瀬家懐仙楼蔵とある。楊氏の時、向山黄村（一八二六〜九七）の所蔵であった。『日本訪書志』に楊氏跋を収める（本書不載）。

十八、覆永禄本『韻鏡』一巻
宋張麟之撰の音韻書。川瀬一馬博士『五山版の研究』によれば、龍谷大学所蔵に享禄一年（一五二八）刊本があり、何本か現蔵する五山版は永禄七年（一五六四）刊の改正版である（また、これの江戸時代初期の覆刻本が流布している）。『経籍訪古志』は享禄本を載せ、永祿本を未見としている。楊氏の影刻本は永禄の刊記を有するもの。楊氏跋が『日本訪書志』所載（本書不載）。

十九、影旧鈔巻子本『日本見在書目』一巻
藤原佐世編の日本最古の漢籍目録。奈良室生寺本（宮内庁書陵部現蔵）が伝わり、その伝鈔本が多く伝わる。『古逸叢書』の黎庶昌序目によれば、この影刻本の底本には安井息軒（一七九九〜一八七六）の跋があったようである。高知県の青山文庫（田中光顕旧蔵）に同系の明治写本があり、『日本書目大成』（昭和五十四年・汲古書院）に影印されているものも同系の明治鈔本である。これらには嘉永四年（一八五一）の安井息軒跋、森立之の明治二・十二・十七年の跋が転写されている。恐らく、安井・森の自筆跋が附されている伝本を楊氏が入手したのではないかと想像するが、いずれにせよ『古逸叢書』の底本は田安家旧蔵のもので現所在は不明。楊氏跋なし。

二十、影宋本『史略』六巻

宋・高似孫撰。史書の解説書。原本宋版は、内閣文庫所蔵。『経籍訪古志』所載。楊氏跋を末に刻す（『日本訪書志』所載）。

二十一、影唐鈔本『漢書』食貨志一巻

唐顔師古注本。日本人による奈良時代鈔本ともいわれる。原本は名古屋大須観音真福寺所蔵。『経籍訪古志』所載。小嶋尚真が影写したものによって楊氏が影刻した。末に、楊氏の跋があり、『日本訪書志補』（民国王重民輯）に収載。

二十二、仿唐石経体鈔本『急就篇』

漢史游撰。『経籍訪古志』所載。天保八年（一八三七）渋江抽斎が校訂し、小島知足が唐石経に模して書写したものを上梓した。その版本を楊氏は覆刻したのである。楊氏跋なし。

二十三、覆麻沙本『草堂詩箋』四十巻『外集』一巻『補遺』十巻『伝序碑銘』一巻『目録』二巻『年譜』二巻『詩話』二巻

唐杜甫の詩集。福建省の蔡夢弼による校訂出版。麻沙本の典型。黎庶昌の跋あり。楊氏跋なし。『経籍訪古志』著録、海保漁村旧蔵。現所在未詳。傅増湘は原本を元刊本であろう、とする。

二十四、影旧鈔巻子本『碣石調幽蘭』一巻

琴譜『経籍訪古志』所載。小嶋宝素旧蔵。宝素は京都の某氏より影写。その影写本を影刻した。原本の所在は西加茂神光院旧蔵で、現在は東京国立博物館所蔵。楊氏の跋なし。

二十五、影旧鈔巻子本『天台山記』一巻
唐徐霊府撰。原本は、国会図書館の平安鈔本。『経籍訪古志』未所載。楊氏跋なし。

二十六、影宋本『太平寰宇記』補闕五巻半
宋・楽史撰、地理書。乾隆の四庫採進本に欠けた、巻百十三～百十八までを影刻した。末に、光緒九年（明治十六年）覆刻の許可を求め、許可を下す、それぞれ黎庶昌と三條実美の往復書簡を刻す。また、楊氏跋を刻す（『日本訪書志』所載）。原本宋版は欠巻があるが、二十五冊。宮内庁書陵部蔵。胡蝶装。『経籍訪古志』所載。

以上、二十六種類、すなわち、古鈔本九種、日本旧刊本（五山版）三種、宋版九種、元版三種、他二種の翻刻で、数百年来、日本に連綿と伝わり大陸に失われた秘籍を明らかにしたのである。これをもってしても、既に楊氏蒐集と調査の豊富さの一端を伺うことができるが、なおその蒐集の全体像は完全にはつかみきれないほどである。

いずれにせよ、日本に流伝した宋版の研究や、日本の漢籍古鈔本の研究は、楊氏蒐集本の調査なくしては成り立たないことが、以上の説明から充分に察し得よう。

二、訪書後の整理と保存――『日本訪書志』『留真譜』――

楊氏は光緒十年、四十六歳で帰国し、民国四年（一九一五）七十六歳で京師に没するまで、日本で蒐集した珍籍の大部分を持ち続けた。湖北の黄州（黄岡市）で教諭を務めて母堂を養い、その間、黄州に「鄰蘇園」を築き、蔵書を安置した。城北に宋の詩人蘇軾が詠んだ「赤壁賦」の舞台があったことによる。地誌・書法・詩文の編纂を日課としながらも、光緒二十一年、五十七歳で母堂を喪ってから、原籍の宜都（湖北省）とを往復することしばしばであった。

そして、光緒二十三年頃から、持ち帰った蔵書の本格的な点検と校書を開始した。虫損を補したり、表装を加えたり、校訂批入を書き入れる読書が続いた。同二十五年から、張之洞（一八三七～一九〇九）の招きで武昌の両湖書院で講義を行った。同二十七年には妻を喪い、宜都に戻る。この年に『日本訪書志』と『留真譜』を完成させた（六十三歳）。これで、日本における蒐書の整理は一応の結論を見て、それ以後は『水経注』の研究に専念する。また、金石蒐集で知られる両江総督の端方（一八六一～一九一一）に招かれて、南京にも赴き、上海にあっては、金石・書法の名声も大いに上がった。

一九一一年の辛亥革命は、当時の蔵書家達を震撼させた。楊氏は上海でそれに遭遇したが、もはや出城はできなかった。しかし、上海の楊氏の家の門には、日本の寺西秀武の尽力で、楊氏の蔵書に手を掛ける者は罪に処される、という張り紙がなされ、狼藉の進入を妨げた。黄州や武昌に置いてあった書籍も不安であったが、手の施しようがなかった。やがて、民国三年、大総統袁世凱（一八五九～一九一六）の招きで京師に移り、蔵書も順次、京師に運ぶこととなった。そして、翌四年一月九日長逝し、蔵書の主要な部分は北京に遺されたのであった。

一九一一年の十一月十一日、上海で記した楊氏の記に、「守敬は少壮より都に行き衣食を節して書を集め、日本にあっては、古碑・古銭・古印をもって古書に換え、字を書いて売り、それを元手に買い加えてきたものが今日の蔵書である。清初、銭謙益が祝融にあって蔵書を失った二の舞とならぬように。この典籍が失われることは、私の不幸に止まらず、天下の不幸事である」（自述年譜）とあり、いかにその蔵書に心を向けていたかがわかる。

没後、その遺志は守られ、北京にあった蔵書は三万五千元で民国政府が買い上げることとなり、民国八年（一九一九）総統徐世昌（一八五五～一九三九）はその一部を松坡図書館に分蔵、また、主要なものは民国十五年故宮博物院が収蔵することとなった。そして、同二十一年、故宮博物院が『故宮所蔵観海堂書目』を編纂したことは、本章第一節冒頭に述べた如くである。これによって、楊氏蒐集蔵書の概観がつかめるようになったのである。その内、日本に於ける蒐集の源流は『日本訪書志』『楊星吾日本訪書考』（長澤規矩也・同著作集第二巻・汲古書院・一九八二年）『中国訪書志』（阿部隆一・汲古書院・一九七六年）によって知られ、王重民『日本訪書志補』も参考になる。その他、現在、北京中国国家図書館・台北国家図書館・上海図書館・湖北省図書館などに散在する旧蔵書の復元は、今後の研究課題である。

楊氏が纏めた解題目録『日本訪書志』、そして図録である『留真譜』『留真譜二』について、少しく補足しておこう。『日本訪書志』は、主として大陸に亡んで日本に遺った古籍善本二百三十一種についての楊氏序跋を集めたもので、清光緒二十三年（一八九七・明治三十年）の出版にかかる。首に光緒二十七年の楊氏自序を冠す。全て十六巻で、巻九・十に医書を配す。前述の如く、江戸時代後期、勃然と隆盛に至った書誌学の推進者が医家であったことから、日本に医書の善本が多いことは大きな特徴で、それを知らしめた意義は大きい。収載する善本は楊氏所蔵本に限らないが、所蔵者に関する言及が無いのを恨みとする。『留真譜』は光緒二十七年刊本で、日本で蒐集した古籍や入手はできなかったが、一見した善本の、巻頭巻末刊記の書影を木版に刻した図録集である。全て三百九十三種、図後に楊氏の跋文を附載するものも多い。石印やコロタイプ印刷、まして現代の写真製版技術が流行する以前に、近代書誌学の重要な側面である版式の比較を可能にした意義ある書物である。もともとの発想は森立之に始まり、森が作製していた書影集を楊氏がもらい受け、巖谷脩や町田久成の助力を得て増修し、二十数冊を日本で上梓した。帰国後、更に増やし整理して分類、初編十二冊を出版した。凡そ、善本書影・図録と称するものの嚆矢である。掲載書は、現所在本との同定が困難なものも少なくないことが、やはり『日本訪書志』と同じく恨みとする。二編は楊氏没後二年を経た民国六年に上梓。百七十五種の書影を木版で刻した。これらの版刻技術は相当なもので、よく原本の面影を伝えるのに成功している。楊氏の努力は、こうして書誌学の発展に寄与し、これに続いて、書影が続々と出版され、書誌学者繆荃孫（一八五四～一九一九）は『宋元書影』を石影印、常熟の瞿氏は『鉄琴銅剣楼書影』（民国十一年）、南京国学図書館は『盋山書影』（民国十七年）、劉承幹は『嘉業堂善本書影』（民国十八年）、故宮博物院は『故宮善本書影』（民国十九年）『重整内閣大庫残本書影』（民国二十二年）陶湘は『渉園所見宋版書影』（民国二十六年）、王文進は『文禄堂書影』（民国二十六年）、顧廷龍・潘景鄭は『明代版本図録』（民国三十年）をそれぞれ石影印して、書影文化を築いたのである。また、『留真譜』の、こうした図録としての歴史的・書誌学的意義については、近年の書影編纂の最も優れた成果である『中国古籍稿鈔校本図録』（上海書店・二〇〇〇年）に載せられている上海図書館・陳先行の「前言」に詳しく述べられている。

その概要を要約すれば、以下のようである。

古籍の鑑定は経験と実践によってのみ成果を生むもので、諸々の伝本を比較することが最も確実な鑑定の方法である。こうした一種、感覚的な力に頼る「観風望気」と称される熟練者の鑑定力は、しかし、容易に到達できるものではなく、蔵書家など一部の、大量に版本を縦覧できる人だけが、その条件を持つ。『留真譜』はまさにこの限界を突破し、多くの人に宋元版・古鈔本の面影を提供し、古籍鑑定比較の資となることを目的としたもので、実用価値の高いものでもある。例えば、宋代、『考古図』などの図譜が現れることによって、俄に金石学が発展したように、『留真譜』の出現によって、書影を用いてテキストを直接比較する新しい書誌学が進歩することとなったのである。

そもそも、楊氏が『留真譜』序文で述べるように、「留真」の一語は、『漢書』巻五十三「河間献王伝」に「民より善書を得れば必ず為《ため》に好く写し、之に与え、其の真を留《とど》め」とあるのにより、善書を献じた者には複本を作製して与え、原本は王府に収蔵したという故事に基づいている。「真」の意義が古代からしてみれば変化したとはいえ、書物の散佚を防ごうとする精神は一貫していることを物語る藝林の好事である。

三、『論語』の蒐集

『論語』のわが国に於ける流伝の梗概は「序論」に述べた如く、宋版・五山版（旧刊本）・古鈔本が、室町時代までに使われたテキストの実態であり、『論語集解』の古鈔本は、博士家の流れを大きな流伝の柱としながらも、『論語義疏』や正平版『論語』の影響も蒙りながら多々生み出された。

こうした実態を把握した楊氏は、これを実証するべく、原本の蒐集に精力を傾けた。楊氏の編纂した書目ならびに図版を調べると、『日本訪書志』に見える『論語』は、

一、論語集解十巻（古鈔巻子改摺本分為四冊）
二、監本論語集解二巻　宋刊本
三、論語集解十巻　日本正平刊本
四、論語注疏十巻　元槧本

以上、四種類である。また、『留真譜』初編には、『論語集解』の古鈔・古刊本として、

一、津藩藤堂家蔵貞和二年（一三四六）奥書本を江戸時代後期に抽出摹刻したもの
二、貞和三年藤宗重奥書・応永九年（一四〇二）感得識語本
三、観応一年（一三五〇）奥書本
四、元亀二年（一五七一）奥書本

五、正平版双跋本
六、慶長刊本（覆古活字版＝要法寺版か）
七、南北朝頃鈔本か
八、天文版
九、監本論語集解　宋刊本
十、元元貞二年（一二九六）刊本論語注疏
十一、室町時代鈔本論語義疏
十二、宝徳三年（一四五一）奥書本論語義疏
十三、宋朱熹撰論語惑問　朝鮮銅活字本の覆刻か

以上の十二種類について一〜二葉の見本を影刻している。更に、『留真譜』二編には、『論語集解』の正平版・古鈔本を四点、『論語義疏』（四）を一点掲げている。

一、古鈔　【（序）七行、渋江抽斎・森立之の印あり】
二、正平版　【中村敬宇旧蔵】
三、古鈔　【（序）十一行、渋江抽斎・森立之・向山黄村の印あり】
四、古鈔　【（序）九行、和学講談所・向山黄村の印あり】
五、古鈔　【天文二十年清原枝賢校、松平定信・向山黄村の印あり】

について、見本を影刻している。

さて、これら著録本について検討してみよう。『日本訪書志』についてみると、

一、論語集解十巻（古鈔巻子改摺本分為四冊）

『留真譜』初編の七、観応一年（一三五〇）奥書本とおなじもので、楊氏が購得して、現在、台湾故宮博物院に所蔵される。

二、監本論語集解二巻　宋刊本

『留真譜』初編の九と同じで、楊氏購得後、李盛鐸に譲り、現在北京大学図書館所蔵。序の末に「劉氏天香書院之記」木記がある。内題は「監本纂図重言重意互註論語」と題し、宋・福建の坊刻本で日本では「重言重意本」として中世期に珍重された。『北京大学図書館蔵善本書録』（同大学・一九九八年）に図を載せる。室町期の日本人学僧による古い朱点が施されている。四周双辺、十行十八字、匡郭内が縦二十・六横十三・二㎝と小振りである。孤本。

三、論語集解十巻　日本正平刊本

『古逸叢書』に収載した。それは単跋本で、もう一本無跋本を購得、現在台湾故宮博物院に所蔵される。『留真譜』五は双跋本で、『古逸叢書』本とは違うようである。初刻本を覆刻した双跋本は現在、東洋文庫・宮内庁書陵部・東京大学東洋文化研究所（安田文庫旧蔵）・静嘉堂文庫に伝本がある。

四、論語注疏十巻　元槧本

『留真譜』初編十の元元貞二年（一二九六）刊本論語注疏と同じもの。これは現所在が不明。十三行本で、元貞二年平陽府梁宅刊の刊記があるという。曲直瀬家養安院の蔵印もあるという。現在、名古屋市蓬左文庫に『元貞新刊論語纂図一巻論語釋文音義一巻』一冊が存するが、これは楊氏が用いた元版の附録であったかも知れない。

次に『留真譜』初編について見てみると、

一、津藩藤堂家蔵貞和二年（一三四六）奥書本を江戸時代後期に抽出摹刻したもの

天保年間頃の模刻本があり、それを覆刻したもので、貞和の年紀ある実際の古鈔本は楊氏の時既に不明であった。現在も不明。『留真譜』に附された楊氏跋には「右古鈔巻子本論語集解、文字多与正平本合、出大和広瀬某家、後帰津藩侯有造館、天保八年津藩縮摹上梓者即此本也。相伝為菅原道真書、以第三巻末記有丞相二字、遂附会之。訪古志且謂、二字為後人所加。余未見原本、不敢質言、別得序文全篇及毎巻首数行摹本、審其筆勢當為日本八九百年間人所書、復節刻之以為論語古鈔之冠。」とある。

二、貞和三年藤宗重奥書・応永九年（一四〇二）感得識語本

現在は東洋文庫所蔵。泉州堺の塩穴寺の旧蔵にかかり、かつて狩谷棭斎のもとにあり、『経籍訪古志』所載。市野迷庵がこれを校合し、慶長刊本に書き入れてあるものが、斯道文庫に所蔵される。南北朝以前の古鈔本は室町時代以降のものと一線を画し、これを含め、正和四年（一三一五）鈔本（東洋文庫）、元応二年（一三二〇）鈔本（蓬左文庫）、嘉暦三年（一三二八）鈔本（書陵部）、建武四年（一三三七）点本（大東急記念文庫）、愛知県猿投神社蔵本など数点を数えるのみ。それを遡ると、醍醐寺本文永五年（一二六八）鈔本や高山寺本嘉元一年（一三〇三）鈔本などの零巻を存するのみとなる。『留真譜』に付された楊氏跋には「此書原是巻子、後改摺本、巻首有左中将藤宗重題字、故日本著録家称為宗重本。論語古鈔、栂尾、津藩二本外、此為最矣。旧蔵狩谷望之求古楼、今在向山黄村家」とある。

三、観応一年（一三五〇）奥書本

楊氏の所蔵本で、台湾故宮博物院現蔵。『留真譜』に付された楊氏跋には「此亦巻子本、自巻首至雍也文字与諸巻子本略同。述而以下筆跡少異、所拠本亦不同、蓋雍也以前注中全列姓名、述而以後則有姓無名与邢本同。其句末也乎之

矣等字亦大半删削、故知所拠為宋槧本也。此本吉宦漢・市野光彦皆未引及。余得小島学古校本（校於正平論語上）、故知其原委異同若此、其原本則未知今蔵何家、此面亦拠小島摹本也。」すなわち、この跋を為した後に入手したものであろう。

四、元亀二年（一五七一）奥書本

楊氏の所蔵本で、台湾故宮博物院現蔵。元亀二年（一五七一）藤沢一寮の奥書本で、『留真譜』に附された楊氏跋には「是本毎冊後皆有元亀二年題識、書估従西京販来、為杉本仲温所得、借而校之、大抵与正平本合也」後に杉本仲温から得たもので、楊氏のいう如く、正平版の系統の「戊類」に属する。

五、正平版双跋本

楊氏は単跋本を入手、覆刻して『古逸叢書』に収載。また、もう一本を所蔵し、台湾故宮博物院現蔵。これは、刊記の部分の最後葉を意図的に削奪してあるので、単跋本か無跋本かの区別ができないが、いずれにせよ、双跋本ではない。この『留真譜』に附された楊氏跋には「右重刊正平論語、逸人貫彼邦学者、亦未詳為何許人、験其紙墨、當亦去正平不遠、格式雖仍正平之旧、文字亦略有校改、伝世尤少、余従書估借校一過、摹之如此」と。すなわち楊氏の入手できなかったもの。巻十の尾題「論語」に作る、所謂双跋論語本で、初刻双跋本の覆刻本である。

六、慶長刊本（覆古活字版＝要法寺版か）

拙論慶長刊本の研究を参照。古活字版か整版本かの区別はつかないが、恐らく、字様から推して整版かと思われる。整版の慶長刊『論語集解』は、慶長十年（一六〇五）頃、同八年以前に出版された古活字版を覆刻し、京都要法寺で開板されたもの（刊記がある。整版甲種）と、それを更に覆刻した整版乙種の二版が知られ、いずれも楊氏の入手するところであって、台湾故宮博物院に所蔵される。『留真譜』はこの何れかを摹刻したものであろうが、刊記がないところから、乙種かと推測される。

七、南北朝頃鈔本か

楊氏所蔵本。台湾故宮博物院現蔵。楊氏所蔵のうち、最も書写年代の古い『論語』鈔本。観応一年（一三五〇）鈔本。もと巻子本であったものを、折帖に変えている。『経籍訪古志』『日本訪書志』（一）にも著録されている。「留真譜」に附された楊氏跋には「按此本自述而以下拠宋槧補鈔、則経注字数不応与正平本合、可知此是自宋相伝旧数、故各本因之、即正平本亦不必悉合、然則□校定諸本、此亦一大閲目哉　守敬附記」とある。

八、天文版

天文二年（一五三三）刊、博士家清原宣賢の跋を有する単経本。泉州堺の医者と伝えられる阿佐井野家の刊行で、版木は堺の南宗寺に伝わったので、南宗論語とも称される。版木は太平洋戦争以前まで存し、大正時代まで刷られたが、室町時代の初印本は殆ど無い。楊氏は三本入手した。台湾故宮博物院現蔵。三本とも江戸時代の後印に属する。この『留真譜』もその何れかを摹刻したもの。

九、監本論語集解　宋刊本

『監本纂図重言重意互註論語』二巻。『日本訪書志』（二）著録の「『監本論語集解』二巻　宋刊本」。

十、元元貞二年（一二九六）刊本論語注疏

元元貞刊『論語注疏解経』十巻。『日本訪書志』（四）著録の「『論語注疏』十巻　元槧本」。

十一、室町時代鈔本論語義疏

梁皇侃撰。楊氏所蔵。台湾故宮博物院現蔵。楊氏は『論語義疏』古鈔本を七点購入している。ここに摹刻しているのは、巻一、四、七～八、の残巻本で、巻一は室町時代中後期写、巻四は江戸時代後期写、巻七～八は江戸時代中期写、という三種の取り合わせ本。巻一は楊氏蒐集『義疏』中、最も良い鈔本である。

十二、宝徳三年（一四五一）奥書本論語義疏

宝徳三年（一四五一）鈔本。存巻一～二、七～八。川越の新井政毅から島田篁邨にわたり、後、徳富蘇峰の成簣堂文庫所蔵となる。お茶の水図書館現蔵。『留真譜』に附された楊氏跋には、「論語皇侃義疏為海外逸書、真本無庸擬議獨怪、根本遜志所刊義疏、其体式全同閩監毛之邢疏本。按合注於疏、始於南宋、今所見十行本邢疏及元元貞刊本邢疏皆注文双行、安得皇疏旧本、一同明刊之式、此懐疑未釈者、及来此得見皇疏古鈔本数通、乃知其体式迥異刊本、毎章分段以双行、先釈経文提行処皆頂格、注文則別行低一格、大字居中（亦有不跳行者則空数字疑是鈔敢為之）其有所疏者、亦以双行釈之、提行処並低一格、倶不標起止足知刊本之妄、且其文字為根本以他本及邢本校改者、亦失多得少、後有重刊此書者當拠此正之」。「又按六朝義疏既有此式、何以唐人五経正義皆不循此轍、余疑皇疏原本亦必標起止別為単疏、今此□亦日本人合注於疏者之所為、而删其所標起止與、惜此間鈔本審其紙墨筆勢、皆不出元明之世、無従実証之耳」。

十三、宋朱熹撰論語惑問　朝鮮銅活字本の覆刻か

十三行と思われる半葉に、毎行二十二字の版式の、朝鮮版であろうか。その版種は不明である。

さて、『留真譜二編』（民国六年刊）について見てみよう。

一、古鈔、（序）の書影は八行、渋江抽斎・森立之の印あり。室町時代後期鈔本で、三冊。『経籍訪古志』所載。台湾故宮博物院現蔵

二、正平版無跋本。五冊。中村敬宇旧蔵。楊氏の所蔵にかかり、台湾故宮博物院現蔵。

三、天正四年（一五七六）鈔本、単経本、一冊。渋江抽斎・森立之・向山黄村旧蔵。楊氏の所蔵にかかり、台湾故

宮博物院現蔵。天正四年の奥書を有す。書式からは、清家本とみなされるが、字句の点で清家本とやや異なり、経文の振仮名傍訓は清家の読みとは違う。無論、『留真譜二』では振仮名を削去してある。

四、室町時代鈔本『論語義疏』、（序＝何晏集解序）の書影を刻し、九行。五冊。和学講談所・向山黄村旧蔵。楊氏の所蔵にかかり、台湾故宮博物院現蔵。

五、室町時代後期鈔本、天文二十年清原枝賢校、松平定信・向山黄村旧蔵。本書は永正九年（一五一二）、一七年の清原宣賢奥書を有する、所謂清家永正本の系統で、天文二十年（一五五一）、宣賢の孫枝賢が奥書を加えたもの。『留真譜二編』には、「今存飛青閣」とあり、楊氏が所蔵していたことがわかる。しかし、原本は東洋文庫の現蔵である。五冊（1C41）。後、大阪府立図書館『論語展覧会目録』・財団法人大橋図書館『論語展覧会目録』に、ともに天文九年（一五四〇）鈔本と著録されたもの。

以上が『日本訪書志』『留真譜』『留真譜二』に著録された『論語』古刊古鈔本である。現在、台湾故宮博物院に所蔵される観海堂本はこれに著録されないものも多いが、楊氏の『論語』蒐集は、現存する全ての伝本から察しても、ほぼそのエキスを網羅した極めて重要な位置を占めるコレクションであると断定することができる。

第二節　観海堂本、室町時代古鈔本『論語集解』の解題

一、分類と特長

現在、台湾故宮博物院に所蔵される楊氏旧蔵の観海堂本『論語集解』は、室町時代鈔本が十点を数える。所在が明らかである伝本の全体数約九十点ほどであるのを鑑みれば、この所蔵が研究上大きな位置を占めることは誰しもが認めるところである。その十本を第二部総論に述べた室町時代古鈔本『論語集解』の系統分類によって分類すると次のようになる。

（一）丙類―清家本系、「悦」字、有章数（上）

①、論語十巻　魏何晏集解　集解単経本　天正四年（一五七六）写　十一行十七字　総振仮名　後補白表紙　一冊

（二）戊類―正平版系

②、同　欠巻七・八　室町時代中期写　転写正平版　六行十三字　襯紙　四冊

③、同　存巻一・二　室町時代後期～末期写　六行十三字　濃丹表紙　一冊

④、同　元亀二年（一五七二）藤沢一寮写　六行十三字　丹表紙　奉伊勢神宮　五冊

（三）己類―正平版系、「悦」字、有章数（下）

⑤、同　室町時代後期写　八行十五字　三冊

（四）庚類―論語義疏本系　無章数

⑥、同　永正十二年（一五一五）写　巻九・十享禄二年（一五二九）写　八行二十字　巻九・十は清家系か　三冊

⑦、同　欠序　室町時代後期写　九行十六字　南葵文庫本と同種　足利学校系　五冊

⑧、同　室町時代末近世初期写　八行十八字　栗皮表紙　今出川蔵書　二冊

（五）庚類変型―論語義疏系　無章数

⑨、同　存巻一・二・九・十室町時代後期写　七行十八字　朱色慶雲堂製本、原装は縹色古表紙　林学斎旧蔵　二冊

⑩、同　室町時代後期写　九行二十字　後補茶表紙　足利学校系　一冊

以上すなわち、清家本から、正平版系、『論語義疏』系、とまんべんなく集まっているところも甚だ興味深いが、他の所蔵機関に見ない（五）の庚類変型は観海堂本のなかでも最も意義ある伝本といえよう。これは、第二部第二章第三節に述べる舜政本の系統で、各巻の首題の下に「凡何章」という章数を加えず、

「論語巻（之）第一　何晏集解
学而第一　（何晏集解）」

と題する型である。『義疏』系以外のテキストが

「論語学而第一　（凡何章）何晏集解」

と題するのと明らかに区別されるものである。

ところが、『義疏』系のテキストは、当然、その分類名にいう如く、『義疏』の注釈が混入しているのであるが、観海堂本の⑨⑩二本は、その『義疏』が混入していないのである。然らば、何故に『義疏』系に分類するのかといえば、

首題の形式や本文の字句等（例えば、「時習之亦不悦乎」のように「悦」に作る）から、そもそも『論語義疏』系のテキストから、煩雑を嫌ったのであろうか、混入された『義疏』を再び取り去ったテキストとして成立したものではなかろうかと推測するからなのである。因みに、⑩には、テキスト成立後、ほぼ同じ時期かと思われる書き入れが夥しくなされ、その際に『義疏』の、各章の内容を簡述した注釈などを、書き加えているのである。シンプルな鈔本のテキストに仕立てても、当時の読書人の傍らに、『論語義疏』が如何に常備されたものであったかを物語る資料であろう。いずれにしても、庚類変型は、この二本のみを遺す系統で、観海堂本の存在によってのみ知りうるものである。

二、伝本解題

（一）丙類

①天正四年（一五七六）写　一冊

後補白色表紙（二十五・五×十九・五㎝）。その表紙に「天正鈔本論語」と後人の墨書がある。楊氏肖像を一葉加える。単経本で注釈は省いてある。首に何晏の序を挙げ、巻首は、「論語学而第一　　凡十六章　　何晏集解」と題し、本文が始まる。「子曰学而時習之不亦悦乎有朋自遠方来……」。書式は四周単辺、有界、毎半葉十一行、毎行十七字、匡郭内二十三・五×十五・五㎝、界幅一・六㎝、料紙は楮紙。本文書写と同時期の返点・送仮名・縦点・附訓・朱句点を加える。本文は全巻一筆で略字が多い。室町時代後期の典型的な軟体の書写字様である。章数は「学而」篇の他に「八佾」「里仁」「泰伯」「公冶長」「述而」篇にあり、これ以外の篇には無い。また、「何晏集解」の文字も「為政」篇以下には記されない。尾題は巻一に無く、巻二以降は「論語巻第二」などと題する。本文の系統としては博士家本に変化を加えた丙種に属し、斯道文庫蔵戒光院本に類するものと考えられる。訓読も「述而不作」を「述してさくせず」

と読むなど、博士家本とはやや異にする。

末に、「天正四白　丙子　初冬七日不分烏焉馬任管城公写旃附与松木善五郎殿了」という本文同筆の奥書がある。蔵書印に「向黄邨／珍蔵印」（向山黄村）「弘前医官渋／江氏蔵書記」（渋江抽斎）「森／氏」（森立之）、「星吾海／外訪得／秘笈」（楊守敬）、「教育部／点験之章」「中華民国七十九／年度点験之章」がある。『経籍訪古志』『留真譜二』に著録する。

（二）戊類

②室町時代中期写　欠巻七〜八　四冊

後補縹色表紙（二十六・七×十八・八㎝）、楊氏が補った中国式の表紙で、各葉に襯紙が施され、包角を加える。原紙の大きさは縦二十五・七㎝。楊氏の肖像を添付。何晏の序があり、巻頭は、

「論語学而第一　何晏集解　凡十／六章」と題し、本文初行は、

「子曰学而時習之不亦悦乎　馬融／曰子」（馬融以下は小字）と始まる。

書式は、無辺無界、毎半葉六行毎行十三字、字面高さ約二十一・五㎝。柱には何も記さず、ただ、毎葉の上部に「一」としるしがあるが、これは字面の上限を書写時に目安として覚え書きしたものか。本文と同時期と思われる訓点（返点・送仮名・縦点・附訓・濁点・朱のヲコト点）を加える。紙質は薄手の楮紙で白っぽい。墨の滲みが遺る。この感じは、東京府中市の大国魂神社所蔵本（甲類・前表六十五番）に良く似ている。尾題は「論語巻第一　経一千四百七十字／注一千五百一十三字」と経注字数を加える。毎冊尾に「正／庵」の鼎型印。また、「主正菊也」と朱書署名あり。「宜都／楊氏蔵／書記」（陰刻）「星吾海／外訪得／秘笈」（以上楊守敬）、点験印二種あり。

書式や字句の異同から、正平版「論語」から出た転写本と判断できる。斯道文庫所蔵の青蓮院本（前表十二番）の類である。ただ、「学而」最終章、「不患人之不己知」の一文に「王粛曰……」の注が無いなど、正平版に一層近い異同を示す。同じ戊類に属しても、青蓮院本がやや『論語義疏』の影響も受けているのに比べ、純粋である。

書写年代は、正平版『論語』の影写本が全体的に古く、室町時代の前中期の書写に係ると推定されるのに呼応して、文明年間（一四六九～八六）を降らぬと推定するが、降っても、文亀永正年間（一五〇一～二〇）であろうと考えられる。筆力には力があり、「はね」「はらい」には力が入っている、然るべき学人の手になるものと想像する。

諸書目に著録無し。

③室町時代後期～末期写　存巻一～二　一冊

室町時代を降らないと思われる濃丹表紙。大きさは二十八・五×十九・五㎝。外題、「魯論」と墨書。楊氏肖像を附す。何晏の序を冠し、その題の下に「論語序　緒也／廓也」のような注釈を補筆する。

「論語学而第一　何晏集解　凡十／六章」と題し、本文首行は、

「子曰学而時習之不亦悦乎　馬融／曰子」（馬融以下は小字）と始まる。②と同じ、正平版系の題し方である。

書式は、四周単辺、有界、毎半葉六行、毎行十三字。匡郭内二十二×十五・一㎝、界幅二・五㎝。柱には各篇の首葉のみに篇数を記す。本文・注に墨筆の本文同筆による返点・送仮名・縦点・附訓を加え、また、同時頃の朱引・朱点・鈎点を付す。紙質は楮紙でやや明るい茶色、墨のりもよく、字様は軟らかい。独特の略字も多く、青蓮院本と同じ趣きを持つ略字が目につく。本文系統は②に同じ。正平版の忠実な写しに近い。尾題は「論語巻第一　経一千四百七十字／注一千五百一十三字」などと経注字数を添える。

蔵印に「問津館」「森氏」（以上森立之）、「星吾海／外訪得／秘笈」「宜都／楊氏蔵／書記」（陰刻）「楊印／守敬」（陰刻）（以上楊守敬）、点験印二種あり。

諸書目に著録無し。

④元亀二年（一五七一）藤沢一寮写　五冊

室町時代を降らない古い濃丹表紙は③と同様であるが、③よりは新しい感じである。一般に、丹表紙は時代が古いほど色が濃い。恐らく、書写時の原装であろう。大きさは二十七・二×十九㎝。古い題簽に書き外題「帕幃巻第幾（一～五）」とある。帕幃とは『論語』の異称に用いられる漢代以来の用語である。この外題の手は本文とは異筆であるが、同時期のものであろう。楊氏肖像を付す。何晏の序を冠し、首題は、

「論語学而第一　何晏集解　九十六章」と題し、本文首行は、

「子曰学而時習之不亦悦乎　馬融／曰子」（馬融以下は小字）で始まる。

首行「悦」に作ることや、「学而」最終章「不患人之不己知」の一文に「王粛曰……」の注が無いなど、書式や字句の異同から、②③と同じく正平版『論語』をほぼ忠実に転写したテキストと判断される。

書式は、四周単辺、有界、毎半葉六行、毎行十三字、匡郭内は二十・二×十四・一㎝、界幅は二・四㎝。紙質は薄手の斐楮交漉紙で、斯道文庫所蔵・富岡鉄斎旧蔵・天文十八年鈔本（前表十五番）に似ている。また、字様も軟体で、これも鉄斎本によく似ている。尾題は③と同じく、巻十まで存在する。書き入れ訓点は無く、わずかに、巻六に少々附訓があるのと、朱引き・朱点があるのみである。

毎冊末に次の奥書がある。

伊勢太神宮奉納全部
極門二十五代時江州坂田郡七条之生　藤沢一寮（第二冊以降には、この下に「筆」字あり）
元亀二年八月二十八日　（花押）

本文同筆と思われ、これにより、元亀二年（一五七一）の書写本であることがわかる。現存本からの推定では、正平本系統と転写は比較的時代が古いと考えられるが、本書は、室町時代の後期に属し、幾次か繰り返された転写の可能性が高い。

蔵印に「清住禅／院文庫」、「星吾海／外訪得／秘笈」「宜都／楊氏蔵／書記」（陰刻）「楊印／守敬」（陰刻）（以上楊守敬）、点験印二種あり。

『留真譜』に著録あり。

（三）己類

⑤室町時代後期写　三冊

江戸時代に後補した香色表紙を添える。その表紙は裏打を加える。大きさ二十七・三×十九㎝。楊氏肖像を添付。副紙に室町頃の本文同筆による「歴代歌」「史記韓詩外伝」と題する抜き書きがある。何晏の序を冠し、巻頭は、「学而第一　何晏集解　凡十六章」のように題する。但し、章数は八佾篇までで、それ以降は無い。首行は、「子曰学而時習之不亦説乎　馬融曰子／者男子通」（馬融以下は小字）で始まる。

「説」に作るのは、清家本の系統であるが、「孝弟」「考悌」の両方を用いるなど、清家本と正平版系本の混合が見えるが、本文書式から、主体は正平版系のテキストであろうと推測される。

書式は、四周単辺、有界、毎半葉八行、毎行十五字、界幅は二㎝、匡郭は二十二・一×十五・五㎝。柱には「論之一　丁付」と巻首にあり、本文第二葉以降は丁付のみで、第一冊が、序から通して、三十二まであり、第二冊以降は柱には何も記さない。

本文の書写は一筆で、書き入れはそれとやや時代が異なるもので、返点・送仮名・縦点・附訓が墨で、朱のヲコト点・朱引きが加えられ、他に墨筆の音注、補説、仮名交じりの欄外補説がある。補説は『論語義疏』『論語注疏』を引く。また、「イヘノ本」（家本）の校合もあり、博士家系統のテキストとも引き比べている痕跡がある。紙質は薄手の楮紙で、横紋がある。総裏打を施す。尾題は、「論語一之終／経一千四百七十字　注一千五百一十三字」に作り、但し、巻四・七・八・九には経注字数が無い。

字様は、斯道文庫蔵永禄三年写本（前表十一番）や同蔵戒光院本（前表十八番）等によく似ている。正平版系統のものに清家本の伝本の要素が加わったものと考えられる。紙質はまた、④同様、富岡鉄斎旧蔵本によく似ている。

蔵印に「弘前医官渋／江氏蔵書記」（渋江抽斎）、「問津館」「森／氏」（共に森立之）、「星吾海／外訪得／秘笈」「宜都／楊氏蔵／書記」（陰刻）（以上楊守敬）、点験印二種あり。

『経籍訪古志』所載の容安書院所蔵旧鈔本がこれに相当する。また、『留真譜二』に所収。

（四）庚類

⑥永正十二年（一五一五）写　巻九・十享禄二年（一五二九）写　巻九・十は清家系か　三冊

白色に金色の網目模様を施した近代の表紙を後補する。大きさは、二十四×十七・四㎝。楊氏の肖像を付添する。何晏の序は巻二の末に付綴する。巻頭は、

「論語巻第一　学而／為政　何晏集解」と題し、次行に「論語義疏」の、一章の総括文を混入する。すなわち、「学而第一　論語是此書摠名学而為第一篇別目／中間講説多分為科段侃昔受師業自／」と「論語……」以下学而篇の意義をまとめた一文を小字双行で加える。季氏第十六まで全篇にわたって同様に作る。更に、本文は、「子曰学而時習之不亦悦乎　馬融曰子者男子通称／也謂孔子也王粛曰時」（馬融以下は小字）と始まる。『論語義疏』混入本の典型である。但し、巻九～十（陽貨十七～堯曰二十）は別手のテキストを補配したもので、『義疏』は混入しない。すなわち、

「論語陽貨第十七　何晏集解」と題し、

「陽貨欲見孔子々々不見　……」と直ちに本文が始まる。あるいは、博士家系統のテキストか。

書式は、四周単辺、有界、毎半葉八行、毎行二十字、匡郭は二十・五×十五・五㎝、界幅一・九㎝。柱には何も記さない。巻九・十の補配部分もだいたい同じである。紙質も共に楮紙。本文への書き入れは、返点・送仮名・縦点・附訓を墨書で、朱引き、また朱で句点を加える。いずれも、本文書写時と同じ頃かと想像する。また、江戸時代の筆になる書き入れもあり、「師曰」「朱注大全」「栂尾本」「足利本」「修善寺本」「天授蔵本」などの校異や補注を加える。尾題は「論語巻第一～十」とし、巻九末のみ「論語巻之十八」とする。

巻六末に「永正拾貳年五月一日　付与曇　宗穏」、巻八末に「永正拾貳年五月一日／付嘱曇　宗穏」と本文同筆の奥書がある。

また、巻十末には「享禄第二戊丑臘月三日、依奥賢所望奉賀書之　七十五才／不堪老賜慚愧々注有不審不及私用捨任本書了／仰後勘耳」と巻九・十本文同筆の奥書がある。更に、その後に、本文とは別筆で、「右此本修善寺中坊永運求之二十六才時読之了／授到大坊先住尊印御房也／天正十七年庚寅弥生中旬」とある。

すなわち、巻八までは永正十二年書写、巻九以下は享禄二年書写であることが知れ、天正十七年の感得識語が記されている。

巻十の後ろ表紙には「友楳館鳥山／雛嶽主人」の所持者墨署がある。

蔵印に、「星吾海／外訪得／秘笈」「宜都／楊氏蔵／書記」（陰刻）「楊印／守敬」（陰刻）（以上楊守敬）、点験印二種あり。

諸書目に著録無く、楊氏が発掘した古鈔本である。

⑦室町時代後期写　欠序　南葵文庫本と同種　足利学校系　五冊

後補の縹色表紙。大きさは二十五×十七・五㎝。書き外題あり。「円珠　論語幾」と。円珠とは室町時代の『論語』の異名である。『論語義疏』の皇侃の序文に「物に、大なれども普《あまね》からず、小なれども兼ね通ずるものあり、譬えば、巨鏡は百尋なれども照らす所、必ず偏なり、明珠は一寸なれども六合を鑑包せるがごとし。論語は小なれども円通なること明珠のごとき有り、諸典は大なれども偏に用いること譬えば巨鏡のごとし」とあるのによる。円通明珠を略したものである。『論語義疏』が混入したテキストには往々この外題を冠している。

楊氏肖像を補添し、何晏の序は欠く。『義疏』混入本の章数を加えない、この庚類には、何晏の序を欠くものが少なくなく、斯道文庫所蔵の林泰輔旧蔵本（四四頁日本における所在表の二番）・南葵文庫本（同五番）・舜政本（同二十番）などは同様である。巻頭は、

「論語巻第一　何晏集解」と題し、次行に

「学而第一　論語是此書摠名学而為第一／篇別目中間講説多分為科段」と、「論語……」以下学而篇の意義をまとめ

た一文を小字双行で加える。第二以下も同じ。本文首行は、

「子曰学而時習之不亦悦乎　馬融曰子者／男子通称也」(馬融以下は小字)と始まる。

書式は、四周単辺、有界、毎半葉九行、毎行十六字。柱には何も記さず、匡郭は十七・五×十三・五cm、界幅は一・七cm、上層は四・五cm。本文書写は一筆で、右上がりでやや堅く、略字が多い。この風格が、斯道文庫所蔵南葵文庫本とよく似ている。紙質も薄手の斐楮交漉紙で、墨乗りが良く、これも南葵文庫本に良く似ている。上層を作る書式などからも、足利学校系の写本と考えられる。上層には本文同筆の補説が少々加えられる程度で、ここに講読のメモを書き込まれるはずであった。本文には、書写同筆の書き入れが、返点・送仮名・縦点が墨筆で、また、朱引きが加えられる。尾題は「論語巻第一～十」。

蔵印に「九雲」(陰刻)、「星吾海／外訪得／秘笈」、点験印二種あり。また、各冊末に「法／得」の鼎型印あり。

諸書目に著録無し。

⑧室町時代末近世初期写　　今出川蔵書　二冊
江戸時代初期頃と思しき栗皮表紙を添える。大きさは、二十六・四×十九・五cm。楊氏肖像を加える。何晏の序を冠し、巻頭は、

「論語巻第一　何晏集解」と題し、次行に一格を下げ、

「学而第一　論語是此書摠名学而為第一篇／別目中間講説多分為科段侃昔」と、「論語……」以下学而篇の意義をまとめた一文を小字双行で加える。二十篇を通じて同様である。本文首行は、

「子曰学而時習之不亦悦乎　馬融曰子者男子／通称也謂孔子也」(馬融以下は小字)で始まる。この形式は、各篇題が

低一格であるのを除けば、⑦と同様である。

書式は、四周単辺、有界、毎半葉八行、毎行十八字、匡郭は十八・七×十三・二㎝、界幅は一・七㎝、上層は四・五㎝。上層への書き入れは無く、本文には、本文同筆の訓点（返点・送仮名・縦点・附訓）を墨にて加え、同じ頃の朱引き・朱点もある。また薄墨による、その訓点を訂正する手もある。紙質は薄手の楮紙、尾題は、「論語巻第一～九」で巻十のみ「論語巻第十　経一千二百二十三字／注一千一百七十五字」と経注字数を小字双行で加える。

字様は小さく軽い。軟体で略字が多い。書式から見て、これも足利学校の系統を引く鈔本であろうと考えられる。また、字の風格、紙質、表紙、など、斯道文庫所蔵の慶長十五年鈔本（これは首に章数を加える「辛」類に属す）と頗る似る。

蔵印に、「今出／川／蔵書」、「星吾海／外訪得／秘笈」「宜都／楊氏蔵／書記」（陰刻）（以上二顆、楊守敬）、点験印二種あり。

諸書目に著録が無い。

（五）庚類変型

⑨室町時代後期写　存巻一・二・九・十　林学斎旧蔵　二冊

江戸時代前期頃の朱色表紙、これは後補と思われるが、題簽は古紙に「論語集解」と墨書する。綴じは楊氏のころ、包角を加え康熙綴じにしている。大きさは、二十八・七×十九・七㎝。全丁、台紙に本紙を貼り付ける。本紙の大きさは二十五・二㎝。表紙内側に原表紙であろうか、古い縹色の古表紙を遺す。楊氏肖像を加える。何晏に序を冠する。但し、序題は無く、「序曰」と序の本文が始まる。巻頭は、

「論語巻之第一
　学而第一　何晏集解」

と題する。巻二・十は「之」字が無く、巻九はこの題が無い。本文首行は、

「子曰学而時習之不亦悦乎　馬融曰子者男子／之通称謂孔子也」（馬融以下は小字）で始まる。

この形式は⑥⑦⑧に見る『論語義疏』の影響を蒙る『義疏』混入本の形でありながら、章題の総括文が削去されているもので、⑩とともに楊氏所蔵本のみに遺るテキストである。「学而」最終章、「不患人之不己知」の一文に「王粛曰……」の注が存するなど、本文の随所に『義疏』系の異同を見る。こうした庚類の変型の存在は、室町時代、正平版『論語』・『論語義疏』の影響を受けながら、緇流や武士の間でテキストを使いやすく読みやすくするため、解りやすい注解を求める反面、簡便な形をも求め、積極的に形を変えて吸収していった状況を物語っているのであって、当時の『論語』講読の勢いを感じさせる伝本である。

書式は、四周単辺、有界、毎半葉七行、毎行十八字、匡郭は二十一×十四・三cm、界幅は二・二cm。書き入れは、本文同筆の訓点（返点・送仮名・縦点・附訓）を墨にて加え、同じ頃の朱引き・朱点もある。附訓はゾ式の中世講義体である。紙質は楮紙である。尾題は、「論語巻第一終　経一千四百七十字／注一千五百一十字」と小字双行で経注字数を附す。但し、巻二は尾題無く、巻九・十は経注字数を添えない。

字様は軽く、略字が多い。室町時代後期、天文・永禄頃（一五三二～六九）の書写かと推定する。

蔵印に、「溝東精舎」（林学斎＝第十二代、最後の大学頭、一八三三～一九〇六）「星吾海／外訪得／秘笈」「宜都／楊氏蔵／書記」（陰刻）「楊印／守敬」（陰刻）（以上楊守敬）、点験印二種あり。また、第一冊末に「持主明印」、第二冊末に「明印」と朱の署名がある。

諸書目に著録が無い。

⑩室町時代後期写　足利学校系　一冊

空押卍つなぎ茶色艶出表紙。後補であろう。大きさは二十五×十七・五㎝。楊氏肖像を加える。何晏の序を冠す。この序には『論語義疏』が序の全文に附載されている。序に『義疏』が混入しているのは、他に例を見ない。巻頭は、

「論語巻第一　何晏集解

学而第一　　　」と題し、⑨と同様、『論語義疏』の影響を受けるテキストの形式である。二十篇を通じてこのように題す。しかし、この伝本は変型である。『義疏』の一章総括文が削去されているが、本文と同筆で、「学而第一」の下に、「論語是此書摠名学而為第一篇別目中間講説多分為科段……」という『義疏』の注釈が後に書き加えられているのである。二十篇を通じて書き加えられているのである。従って、本テキスト成立の由来は、⑨の如く、義疏系の写本をもとに、義疏の煩雑を避けて改編したテキストに、講読時にその参照として再び義疏を用いて、書き加えたものと考えられよう。室町時代の漢学に志すものが、どんな志向を持って『論語』のテキストを作り、読んでいたか、苦心の様子が感得できる。本文首行は、

「子曰学而時習之不亦悦乎　馬融曰子者男子之通／称謂孔子也王粛曰時」(馬融以下は小字) で始まる。

書式は、四周単辺、有界、毎半葉九行、毎行二十字、匡郭は十八・一×十四・三㎝、界幅は二㎝、上層は三・八㎝。朱のヲコト点・声点を加え、墨筆の返点を施し、送仮名・附訓は少ない。上層は補注が多く、数人の手が入っている。また、江戸時代後期の書き入れもあり、「純曰」(太宰春台の説)「茂卿曰」(荻生徂徠の説) などを書き入れている。

上層を持つ書式などから、足利学校系の写本であることは疑いが無い。書体は略字が多く、紙質は楮紙で、室町時

代後期、特に、足利学校系写本に見る典型である。尾題は「論語巻第一～十」。巻四・六尾題の後に、「岩村（禱）真（傎）助／如月和尚御遺稿　全部三冊之内」［（　）内は巻六］と墨書あり。蔵印に、「向黄邨／珍蔵印」（向山黄村）、「伊澤／信実」「明誠堂／伊澤氏／蔵書記」（以上三顆伊澤信実）、「星吾海外訪得／秘笈」「宜都／楊氏蔵／書記」（陰刻）「楊印／守敬」（陰刻）（以上楊守敬）、点験印二種あり。

第三節　結　語

以上、楊氏観海堂の蒐書の意義と、その古鈔本『論語集解』の文献学的意義を、その関連性に視点をおいて論じたのであるが、無論、楊氏の『論語』蒐集は、『義疏』、正平版また、慶長刊本、宋刊本、など多岐に亙るわけで、『集解』本のみでその意義を総括することはできない。しかし、現存する全ての古鈔本『論語』、それをとりまく刊本・鈔本の全体像を簡便にまとめ、中世期『論語』受容の理解を普遍化するのが、本研究の目的であり、本稿はその重要な一部分をなすものであるから、特に、ここに室町期の古鈔本を抽出して整理・解説を行ったわけである。類型化と多様化という二面性を保ちながら、古く伝わったテキストが読まれ、変化してゆく書物文化の連続性が、古鈔本『論語』を通じて目の当たりに理解できることを、近代に、いち早く知った楊守敬の炯眼に敬服しないわけにはゆかない。

結論　講読と興廃

室町時代という時代は、漢字書物文化の歴史として見るとき、近世、江戸時代の華やかな儒教文化の陰となって、非常に透明度の低いものとなってしまっている。徴するべき文献が少ないことが何よりの大きな原因であろうが、伝授の閉鎖性や形成された学団の非交流性など、中世的な社会要因も当然その原因として考えられる。戦乱も多く、暗黒とも形容されかねない時代ではあったが、逆に、近世以降の漢学の基礎を作り上げた時代であったことも確かであった。大陸より渡来する漢字文化がこれほど直接的に輸入吸収された時代は日本においては見当たらず、思想・解釈・出版文化に至るまで、常に新しい方向性をもって前進していた時代であった。『論語』の講読が、日本人にとって大きな意味を有することは誰しもが首頷するところであるが、その地ならしは、平安時代以降の、貴族による高度な講読を背景に、室町時代の、様々な階層の人々の努力によってなされたものであると、古鈔本の存在は語りかける。中原家・清原家の博士家の講読が、遺物として今に伝えられるが、種々の家の訓点が清原家に集約していく発展性は、清家点がやがて林家の点に集約してゆく発展性とあるいは歴史的関連性があるのであろうか。とにかくも、中世を支配した清原家の『論語』講読は、近世の大学頭林家の講読へと受け継がれ、清家本は慶長刊本を一つの集約点としてほぼ終焉をむかえたのである。但し、講読の一面をなす本文テキストは再生を繰り返すことなく、もう一つの面をなす訓読が形を変えて引き継がれてゆくのであった。清家から林家へ、それは宋学という新しい学問を標榜した変化とされる評価が一般であるが、それだけではなく、古い形の『論語』テキストの形式を廃して、かつ古い形の訓法を新しく改編して存続させた、従来の儒学の新時代へ向けての改造版であったと評価するのが、実物の整理から得られるもう一つの真実である。従って、清家本という名も慶長刊本という呼称も、けして過去の遺物を指すものであってはならず、今に生きる新鮮な意義を持たねばならない。その意味において、清家本『論語』古鈔本は、少ない伝本ながら、室町時代を支えた儒学の柱であって、今も明解にその解釈法を指し示す生きたテキストであると評価される。

しかしながら、その清家本も秘伝性ゆえにそのままに流布するというわけにはいかなかった。そこで、室町時代に最も知識欲に富んでいた学僧の活動によって生まれた寺院系のテキストが、清家本との融合をもたらし、中世の『論語』講読を博士家点の要素も含めて一般に広める役割を果たしたのであった。博士家から出た正平版やその出自をつまびらかにしないが異常なまでに歓迎された『論語義疏』を拠点にしながら、学僧や足利学校の学団が累々と転写を繰り返し、混沌とした『論語集解』を生み出していったのである。後世、室町時代の古鈔本『論語』をして分類整理を困難にせしめたのは実にここにその原因をもとめることができるのである。学僧が営んだ寺院系の古鈔本は、校勘において独特の精確さを有し、校勘の源流は探し求めることができぬほど奥深いものがあった。楊守敬が指摘する如くである。それは、書写形式や書き入れの状況など一見して表面的な項目ととらえがちな要素も、そこに当年の書写者の情熱的な炯眼が見て取れるのである。古鈔本の価値がとらえにくく単調に見えてしまう所以である。繰り返して申せば、それが透明度の低い所以ともいえようか。そして、時代の変化とともに、その寺院系の古鈔本は中世的な情熱を温存したまま、近世に引き継がれることはなく、脈を断ち系統を失っていったのである。のち、数百年、遺物として篋底に息をひそめ、幕末の書誌学者の活躍、更には大蔵書家の博捜をじっと待つこととなったのである。

かくして室町時代古鈔本『論語集解』の展開は、慶長刊本への継承と寺院系古鈔本の廃統という結末をもって、中世『論語』受容の終結を迎えることとなったのである。その一本一本の存在が中世をもの語り、大陸渡来の文献とは異なるわが国独自の漢字文献であることを鑑みれば、『論語』古鈔本の系統分類は、中世を象徴する縮図ともいえるのではあるまいか。

附

参考文献一覧

《正平版『論語』以前の研究に関するもの》

一、『正平版論語』（影印三條西実隆自筆点本・安井小太郎解説・斯文会・大正十一年）
一、『正平版論語解題』（安井小太郎・斯文会・大正十一年）
一、『正平版論語集解攷』（武内義雄・長田富作・今井貫一、大阪府立図書館・昭和八年）
一、『論語之研究』〈武内義雄・岩波書店・昭和十四年〉の「本邦旧鈔本論語の二系統」〈『正平版論語源流攷』〔大阪府立図書館・昭和八年〕からの抜粋〉
一、『正平版論語攷』（川瀬一馬・『日本書誌学之研究』講談社・昭和十八年、所収）
一、『五山版の研究』（川瀬一馬・ＡＢＡＪ・昭和四十五年）

《古鈔本『論語』全般の研究に関するもの》

一、『経籍訪古志』（光緒十一年＝一八八五徐氏刊本、初稿本＝昭和十年日本書誌学会影印安田文庫旧蔵本、第二稿本＝小嶋宝素等書写本で安田文庫旧蔵本）
一、『論語講義』（根本通明・早稲田大学出版部・明治三十九年）

一、『論語書目』（湯島聖堂内孔子祭典会・大正二年）
一、『論語年譜』（林泰輔・大倉書店・大正五年）
一、『論語善本書影』（京都、貴重図書影本刊行会・昭和六年）
一、『論語秘本影譜』（斯文会・昭和十年）
一、『論語展覧会目録』（財団法人大橋図書館）

《古鈔本『論語』周辺の研究に関するもの》

一、『増補新訂　足利学校の研究』（川瀬一馬・講談社・昭和四十九年）
一、『室町以前邦人撰述論語孟子注釈書』（阿部隆一・『斯道文庫論集』二・三輯、昭和三十八・三十九年）
一、『林宗二・林宗和自筆毛詩抄』（影印両足院蔵本）解説（木田章義・臨川書店・平成十七年）
一、『五山版趙注孟子校記』（高橋智・『斯道文庫論集』二十九、平成六年）
一、『旧鈔本趙注孟子校記』（高橋智・『斯道文庫論集』二十四・二十六輯、平成一・三年）

《古鈔本『論語』以後の研究に関するもの》

一、『日本宋学史』（西村天囚・杉本梁江堂・明治四十二年）
一、『本邦四書訓点並に注解の史的研究』（大江文城・關書院　昭和十年）
一、『慶長刊論語集解の研究』（高橋智・『斯道文庫論集』三十・三十一輯、平成八・九年）
一、『古活字版趙注孟子校記』（高橋智・『斯道文庫論集』二十八輯、平成五年）

《古鈔本『論語』蒐集流伝の研究に関するもの》

一、『留真譜』（楊守敬・光緒二十七年〈一九〇一〉刊）二編（民国六年〈一九一七〉）
一、『日本訪書志縁起』（楊守敬・光緒二十三年〈一八九七〉刊刻『日本訪書志』附載）
一、『故宮所蔵観海堂書目』（袁同礼序・民国二十一年〈一九三二〉）
一、『楊星吾日本訪書考』（長澤規矩也・同著作集第二巻・汲古書院・一九八二年）
一、『中国訪書志』（阿部隆一・汲古書院・一九七六年）
一、『旧安田文庫蔵書の復元』（岡崎久司・『かがみ』三二〜三三、大東急記念文庫・平成十年）

《古鈔本『論語』伝本研究に関するもの》

一、『富岡文庫善本書影』（大阪府立図書館編・昭和十一年）
一、『図書寮典籍解題』（宮内庁・昭和三十五年）
一、『天理図書館稀書目録』和漢所之部　第三（天理図書館・昭和三十五年）
一、『日光山天海蔵主要古書解題』（長澤規矩也・日光山輪王寺・昭和四十一年）
一、『六地蔵寺宝蔵典籍について』（阿部隆一・『斯道文庫論集』五輯・昭和四十二年）
一、『岩崎文庫貴重書解題Ⅰ』（東洋文庫・平成二年）
一、『新修成簣堂文庫善本書目』（川瀬一馬・お茶の水図書館・平成四年）
一、『京都大学附属図書館所蔵貴重書漢籍抄本目録』（興膳宏・木津祐子・同大学附属図書館・平成七年）

一、『根本通明先生蔵書紀略』（高橋智・『斯道文庫論集』三十八・三十九輯・平成十六・十七年）

《古鈔本全般の研究に関するもの》

一、『本邦現存漢籍古写本類所在略目録』（阿部隆一・同著作集・汲古書院・昭和六十年）

一、『中国古籍稿鈔校本図録』（陳先行等・上海書店・二〇〇〇年）

あとがき

本書は、平成二十年（二〇〇八）五月に慶應義塾大学より博士学位（文学）を取得した際の学位請求論文（主論文）であり（主査・佐藤道生慶應義塾大学教授、副査・丘山新東京大学教授、渋谷誉一郎慶應義塾大学教授）、慶應義塾大学附属研究所斯道文庫に於ける研究事業成果の一部である。本文庫に於ける漢籍古鈔本の研究は、資料収集をも含めれば、数十年の蓄積を経ているが、近来、前後して発表してきた一連の報告を整理加筆して、閲覧の便に供し、隣接分野、また海外の漢籍古鈔本研究の一助となることを目指したものである。以下がその報告論文である。

安田文庫蒐集古鈔本『論語集解』について
　藝文研究第八十七号（一～二三頁）平成十六年十二月

室町時代鈔本論語集解の研究
　斯道文庫論集第四十輯（一四三～二〇〇頁）平成十八年二月

清原家伝来　室町時代鈔本『論語集解』について――清原宣賢手定本の伝鈔――
　藝文研究第九十一号第一分冊（八四～一〇九頁）平成十八年十二月

台湾故宮博物院所蔵　楊守敬観海堂旧蔵　室町時代鈔本「論語集解」について
　斯道文庫論集第四十一輯（一一五～一六三頁）平成十九年二月

室町時代後期　清原家伝来　古鈔本『論語集解』について ——清原枝賢本の伝鈔——
二松学舎大学COEプログラム日本漢文学研究第二号（一～二九頁）平成十九年三月
正平版『論語』と古鈔本『論語集解』
斯道文庫論集第四十二輯（一三一～一七九頁）平成二十年二月

本来ならば、所在本の全てに亙って図版を登載するべきであったが、諸般の事情により割愛させていただいた。デジタル画像による『論語』全テキストの配信と共有化を企図しているところではあるが、中国・日本それぞれに特有の写本文化を、それぞれが正しく認識する営為を怠ってはならないという自らへの戒めをも含め、原本の調査には及ばずながら精審を期したつもりである。

書誌学による記載事項は至って単調で、感得したことがらの百分の一を記し得るに過ぎない。しかし、こうした学問の意義を、評価・支持してくださる諸先生方の御協力あってはじめて成果公開に至れるものであり、関係諸先生には謹んで感謝申し上げる次第である。とりわけ『論語』学全般に亙って御教示下さった東京大学（北京大学）の橋本秀美先生、また、石坂叡志社長・編集の小林詔子さん等出版社の方々、そして原本の閲覧を許された各所蔵機関には、前言に重ねて、ここに心からの謝意を表したい。

尚、本書は独立行政法人日本学術振興会平成二十年度科学研究費補助金（研究成果公開促進費）の交付を受けて刊行したものである。

著者略歴

高橋　　智（たかはし　さとし）

昭和32年（1957）、宮城県仙台市に生まれる。

慶應義塾大学文学部中国文学科卒業、同大学院修士課程修了、博士課程満期退学。

慶應義塾大学附属研究所斯道文庫助手、専任講師を経て、現在斯道文庫准教授。

主要論文に『趙注孟子校記』（斯道文庫論集24・26・28・29輯、1990～1994）、『慶長刊大学中庸章句・論語集解の研究』（斯道文庫論集30・31・32輯、1996～98）、『安井文庫研究』（斯道文庫論集33・35～37輯、1999～2003）などがある。

室町時代古鈔本『論語集解』の研究

平成二十年九月九日　発行

著　者　高　橋　　智
発行者　石　坂　叡　志
整版印刷　富士リプロ㈱

発行所　汲　古　書　院
〒102-0072 東京都千代田区飯田橋二-五-四
電　話　〇三（三二六五）九七六四
ＦＡＸ　〇三（三二二二）一八四五

ISBN978-4-7629-2844-4　C3000

KYUKO-SHOIN, Co., Ltd. Tokyo.

室町時代古鈔本『論語集解』的研究

中文提要

本書作爲日本《論語》版本接受史研究的一個環節，以評定其源流和價值最爲困難的室町時期書寫講讀的《論語集解》（魏 何晏撰）爲焦點，對其所有現存本的原書進行了徹底的調査，並製作複製資料，進行本文系統、訓讀狀況的分析，考定各個版本的成立、傳來的意義，使日本中世時期《論語》的接受以及日本中世儒學史的一個重要側面得以彰顯。在作爲中世時期版本形態主流的寫本（古鈔本）研究方面，這也是1960年以來持續研究着的慶應義塾大學附屬研究所斯道文庫的研究項目“漢籍古抄本的綜合研究”的成果之一。

本書的“前論”部分，概觀了古鈔本的成立意義、《論語》版本的歷史，並就中世古鈔本如何爲近世所繼承作了概說。之後的第一部分“序論”裏，涉及曹魏時代何晏的《論語集解》作爲中世《論語》講讀中心的問題，圍繞其版本討論了當時的《論語》學術情勢，並談到了《論語》最早的出版物——正平十九年（1364）刊的正平本《論語》，和中國已經亡佚而日本自古流傳的梁代皇侃《論語義疏》的傳承問題。然後，在第二部分的“總論”裏，從以上的前提出發，對古鈔本《論語集解》的分析結果進行了具體的論述。回顧江戶時代後期考證學者的成果《經籍訪古志》以來的研究史，對於現存將近一百種的古鈔本，檢討其來歷，並嘗試將本文系統類型化。

類型化的結果，是作爲中世時期支配日本經學界的博士家——清原家，其傳來一系的有關書籍，乃至作爲關聯物的其同一線上的有關書籍，被分爲甲、乙、丙、丁四種。此外，基於正平版《論語》傳承的，分爲戊、己兩種；《論語義疏》混入後形成的版本群，則可以劃分爲庚、辛兩大種類。

然後，在第三部分的“分論”中，依照其分類，討論了每個傳本各自的意義和

特徵。辨明了清原家本在室町時代有清原宣賢和清原枝賢兩大系統傳鈔的情況，並述及已發現的中世末期它們漸次和其他本子混合的問題。與《論語》博士家本鼎足而立的正平版一系、《論語義疏》一系的傳鈔本，其在接受的層面佔據較大位置的實況，也得到了敍述。本文系統和訓讀方法的聯繫，還有《論語》版本的接受在時代性（室町前期、中期、後期）、階層性（公家、學僧、武士）方面具有怎樣的意義，也參照現存本作了推測。總的說來，是對日本中世時期《論語》接受的總體性變遷，作了概要的結論。

最後，對於承擔了這項古鈔本《論語集解》研究重要任務的舊安田文庫所藏諸本和目前臺灣所藏清代楊守敬的觀海堂本，考察了其收藏的意義和傳本的價值。至此，結束對於能夠確認的全部室町時代古鈔本《論語集解》的分析。

（陳 正宏 譯）

索　引

人　名

サ行

タ行

ナ行

ハ行

書　名

事　項